Sabine Reichel

Frustriert, halbiert und atemlos

Sabine Reichel

Frustriert, halbiert und atemlos –

Die Emanzipation entläßt ihre Frauen

Piper
München Zürich

Dieses Buch ist meiner Mutter Suzana Daukantas-Reichel gewidmet.

ISBN 3-492-03587-6

Gesetzt aus der Times-Antiqua
Umschlag: Federico Luci, unter Verwendung
einer Abbildung von A. R. Penck

Gesamtherstellung: Clausen & Bosse, Leck
Printed in Germany

Inhalt

Beauty und Beast

Eigentlich sollte dieses Buch ein Lobgesang werden – eine Hommage an die Frau und ihre schwierige Situation. Auch das Szenario erschien mir selbstverständlich und klar: böses Patriarchat, arme unterdrückte Frauen, die an allem gehindert werden, obwohl sie doch in Wirklichkeit das wertvollere und stärkere Geschlecht sind. Ich ahnte nicht, daß ich ein so edles, langweiliges und einseitiges Werk (glücklicherweise) nicht durchstehen und auf so viele irritierende Widersprüche stoßen würde.

Wie wenig das, was ich gegenüber Frauen empfand, intensiven Untersuchungen standhielt, war mir nicht bewußt, bis ich einige Kapitel fertig hatte und sich erste ernste Brüche zeigten. Je mehr ich über Frauen schrieb, desto verrückter kamen sie mir vor und desto schwerer fiel es mir, sie vorbehaltlos zu verteidigen. Kein Wunder also, daß das Geschriebene mal einer feministischen Bestandsaufnahme, mal einer beißenden polemischen Attacke gegen die passiven, manipulierenden Frauen und mal einer von Wut durchzogenen Anklage gegen die frauenhassende Welt glich. Bald gab ich den Anspruch auf Objektivität auf. Ich war selber zu sehr in die Themen verstrickt.

Zwei Frauen schoben sich immer wieder vor mein geistiges Auge. Ich kannte sie schon ewig, über vier Jahrzehnte oder vielleicht schon lange bevor ich auf die Welt kam. Sie haben mich geboren, genährt und gelehrt, eine Frau zu sein, sind mit mir aufgewachsen und waren Freundinnen und Feindinnen.

Ich habe ihre Nähe gesucht und mich tief verletzt von ihnen abgewandt. Sie haben mich gestreichelt und geprügelt, gelobt und getadelt. Ich habe mit ihnen und unter ihnen gelitten, sie bewundert, bedauert, geliebt, verabscheut, ihre Macht und ihre schneidende Kälte gespürt, ihre Unterwürfigkeit und Meinungslosigkeit genauso wie ihren Mut und ihr Engagement.

Die eine Frau war glanzlos und dumpf, ohne Konturen und ohne Feuer, ein unterwürfiges Opfer, das ihrerseits jemanden in der Schlinge hatte. Die andere blitzte und funkelte, hatte scharfe Kanten, wissende Augen und ein schallendes Lachen, war Kämpferin und Trösterin, Provokateurin und Vorbild. Die erste gab's in Massen, die zweite war eine Seltenheit.

Ich war überrascht von der Palette der unterschiedlichsten Gefühle, die ich Frauen entgegenbrachte. Ich hätte sie prügeln und küssen können. Beides haben sie verdient. Ich wollte vor ihnen den Hut ziehen, eine Lanze für sie brechen, aber da war ein genauso starkes Bedürfnis, sie auseinanderzunehmen, daß es kracht, und sie zu provozieren; sie zu Anarchie und Revolution anzustiften. Frauen waren offensichtlich mühelos der widersprüchlichsten Verhaltensweisen fähig, und diese Dualität, Ambivalenz und gewisse Schizophrenie machten sie zu Gestalten aus Licht und Schatten, Benutzerinnen und Beschützerinnen, Beauty und Beast zugleich.

Scheinbar ist Platz für jeden Typ: Ilse Koch und Ilse Werner, Rita Süssmuth und Rita Hayworth, Mona Lisa und Lili Marleen, Witwe Bolte und Daisy Duck, Medusa und Madonna, die Venus von Milo und die Christel von der Post, Frau Himmler und Frau Holle, Seeräuber-Jenny und Nachtschwester Monika, Winnie Mandela und Winnie Markus, Zarah Leander und Clara Zetkin, Alice Miller und Alice im Wunderland, Mutter Teresa und Mutter Courage.

Interessanterweise geriet ich beim Schreiben in genau die Konflikte, über die ich schrieb. Es wird mancher Leserin Genugtuung bereiten: Ich hatte manchmal Magenschmerzen und ein schlechtes Gewissen wegen einiger Behauptungen, für die ich mich fast glaubte entschuldigen zu müssen. »Typisch weiblich«, so sensibel den Gefühlen anderer gegenüber, so darauf bedacht, daß ich auch bloß niemanden verletze oder mich keiner mißversteht. Um Gottes willen, ich konnte den Gedanken nicht ertragen, daß auch nur eine Frau denken könnte, ich hätte nichts außer intimen, verständnisvollen Gefühlen für sie. Etwas gegen

Frauen zu haben? Als Frau? Das wäre Verrat, Schwesternmord, gemein, hinterhältig. Wir müssen doch alle zusammenhalten – das ist nun mal die erdrückende Frauenpflicht. Am liebsten hätte ich einiges zurückgenommen, abgemildert, beschönigt oder gar nicht erst erwähnt. Es ging aber nicht.

Denn ich war auch wütend. Warum? Ich bin enttäuscht von den Frauen. Es ist die Art Enttäuschung, wie sie auf Euphorie und zu hohe Erwartungshaltung folgt; so wie man enttäuscht ist von jemandem, den man als begabt und selbstbewußt, mutig und ambitioniert eingestuft und der sich als mittelmäßig und angepaßt herausgestellt hat. Wollen Frauen tatsächlich kämpfen und sich verändern?

Ich merkte beim Schreiben, daß ich einer wichtigen Wahrheit auf die Spur gekommen war, die meine Betrachtungsweise änderte: Die undurchdringliche Front der Frauen-Power ist ein raffinierter Schutzwall, der jede Frage zerschellen läßt. Und Feminismus wird benutzt, um sich eine gepolsterte Nische einzurichten, zu der niemand Zugang hat, der nicht das richtige Losungswort an der Tür parat hat. Auch das großartige »Wir«, das so gerne von Frauen in den Mund genommen wird, dient der Verschleierung vieler Tatsachen und ist nicht nur zur Verwirrung der Männer, sondern auch der Frauen gedacht.

Eben weil Frauen stark in Gruppen auftreten, geht es selten um konkrete Dinge. Sie brauchen keine Erklärungen über ihre individuellen Wünsche, Ideen und Bedürfnisse abzugeben und bleiben so sehr oft hinter ihren oberflächlichen Urteilen und ihren dicht gewebten, aber nichtsdestoweniger fadenscheinigen Argumenten versteckt.

Das ist auch der Grund, warum die Emanzipation in einer Sackgasse gelandet ist, denn unbestimmte Forderungen, von denen man gar nicht weiß, ob man deren Erfüllung gewachsen ist, werden selten befriedigt. Was ich deshalb längst nicht mehr fühle, ist diese kollektive »Weiblichkeit« und auch nicht eine automatische Solidarität mit allen Frauen und »unserer Rolle«. Es ist unmöglich und vor allem unehrlich, so pauschal empfinden zu wollen. Das gilt auch für Männer. Ich will nicht ins Frauenghetto.

Es wird von der Mehrzahl der Frauen angenommen – und vieles spricht dafür –, daß die Mehrzahl der Männer ein Haufen unliebenswerter, feiger, selbstsüchtiger, gefühlsarmer, dummer, frauenhassender, unsensibler Machos ist. Aber ist die Mehrzahl der Frauen ein Haufen bezaubernder, intelligenter, unabhängiger, mutiger, mitfühlender, verantwortungsbewußter, engagierter Menschen?

Sicherlich gibt es für viele Fälle, die ich beschreibe, für jede negative Charakteristik oder Eigenart, die ich Frauen zuordne, das positive Gegenstück, und – ehrlich gesagt – sind mir Frauen im Umgang generell lieber, aber ich bezweifle ihre monumentale Überlegenheit in Sachen »bessere Menschen«. Seien wir fair. Wenn die Männer seit Jahren in die Zange genommen werden – vielleicht nicht genug –, dann muß man das auch mit Frauen machen dürfen, ohne gekreuzigt zu werden. Ich finde, zuviel Lob lähmt.

Es wird daher auch Zeit, daß wir den Männern die Verantwortung für ihre eigene Problematik überlassen und uns in unseren Reihen nach den Saboteurinnen umsehen, die mit ihrer Profillosigkeit und Opferstrategie Emanzipation und Fortschritt verzögern und behindern. *Sie* müssen kritisiert werden, das wäre ein Akt von Befreiung und ein Zeichen von Courage. Das Resultat wäre der angenehme Verlust von einem Pulk schwafelnder, tatenloser, unkritischer Geschlechtsgenossinnen, mit denen man nicht mehr teilt als Eierstöcke und Menstruation. Wir sollten darauf verzichten, die falschen Frauen zu beschützen.

Viel wichtiger und spannender als falsche Rücksichtnahme und zwanghafte Solidarität erscheint mir, die schwierigen, konfliktgeladenen, versteckten und »unweiblichen« Aspekte einmal in den Vordergrund zu rücken und die Mythen und Märchen durcheinanderzuwirbeln, mit denen Frauen seit langer Zeit die Menschheit an der Nase herumführen.

Nun wird jedes Buch, das so etwas wagt, mit Widerspruch rechnen müssen, mit Empörung, Wut und der selbstentlastenden Behauptung »Ich bin aber nicht so«. Um so besser. Ich auch nicht, aber wir sind in der Minderheit, und dieses ist kein Buch über Minderheiten – es gibt doch genügend Biographien außergewöhnlicher einzelner Frauen –, sondern ein Buch über das Allgemeine, das ziemlich radikal geändert werden muß. Wenn sich manche Frauen in vielem und viele in manchem wiederfinden, dann ist das genug.

Wobei wir bei dem Thema »Das ist alles gar nicht mehr so« wären. Wirklich? Auffällig in der Argumentation um die Situation der Frauen ist der Widerspruch, den ich in Unterhaltungen immer wieder erlebe. »Aber das hat sich doch wirklich geändert«, sagen bequemerweise diejenigen, die sich nie persönlich betroffen fühlen, weil es ihnen »gutgeht«, oder diejenigen, die unangenehme Tatsachen leugnen wollen, weil es die eigene Interessenlosigkeit reflektiert.

»Nichts hat sich geändert«, heißt es dagegen, wenn Frauen wütend auf Männer sind, weil sie gerade die kleine tägliche Diskriminierung erlebt oder die Nachrichten aus aller Welt in der Zeitung gelesen haben.

Beides stimmt, je nachdem. Doch ein Blick auf die häßlichen Fakten genügt, um zu sehen, daß Frauen, obwohl sie einflußreiche Erzieherinnen sind, keineswegs ihre Stärken maßgeblich geltend machen oder ihre Ideen weltweit durchsetzen können. Der größte Teil der Frauen ist nämlich nicht emanzipiert, möchte auch nicht emanzipiert sein, ist zu faul dazu oder aber wird in vielen Kulturen massiv daran gehindert. Keiner dieser Umstände gibt Veranlassung zu Lobpreisungen oder Verdrängungen.

Über die Reaktion vieler Leserinnen habe ich meine Befürchtungen. In meiner Phantasie sehe ich sie Haßpost an mich schikken, mich bedrohen und öffentlich denunzieren. Man kritisiert keine Frauen, sie sind fest verankert in ihrer Stellung als altruistische Lebensspenderinnen und bemitleidenswerte Produkte weiblicher Konditionierung. Man darf überhaupt nicht sagen, was man will, weil es eine neue Form von feministischer Gehirnwäsche und Zensur gibt und sich einige »intellektuelle« und

»emanzipierte« Frauen als paternalistische Gedankenpolizei von Frauen aufspielen und entscheiden wollen, was und wann Frauen etwas zu wissen und zu sagen haben und wann nicht.

Ich ahne jetzt schon einige Einwände von Leserinnen, von denen der klassischste sein dürfte: Wie kann man über Mutterschaft schreiben, ohne selbst Kinder zu haben, über die Ehe, ohne verheiratet zu sein usw. Ich vergesse nie die Bedenken einiger alter Kämpfer, die ich über die Nazizeit für mein Buch *Zwischen Trümmern und Träumen* interviewt habe. »Diese Zeit kann man nicht beurteilen, wenn man nicht dabei war«, sagten einige mit mißtrauischen Augen. Nun muß man weder Herrn Hitler persönlich zugejubelt noch im Kreißsaal selbst geschrien haben, um gewisse Schlüsse aus der Natur solcher Ereignisse zu ziehen. Es gibt genügend Film- und lebendes Anschauungsmaterial, das wenig mysteriös ist und unter die Haut geht: Mütter mit Kindern, berufstätige Frauen, frustrierte Ehehälften, klagende Freundinnen und überarbeitete Haushaltsklavinnen sind ein großer Teil davon.

Mir ist völlig klar, daß ich als Mutter nie in der Lage gewesen wäre, derartig unsentimental und schneidend über Mütter auch nur zu denken, denn dann wären mir die beschriebenen Konflikte zu unzumutbar in ihrer Tragweite geworden. Die, wie ich finde, einigermaßen klare Sicht gelang mir nur, weil ich in diesem Zusammenhang wenig verdecken, beschützen, weglügen und schönfärben mußte. Der andere Vorteil ist, daß ich mein Leben ziemlich nach meinen Bedürfnissen gestaltet habe und darin auch die Hauptrolle spiele, immer voll verantwortlich für meine Entscheidungen. Ich bin kein Opfer von Männern oder der Gesellschaft, ich war nie Hausfrau, unterwürfige Ehefrau oder autoritätsgläubige Bürgerin. Daher habe ich auch keine persönliche, »typisch weibliche« Leidengeschichte, von der ich die Öffentlichkeit mit großem Tamtam und larmoyanten Enthüllungen unterrichten möchte.

Ich lebe seit fünf Jahren friedlich allein, habe keine besonders negativen Gefühle Männern gegenüber, habe innige Beziehungen zu Kindern und Teenagern, komme fabelhaft mit meiner

Mutter aus, kenne sehr viele berufstätige Mütter und Frauen und bin alt und erfahren genug, um meinem Wissen, meinen Beobachtungen und Erfahrungen zu trauen.

Deshalb habe ich auch auf die sonst üblichen Ansichten von Psychiatern, Psychologen und Soziologen verzichtet und nur hie und da auf Studien und Statistiken zurückgegriffen. Sie alle sind meist nur die Standard-Hilfsmittel, um Behauptungen akademisch abzusichern, die sonst wegen ihrer scheinbaren Unmöglichkeit oder aber wegen ihres Schockcharakters auf Unglauben stoßen würden.

Ich fand außerdem nicht, daß ich meine eigenen Gefühle und Behauptungen hinter ausführlichen und krampfhaft zusammengestellten Interviews mit zahlreichen Frauen und »authentischen« Stimmen verstecken müßte, um sie überzeugender zu machen. Ich habe nur kurze Beispiele gegeben, die mir typisch erscheinen. Meine Stimme ist authentisch und ich glaube an das, was sie sagt. Wenn sie laut ist, herausfordert, provoziert, Hiebe austeilt, anklagt, ins Fleisch schneidet, dann deshalb, weil es längst Zeit für uns alle ist, eigene, unüberhörbare Stimmen zu haben. Zusammen könnten wir einen mächtigen, vielstimmigen und doch herrlich harmonischen Chor auf die Beine stellen. Aber laut muß er sein.

Frustriert, halbiert...

Seit fast drei Jahrzehnten sind sie offiziell auf der Suche nach dem verlorenen Selbst – und wie keine Generation von Frauen vor ihnen hatten sie die Chance, es endlich zu finden. Doch es sieht so aus, als hätte sich diese Suche als Flucht, als Bürde und als Illusion herausgestellt. Das hat viel damit zu tun, daß Frauen nicht so sehr das starke, sondern das verwirrte Geschlecht sind.

Ihr Hauptkonflikt – Unwilligkeit, von alten Rollen zu lassen, Unfähigkeit zur kritischen Selbstanalyse, fehlender Mut, nach ihren Bedürfnissen zu leben und nach ihren Erfahrungen zu handeln – zieht sich durch alle Bereiche: Ehe und Partnerschaft, Beruf und Mutterschaft, Selbstverwirklichung und gesellschaftliche Stellung.

Frauen sind sehnsüchtige Kreaturen. Sehnsucht ist ihr Gerippe, ihre Haut, ihr Unterkleid, ihre Freizeitbeschäftigung, ihr Lebenselixier. Die Sehnsucht ist überall. In der Dichtung der Frauen, in den Gesprächen mit Freundinnen, in Geständnissen und Forderungen an Männer, in ihren Träumen, in ihren Blikken, in der Stimme, den Augen, in den Bewegungen, selbst in den Verkaufsgesprächen zwischen Kundin und Verkäuferin. Frauen sind traurige, melancholische Wesen, die immer nur verlieren: ihre Kinder, ihre jugendliche Schönheit, die Aufmerksamkeit des Mannes, die Fortpflanzungsmöglichkeiten und die Berufschancen. Ihnen ist so viel verschlossen, wird noch immer so viel kaputtgemacht, daß diese Sehnsucht nach einem spürbaren Selbst sich durch ihr Leben zieht.

Aus einer Art verständlichem, doch zwanghaftem Nachholbedarf heraus haben sich die Frauen auf fast allen Gebieten angeboten, vorgedrängt und profiliert – aber man hat meistens von ihnen nur ihre Energie und ihre Talente gestohlen, ohne daß ihnen dafür etwas zurückgegeben worden wäre. Statt dessen wurden ihre traditionellen Werte zerstört, ihre alte Welt verurteilt und als Folge ihr ohnehin fragiles Selbst nicht etwa aufgewertet, sondern weiterhin verunsichert.

Frauen sind deshalb immer noch Zwischengestalten mit einem Scheinleben, das schizophrene Züge trägt. Sie sind überall, doch sie gehören nirgendwo wirklich dazu. Äußerlich gewandte Besucherinnen in mehreren Welten, haben sie jedoch keinen wirklichen Zugang mehr zu auch nur einer davon. Es ist ihnen nicht erlaubt, mit dem Selbstverständnis und der Souveränität einer integrierten Persönlichkeit in sich zu ruhen und ausgewogene Entscheidungen zu fällen. Ohne Orientierung, im Innersten zerrissen und erfüllt von quälender Sehnsucht nach Vollkommenheit und Identität, Harmonie und Authentizität, sind sie die halbierten Wesen geblieben, deren Leben nach wie vor von Verzicht und Unterwerfung geprägt ist. Die Spielregeln sind hart: Wer nicht fügsam ist, wird geschlagen. Wer nicht schmiegsam ist, wird verlassen. Wer nicht brav ist, wird bestraft. Wer nicht biegsam ist, wird zerbrochen.

Von Natur aus sind Frauen nicht unbedingt zwiespältiger als Männer. Sie sind es durch Konditionierung und Manipulation geworden. Die doppelte Message, die die Gesellschaft an sie sendet, die doppelte Belastung, die Beruf und Privatleben fordern, der ewige Kampf zwischen Gehorsam und Auflehnung und die ständige Negierung ihrer wirklichen Gefühle garantieren geradezu ihren Zwiespalt und die daraus resultierende Handlungsunfähigkeit. Es liegt im Interesse der Herrschenden, daß es auch weiterhin so bleibt – und, leider, scheinbar auch im Interesse der Beherrschten.

Was die Frauen unter anderem in ihren Rollen hält, ist, daß sie nach wie vor für das Falsche gelobt und für das Falsche getadelt werden. Lob und Tadel der Gesellschaft basieren immer noch auf den alten Strukturen, die eine Kontrollfunktion haben. Wo sie streng beurteilt werden müßten, weil sie sich der Eigenverantwortung entziehen, Opfer spielen und ihr »Frausein« als Grund für Passivität und Angepaßtheit vorschieben, da werden sie bestätigt. Wo Nachsicht angesagt ist, z. B. bei der Beurteilung ihrer streßgeplagten Situation als berufstätige Mutter, da werden sie zur Schnecke gemacht. Es wäre von großer Wichtigkeit, wenn die Frauen dieses mit ihrer Hilfe zusammengebastelte Zerrbild, das die Gesellschaft von ihnen hat, zerstören und sich selber in Frage stellen würden, anstatt den falschen Bestätigungen und Schmeicheleien auf den Leim zu gehen.

So wie es heute aussieht, hat sich die Frau zu einem Sonderwesen hochstilisiert, das unter Naturschutz steht und für das nicht dieselben Regeln und Kriterien gelten wie für den Rest der Welt. Wie eine wertvolle, scheue Kostbarkeit, die der rauhen Wirklichkeit nicht gewachsen ist, muß sie geschont und beschützt werden, damit keine allzu herben Vorwürfe ihre delikate Disposition durcheinanderbringen. Womit genau haben Frauen diese Rücksichtnahme verdient, die ganz besonders von der »professionellen« Emanzipations-Clique und den Medienfrauen vorexerziert wird? Warum dürfen sie sich alle Dinge unkommentiert erlauben, gegen die jeder gesunde Menschenverstand rebelliert, und sich obendrein in Selbstmitleid aalen, fadenscheinige Entschuldigungen für Faulheit, Untertanentum und das Fehlen von Charakterstärke ohne eine Spur von Peinlichkeit vorbringen?

Warum wiegt Dummheit bei Männern mehr als Dummheit bei Frauen? Warum macht man, zu Recht, egoistischen, gefühlsarmen, desinteressierten Machos die Hölle heiß, während klagenden, aufopfernden, bedürftigen Konformistinnen eine Welle von Verständnis entgegenschwappt? Es kann doch nicht im Sinne der Emanzipation sein, daß man Frauen als Gebrechliche sieht, deren Krücken vergoldet und Schwächen geadelt werden, und so eine Genesung verhindert. Wird nicht gerade damit den Männern in die Hand gearbeitet und das Geschlechterdrama verlängert? Und ist es nicht auch langweilig und unwürdig, sich immer nur durch Vergleiche mit Männern als die Besseren zu empfinden?

Nehmen wir einmal die modernen »Frauenbücher«, eine nicht enden wollende Quelle von unfreiwilligem Humor, Brechreiz erzeugender Innerlichkeit und nur ganz selten einmal von Inspirationen und Offenbarungen. Nun sind diese geschwätzigen Quengeleien für Frauen von Frauen geschrieben, und es macht sich ein bestimmtes Inzucht-Gefühl bemerkbar, wenn man zum hundertsten Male liest, daß Frauen zugegebenermaßen zwar vieles falsch machen, aber es aus Gründen der Naivität, Gutheit und Unterdrücktheit tun. Also, lernen wir, macht der Schaden nichts, den sie damit anrichten, denn Opfer, selbst wenn sie Täter sind, sind nicht für Schäden verantwortlich, nicht wahr?

Besonders fiel mir das anhand eines Buches des rührigen und cleveren Autorinnenteams Benard/Schlaffer auf, die geschickt ein gefälliges, sehr volkstümliches Vermarktungsrezept aus einer Prise »Nun reicht's uns aber« und zehn Prisen beschwichtigendes »Nun wollen wir aber nicht zu radikal sein und lieber so bleiben wie wir sind« erarbeitet haben, das scheinbar den meisten Frauen gefällt. Beim Lesen des Buches *Laßt endlich die Männer in Ruhe*, ein Bestseller wie alle anderen ihrer »Studien«, packten mich Entsetzen und Wut – über Frauen, die noch viel schlimmer und dümmer waren, als ich dachte, und über die Autorinnen und deren »vergebende« Qualitäten.

Sehr richtig stellten sie fest, daß so, wie die Frauen sich bemühen, die Männer verstehen und bessern zu wollen, sie ihre Energie verschwenden und den Männern einen Dienst erweisen, indem sie die Situation am Leben halten, unter der sie leiden. Vielleicht sind Männer einfach so, meinten die Autorinnen spitzfindig, und wollen gar nicht anders sein. Daß dasselbe für Frauen gelten könnte, ist offenbar eine zu verwegene Vorstellung. Doch vielleicht wollen Frauen gar nicht unabhängig, stark und intellektuell sein, sondern leichtgläubig, liebeshungrig, unterwürfig und identitätslos. Wenn es anders wäre, dann gäbe es doch nicht so überwältigend viele davon, oder?

In dem Buch werden einige Gespräche mit Ehepaaren wiedergegeben, die als relativ »harmonisch« und »glücklich« dargestellt werden, mir allerdings wegen ihrer Trivialität und geistigen Armut umgehend schlechte Laune bescherten. Eine Ehefrau namens Anita sagt: »Daher ist es sicherlich besser, daß ich eine unbedeutende kleine Sekretärin bin, weil ich leide nicht darunter, und für ihn ist es günstiger.« Ungünstig dagegen finde ich, wenn solchen Stimmen soviel Aufmerksamkeit geschenkt wird. Manche Leserinnen leiden sicherlich Höllenqualen, wenn sie so etwas lesen, der noch größere Teil, fürchte ich, wird sich allerdings dankbar identifizieren.

Die Ehegeschichte von Anita und Dirk ist Standardmaterial zum Gähnen und Kopfschütteln. Sie studieren beide, sie wird schwanger, hört auf, ein eigenes Leben zu haben, heiratet Dirk und bleibt die nächsten 30 Jahre identitätslose Putzfrau, Dienerin und aufopfernde Mutter, hauptsächlich, damit er sich besser fühlt. Er ist ein kalter, desinteressierter, asexueller Mann, kein guter Vater und obendrein noch langweilig. Doch sie beeilt sich herauszustellen, daß er die Kinder früher schon mal gebadet und sich auch für deren Entwicklung interessiert hat und wie wertvoll ihr das war.

Dazu kommentieren doch tatsächlich die Autorinnen: »Diese Bescheidenheit und Dankbarkeit ist fast schon rührend.« Wie bitte? Rührend? Doch es kommt noch besser. Abschließend zu dieser Ehegeschichte zweier kompletter Idioten sagen die Autorinnen mit der ihnen eigenen Großherzigkeit: »Trotzdem können wir Anita nicht verurteilen, denn ihre Wünsche und Maßnahmen waren, verglichen mit seinen, meist die wesentlich sympathischeren. Seine Methoden dagegen verdienen es, eingehender durchleuchtet zu werden, denn sie entsprechen absolut dem männlichen Grundrepertoire.«

Da haben wir's. Frau Anita Opfer, die farblose, charakterschwache, anbiedernde und leicht beschränkte Frau, die mit dem erdrückenden Grundrepertoire von Frau Lieschen Müller schlechthin aufwartet, ist reif für einen Sympathieorden und eine Mitleidsmedaille – des Mannes Schwächen hingegen müssen geahndet werden. Wenn »wir« Anita schon nicht verurteilen wollen – und ihn dann eigentlich auch nicht –, dürfen dann wenigstens *wir*, die etwas selbstbewußteren Leserinnen ohne Unterwerfungskomplex, sie und die Autorinnen mit der Schärfe kritisieren, die sie verdienen?

Nein, diese Frauen sind nicht ehrlich zu bemitleiden, wenn sie zurückstecken, Kinder kriegen, sich aufgeben, ihren Beruf sausenlassen und sich zur Sklavin des Mannes machen. Sie sind auch keine Opfer, sondern ganz einfach uninteressante, unengagierte, unpolitische und bequeme Menschen ohne Courage, die einem nur auf die Nerven gehen und deren Kinder einem leid tun können. Frauen sind Menschen mit einer Wahl (jedenfalls in unseren Breitengraden). Sie sind, genau wie die Männer, auch die Summe ihrer freiwillig gesuchten Lebenswege und Erfahrungen. Wenn sie sich dazu entschlossen haben, keine Risiken einzugehen, andere für sich arbeiten und ihr eigenes Innenleben verkümmern zu lassen, dann darf man darauf Schlüsse auf ihre Persönlichkeit und nicht auf ihr »Frausein« ziehen.

Warum wird die Frau wie eine registrierte Geistesgestörte, die nicht für ihre Handlungen zuständig ist, aller Verantwortung enthoben und hat obendrein noch das Verständnis von Feministinnen und der einfachen Frau von der Straße? Das ist eine Beleidigung für die Frauen, die weder wehleidig noch feige, weder angepaßt noch kleinbürgerlich, unterdrückt oder unterwürfig sind. Daß der Großteil der Frauen wohl so ist, wie die Autorinnen sie beschreiben, ist eine betrübliche Tatsache – daß ihnen dafür vergeben wird, ein Akt penetranten Selbstbetrugs.

Diese Art von Büchern reflektiert eine gefährliche Entwicklung. Ich glaube nämlich, daß die Frau der neunziger Jahre methodisch mundtot und besinnungslos gelobt werden soll. Eine nicht mehr aufzuhaltende Welle von seltsam anmutender Frauenbegeisterung schwappt seit einigen Jahren durch alle Medien und geistert durch jedes öffentliche und private Gespräch, in dem von zwischenmenschlichen Beziehungen die Rede ist. Die Frau als solche ist die Lieblingsperson Nummer eins geworden. Das einst miese, unwichtige, dumme Mädchen ist zu einer großherzigen, selbstbewußten und intelligenten Frau mutiert, und alle klatschen Beifall für die aus der Unterwelt aufgetauchte Wunderfrau, so als hätte es sie vorher nie gegeben.

Im Moment sonnt sie sich noch in der Aufwertung, und das

ist fatal, wenn auch verständlich, denn Frauen sind nach Komplimenten so ausgehungert, daß sie alles, was sich als Wertschätzung ihrer Person anhört, gierig aufnehmen. Dieser Hunger verwehrt ihnen leider auch den Zutritt zu einer selbstkritischen Analyse. Vor allem aber ist das Defizit von Achtung und Selbstrespekt bei Frauen so groß, daß sie anfällig für alle Stempel sind, die ihnen eilfertig aufgedrückt werden. Vergleicht man die Entwicklung der Frau mit der Erziehung eines Kindes, dann überrascht die Parallele allerdings nicht, daß mißhandelte Kinder nach Liebe dürsten, autoritär erzogene nach Unterwerfung suchen, heruntergeputzte nach oben wollen und nach unten treten.

Angefangen hat diese Renaissance des Fabelwesens Frau in den letzten fünf Jahren, nachdem sie genügend durchleuchtet, durchgehechelt, kritisiert und kategorisiert worden war und sich eine gewisse Ermüdung eingestellt hatte. Man wußte jetzt, nach ihren jahrzehntelangen Versuchen der Selbstdarstellung, daß sie wie ein ganzer Mensch fühlt, wie ein halber behandelt wird, wie ein Tier arbeitet und es allmählich satt hat, eine atemlose Doris-Dampf-in-allen-Gassen zu sein.

Der eisbrechende Satz: »Frauen sind eigentlich viel toller als Männer« stand irgendwann trotzig im Raum. Von da an war es nur noch ein kleiner Sprung zu kühneren Behauptungen wie: »Wenn wir Frauen an der Macht wären, gäbe es keine Kriege«, usw. Auch heute vergeht kaum ein Tag, an dem nicht darauf hingewiesen wird, daß Frauen in Wirklichkeit nicht nur logischer, gewitzter, reifer und intelligenter sind als jeder Mann, sondern auch vernünftiger, ehrlicher, emotionaler, konfliktfreudiger und liebesfähiger.

Merkwürdig berührt allerdings die Tatsache, daß Frauen heute nicht mehr allein durch Selbstpromotion ihre einst geheimgehaltenen Vorzüge ins grelle Licht rücken müssen, sondern ausgerechnet von ihrem Erzfeind Unterstützung kriegen. Mehr und mehr Männer – Journalisten, Frauenkenner, Arbeitskollegen, Liebhaber, selbst Ehemänner und Politiker – kommen öffentlich und privat aus ihrem als Liebestempel getarnten Haßhäuschen und gestehen mit echt männlichem Mut, daß auch sie die Gesellschaft, Freundschaft und menschenverbessernden Eigenschaften von Frauen wie »Sensibilität« und »Verständnis« mehr schätzen als die der wortkargen, ruppigen, gefühlskalten Männer.

Ich glaube kein Wort davon. Man wird weltweit, selbst bei der Durchkämmung ganzer Kontinente, wenig Frauen finden, die sich als geliebte und respektierte Wesen empfinden – eine Situation, die sie mit vielen Kindern teilen dürften. Ehrstaunlicherweise schlägt sich auch sonst diese Menschenliebe der Männer für Frauen und auch die der Frauen für Frauen keineswegs auf humanisierende Weise nieder. Es ist eigentlich ein Wunder, daß bei dieser massiven Ansammlung von Frauen-Qualitäten die Welt nicht ein harmonischer Platz ist und die Frauen darin glücklich und zufrieden sind.

All diese süßen Betäubungspillen, die den Frauen als Köder verabreicht wurden, sind anstandslos geschluckt und der Sturm im Herzen ist geglättet worden. Man hat ihnen vorzutäuschen versucht, daß jetzt alle emanzipiert sind und man das Thema nun auch fallenlassen könnte. Und tatsächlich: »Ich bin emanzipiert«, sagt die moderne westliche Durchschnittsfrau heutzutage und meint damit, sie verdient, sie gibt aus und sie hat auch eine Meinung, die sie dazu benutzt, um sich vor tiefschürfenden Gedankenexpeditionen zu schützen, die sie zwingen könnte, sich mit ihrer Situation wirklich auseinanderzusetzen.

Die Käfige haben sich mehr geändert als ihre Bewohnerinnen. Man kann sagen, daß der weibliche Knast heute in eine todschikken Designerzelle umgewandelt wurde, die vorgaukeln soll – und sehr viele Frauen fallen darauf herein –, daß ein Ausbruch gar nicht wünschenswert ist, denn die Welt des Widerstandes und der Verweigerung ist so viel anstrengender als der Dauersitz im Glitz. Die Mißstände, obwohl unübersehbar, wenn man genauer hinsieht, sind geschickter kaschiert als vor 25 Jahren und daher nicht mehr so einfach auszumachen. »Ihr habt doch alles, was wollt ihr mehr?« fragen die Männer genervt. »Ihr könnt alles werden, verdient Geld, habt eure eigenen Wohnungen, Autos, könnt alleine reisen, überall hingehen, seid sexuell frei, könnt allein Kinder kriegen und findet obendrein immer einen Mann, der euch ernährt.« Aber das sind alles nur halbe Wahrheiten.

Die Frauen sind nicht frei. Sie sind gefangen in ihrer Phantasielosigkeit, Kampflosigkeit, ihrer Geistlosigkeit, ihrem arbeitsreichen, eingepferchten Leben, dem jeder schöpferische Impuls fehlt. Sie sind die genarrten Ausführerinnen einer »Emanzipation«, die gar nicht stattgefunden hat. Erst waren sie Sklavinnen ihres Sklaventums, jetzt sind sie Sklavinnen ihrer Freiheit, die keine ist. Allerdings umworbene, weil kaufende Sklavinnen. Aus dem Kaiser ist eine Kaiserin geworden, und ihre Kleider sind nicht weniger imaginär als die des eitlen Potentaten. »Nein, was für ein zauberhaftes Kostüm, so reißfest und hübsch emanzipatorisch geschnitten, elegant auch das Korsett aus Röllchen von 1000-Mark-Scheinen und die Krone gebogener Gabeln aus rostfreiem Stahl – wunderbar«, flötet der Hofstaat, bestehend aus Politikern und der Kosmetiklobby, Kleider- und Werbeindustrie und Männern, die es auch noch nicht zu einem Stückchen Eigenidentität oder einem ähnlich vortrefflichen Kostüm gebracht haben. Und jeden Tag kommen neue Vertreter und loben die Vervollkommnung der neuen imaginären Kostümierungen, die immer raffinierter werden, und immer noch mag ihr keiner sagen, daß sie wirklich nackt ist.

Diese »neue Frau«, egal ob selbstapostrophierte Emanze, berufstätige Mutter, Ehefrau oder Single, ist natürlich keine Feministin und keine wirklich emanzipierte Frau und möchte auch keine sein. Sie ist eine zusammengebastelte, synthetische Gestalt ohne Standort und Engagement. Die »neue Frau« ist eher ein alter Alptraum – unspirituell, asexuell, unoriginell. Da hilft auch nicht das von Frauenmagazinen krampfhaft erstellte Portrait einer schlanken, dynamischen, jungen, schicken, »sexy« Frau, die mit den Männern mithalten kann.

Selbst die Körper, die ja die Seele widerspiegeln, sind durch den Fitneßtick rigide geworden, es sind »Don't-touch-me«-Körper mit kontrollierten Gelenken, präzise koordinierten Bewegungen – knapp, fast militärisch. Unbeschwerte Freuden haben viele Frauen scheinbar unterdrückt oder verlernt: Sinnlichkeit, Fröhlichkeit, Humor und Spontaneität. Sie können sich nichts »Weibliches« mehr erlauben, denn ihr Verhalten wird von allen Seiten beobachtet und kommentiert.

Frauen wirken heute oft enteignet und gebrochen, verzweifelt bemüht, einen ruhenden Pol in der ganzen Verwirrung und den Erwartungen, die auf sie niederprasseln, zu finden. Dabei werden sie immer matter, ratloser und einsamer, denn mit dem Schlagwort »Emanzipation«, das sie inzwischen – wie ein Hund seine ungeliebte Kette – mit sich herumschleppen, haben sie sich heiser gebellt. Den Traum, den sie sich aufgehalst haben, können viele oft nicht mehr verstehen.

Die meisten Frauen haben sich arrangiert, sind müde geworden, sagen sich, daß es ihnen doch ganz gut geht mit ihrem Job, Geld und Luxus, und leiden somit ganz genau wie die Männer, die sie in der beruflichen Verwirklichung imitieren, am satten Wohlstandsbürgerinnen-Syndrom. Frische Gedanken und die Weigerung, sich dem Diktat des gefühllosen »Sichgutfühlens« aufgrund einer gehobenen Gehaltsklasse zu beugen, sind unwillkommen.

Warum wichtige Teile der Emanzipation und des Feminismus gescheitert sind, läßt sich nur mit Ernüchterung konstatieren: Die Mehrheit der Frauen will mit einer grundlegenden Emanzipation nichts zu tun haben, weil dies zu große und zu radikale Umstrukturierungen im Denken und im Handeln erfordern würde. Während eine Emanzipation, die gleiche Bezahlung und die soziale und gesellschaftliche Gleichstellung für Frauen anstrebte, von allen Schichten der weiblichen Bevölkerung unterstützt wurde, war »Feminismus« mit seinem mehr persönlichen, psychologischen und frauenspezifischen Anspruch immer eine Elitebewegung und hatte nichts mit der »einfachen Frau« zu tun. Die Vorkämpferinnen und Fürsprecherinnen gehörten meist zum gebildeten Mittelstand, waren Akademikerinnen, Unternehmerinnen und Showbusiness-Leute, die es sich in jedem Fall, auch wirtschaftlich, leisten konnten, jede nur erdenkliche Kritik an Männern und dem Patriarchat unbeschadet zu äußern. Doch gerade in diesen Reihen haben der Feminismus und eine letztendlich falsch verstandene, weil theoretische und oberflächliche Emanzipation, angepaßte, langweilige und träge Frauen produziert.

Alice Schwarzer, die viele richtige und wichtige Dinge gesagt und geschrieben hat, wird nie ein Vorbild für eine Andrea Schmidt werden, die nur soweit emanzipiert sein möchte, daß es nicht unangenehm auffällt, was dadurch erreicht wird, daß man sich nicht »auffällig« emanzipiert gibt, sondern dezent, mit einem Schuß Bescheidenheit und Zwiespalt der ganzen Sache gegenüber. Zumindest möchte niemand »unweiblich« wirken. Es gibt viele Frauen, die, sowie sie Männer kritisieren oder Frauen loben, sofort mitleidig oder patzig gefragt werden, ob sie »etwa« Feministin seien. »O nein«, beeilen sich die Frauen dann mit einem spitzen Lachen zu sagen, »nein, keineswegs, aber ich finde schon, daß Frauen alle Möglichkeiten offenstehen müßten.«

Ein anderer Grund für die Unpopularität des Feminismus und der gesamten Frauenbewegung ist, daß zuviel Dogma, zuviel Anklage und zuwenig Selbstkritik und Humor durchschimmerten. Einige Kerntheorien waren fehlerhaft, so wie die grundsätzliche Kritik der Feministinnen, daß es nichts an ihrer Misere gab, was nicht auf den Wesenszügen und Fehlern der Männer aufgebaut war. Doch ein Feminismus, der ausschließlich auf Schuldzuweisung beruht und nicht auf einer eigenen Notwendigkeit, muß irgendwann scheitern. Es steht zu fürchten, daß wichtige Aspekte des Feminismus ohne die Sündenbockfunktion der Männer zusammenbrechen würden wie ein Kartenhaus, und nicht wenige nägelkauende Frauen würden ratlos herumstehen und fragen, wem sie jetzt die Schuld für ihre Frustrationen zuschieben sollen.

Frauen sind *keine* Engel, und die Wahrheit ist, daß alles Negative, das Frauen in ihren Handlungen und Charakteren zeigen, letztendlich ein Produkt des individuellen eigenverantwortlichen Selbstentwurfs ist, der mit der »Schlechtigkeit« des Mannes nichts zu tun hat. Es gibt viel in der Welt, was die zerstörerischen, inhumanen Handlungen der Männer mitsamt den tragischen Konsequenzen aufzeigt. Doch ist das der Beweis für einen angeborenen minderwertigen Charakter der Männer oder eher dafür, daß ihnen derlei Akte möglich sind, da es kein Gegengewicht von seiten der Frauen gibt, welcher sie daran hindert?

Ich will um keinen Preis mißverstanden werden: Meine Kritik soll nicht heißen, daß Frauenbewegung, Emanzipation und Feminismus größtenteils fehlgeschlagen sind, weil sich die Frauen zu weit vorgewagt haben, so wie es konservative Kräfte gerne hinstellen möchten, um Frauen jetzt wieder triumphierend in ihre alte Welt und Rolle zurückdrängen zu können. Im Gegenteil, die Frauen waren zu vorsichtig, zu bequem, zu zwiespältig, zu beeinflußbar, um so einen Kraftakt wie Emanzipation durchzuhalten.

Und doch: Es gibt auch viele Gründe, um stolz zu sein. Die frühen siebziger Jahre waren von Erfolgen gekrönt. Die Frauen fingen an, tatsächlich Dinge zu bewegen, sich zu wehren, zu politisieren und zu organisieren. Immer mehr suchten sich anspruchsvollere Jobs oder machten eine neue Ausbildung, ließen sich scheiden, wenn die Ehe einengend war, hatten neue Ideen von Mutterschaft und Männern, stellten sich zum erstenmal selber in den Mittelpunkt – aber das war etwas zuviel Aufmerksamkeit sich selbst gegenüber. Sofort wurden die alten Warnungen laut, die seit jeher an die »moderne Frau« von Staat und Gesellschaft herangetragen werden, denn man wußte, was der Preis war: Verlust der »Weiblichkeit«, daher keinen Mann, daher kein Mutterglück, daher keine Identität und keinen Platz in der Gesellschaft.

Vielleicht sind Frauen wirklich besonders gutgläubig und naiv, denn erst Ende der siebziger Jahre merkten sie, etwas überrascht, daß die Gesellschaft bis hinein ins private Umfeld seltsam unbeteiligt, ja feindselig ihnen gegenüber eingestellt war. Das Wort Feministin oder Emanze wurde mehr und mehr herabsetzend gebraucht – sogar von Frauen. Feminismus und Emanzipation mußten für alles herhalten: kaputte Ehen, mißratene Kinder, unweibliches Aussehen. Aufgeregte Hausfrauen beschimpften die schlimmen »Emanzen-Weiber«, weil die ihnen angeblich den Spaß an ihrer Heim-Identität verdarben und ihren edlen Beruf in Verruf brachten. Zänkische, aggressive Frauen mit Falten, lauten Stimmen, die sich ungefragt zu Wort meldeten, Ansprüche und Meinungen hatten, streng, hart und dominant waren, wurden mit großer Irritation gesichtet.

Auch hier der Name der Krankheit: Die Frauenbewegung. Der Schrei nach der delikat-bleichen, scheintoten viktorianischen Frau und der fröhlich-angepaßten Fünfziger-Jahre-Mutti wurde laut. Männer, die sich bisher wenig zu der unangenehmen Entwicklung geäußert hatten, fingen massiver und weniger versteckt an, Frauen zu attackieren, weil ihnen ihr Paschaleben plötzlich ganz real bedroht vorkam. Mit dem Aufstieg der Frauen begann nämlich die Verunsicherung der Männer: Verwirrung, Frustration, Selbstzweifel, beruflicher Neid, Wut und Identitätskrisen stellten sich bei ihnen ein, genau die Dinge, unter denen Frauen gelitten hatten, solange sie nur Hausgefangene gewesen waren.

Allmählich begannen die Frauen zu merken, daß sie nichts richtig machen konnten, daß jede Verbesserung für sie – etwas, von dem sie dachten, daß es auch anderen Menschen von Nutzen sein würde – eine wahre Welle von Ablehnung, Wut und Angst auslöste. Aber es war so: Die emanzipierte Frau sollte öffentlich hingerichtet werden, nicht mit der Guillotine oder auf dem Scheiterhaufen, sondern durch Verunglimpfung, Ridikül, Respektlosigkeit und Verteufelung. Die wirksamste aller Methoden aber – und auch das ist bis heute so geblieben, um die Leistungen der berufstätigen Frauen und ihre Bestrebungen für Gleichberechtigung zu negieren – war, ihr einzureden, daß Berufstätigkeit der Mutter für die Kinder unausweichlich katastrophale Folgen habe.

Dazu eigneten sich die von Männern geleiteten Medien vortrefflich. Die späten siebziger und gesamten achtziger Jahre produzierten eine Flut von Studien, Umfragen, Thesen, angeblichen Statistiken und interessanten wie schädlichen Aufklärungswerken von mitteilsamen Autorinnen und Autoren, die dem Phänomen »emanzipierte Frau« auf der Spur zu sein schienen. Identitätslose Menschen, und das sind viele Frauen, reagieren stark auf öffentliche Meinungen, von denen sie Auskünfte über ihr Selbst erhoffen. »Die neue Weiblichkeit ist da«, trumpft ein Frauenmagazin auf, eine Woche später: »Haben die Frauen genug von Männern?«, dann wieder: »Heiraten ist doch das Beste« usw.

Über Männer werden selten solche oberflächlichen Behauptungen aufgestellt. Sie sind weniger das Objekt permanenter, angeblich repräsentativer Untersuchungen, weil sie derartige Dinge kaum interessieren und daher als Leser nicht in Betracht kommen. Frauen sind immerzu irgendeinem Trend unterlegen, schon wegen ihrer Modezwänge sind sie gewöhnt daran, zu warten, zu gucken, nachzuahmen und auf Bestätigung durch eine Autorität zu lauern. Frauen können sich schlecht wehren, abdichten, verschließen, deshalb sind sie immer Opfer von irgendwas – dem Vertreter, der Kosmetikverkäuferin, den Verführungskünsten eines Heiratsschwindlers oder Politikers.

Warum aber Frauen nicht in aller Ruhe ihre völlig normalen, ihrer Situation entsprechenden Konflikte und Probleme empfinden, untersuchen und lösen dürfen, ohne daß sich schadenfrohe Propheten auf ihren angeblichen Mißerfolg stürzen, ist nicht einzusehen. Für Frauen gelten die verrücktesten Gesetze, gegen deren Logik und Sinn jeder vernünftige Mensch rebellieren würde, und sie erinnern ein bißchen an die alten, zähen Erziehungsmärchen, nach denen z. B. Masturbieren das Gehirn austrocknet.

Jeder Person, die einen anstrengenden Job und obendrein zu Hause noch Kinder und einen Erwachsenen zu versorgen hat, die verständlicherweise über Erschöpfung und das Gefühl des Ausgenutztwerdens klagt, müßten alle Sympathien zufliegen. Man würde diesen Zustand als unakzeptable Zumutung empfinden – wenn er nicht eine Frau betreffen würde. Denn gleich wird gefragt: Warum bleibt sie nicht zu Hause, sie *muß* doch nicht arbeiten gehen, und nicht etwa: Warum gibt es keine flexibleren Arbeitszeiten und warum keine Kindertagesstätten in ausreichender Menge – und warum keine fairen Männer, die die Hälfte der Verantwortung und Arbeit im Haushalt übernehmen? Klagt eine alleinstehende Frau über Streß oder Diskriminierung am Arbeitsplatz, gibt man ihr den Ratschlag, einen weniger anspruchsvollen Job zu suchen (oder noch lieber einen Ehemann) und ihre – ohne Zweifel – überspitzten Ambitionen, die sowieso neurotisch sind, zurückzuschrauben.

Seit neun Jahrzehnten geht die Frauenbewegung in Wellen vorwärts und wieder zurück wie Ebbe und Flut und schwemmt jedesmal die hart erkämpften Eroberungen wie Sandburgen ins Meer. Aber von jeder Phase sind immer Spuren zurückgeblieben, die, auch wenn sie noch so zart sind, die Frauen daran erinnern, daß der Kampf lang und hart ist und manchmal so aussichtslos und sinnlos anmutet wie der von Don Quichote. Es scheint so, als ob keine Frauengeneration je dort ankommt, wo sie Freiheit, Gleichheit und Selbstverwirklichung finden kann. Eine jede scheint dazu verdammt, fast wieder von vorne anzufangen, so als hätte es nie einen Fortschritt gegeben.

Die Mächte, die an der Fortführung des Patriarchats interessiert sind – es gehören leider auch maßgeblich viele Frauen dazu – haben es immer schon verstanden, altbekanntes, frauenfeindliches Gedankengut neu zu aktivieren und dem weiblichen Bewußtsein aufzuzwingen. Diese Rückentwicklung (im englischen »backlash«) kommt immer dann, wenn Sündenböcke gesucht werden für wirtschaftliche, politische und soziale Krisen und wenn Männer zuviel Macht an Frauen abgeben müssen.

Der erste Schub von emanzipierten Frauen, die die Öffentlichkeit schockierten, waren die Suffragetten, die schon um die Jahrhundertwende in Europa und Amerika auf die Straße gingen und soziale Reformen, vor allem die Gleichstellung der Frau forderten. Sie wurden entweder beschimpft oder nicht ernst genommen, aber sie erstritten mit bewundernswertem Einsatz das Wahlrecht für Frauen.

Nachdem der 1. Weltkrieg vorbei war, verhalf die Weimarer Republik einem vorher noch nie gesehenen Frauentyp zu legendärem Ruhm, dem kessen, koketten Charleston Girl. Hedonistische Wesen à la Louise Brooks, die aufgeklärt und leicht verrucht waren, schnitten sich die Haare über den Ohren und die Röcke über den Knien ab, rauchten, tranken und schminkten sich. Frauen führten freche Reden und schrieben Bestseller (Vicky Baum, Irmgard Keun), sangen gewagte Chansons und brillierten als Kabarettistinnen – aggressiv, farbig, lebendig, herausfordernd. Doch Inflation, Desolation und Arbeitslosigkeit, gefolgt vom langsam heranschleichenden Nationalsozialismus, drehten dieser künstlerisch so kraftvollen Periode der »wilden Zwanziger« langsam die Luft ab und ebneten den Weg für ein Jahrzehnt, das sich mit Frauenglorifizierung tarnte.

Die Frauen wurden innerhalb kürzester Zeit in Schürzen und Schnürschuhe gesteckt, und man verschaffte ihnen ein Dauerabonnement im Wochenbett. Zur gleichen Zeit war auch eine neue Generation herangewachsen, die, orientierungslos und weniger kritisch, als Danksagung für diese und andere scheinbar vortrefflichen Ideen Adolf Hitler zujubelte. Sie gruben damit nicht nur das Grab von Millionen unschuldiger Menschen, sondern sinnbildlich auch ihr eigenes, in das sie mit verschleierten Augen und vor Mutterglück geschwollenem Busen stolperten.

Die deutschen dreißiger Jahre unter Hitler waren ein Alptraum für die Emanzipation. Intelligente und selbständige Frauen wurden nicht nur verteufelt, sondern ganz massiv durch ein Arbeitsverbot am Arbeiten gehindert – die Arbeitslosigkeit kaschierte das als vernünftige Lösung. Die zum Gretchen verkleidete deutsche Frau ging zurück in die Küche und konnte ihre Ambitionen bei organisiertem Schwachsinn wie Frauenschaft, BDM-Abenden und Eintopfkochen loswerden. Natürlich wurde diese mentale Verhaftung als besonderer Vorteil und große Ehre angepriesen, nach dem Motto: Wir geben den Frauen ihre ursprüngliche Stärke zurück, indem wir sie Mutter sein lassen.

Daß ausgerechnet der kommende 2. Weltkrieg eine der merkwürdigsten Phasen in der Geschichte der Emanzipation einleitete, ist insofern eine bittere Ironie. In Zeiten, da keiner mehr dem Luxus der Rollenverteilung der Geschlechter nachgehen konnte (Krieg, Depression, Rezession), krochen Frauen zwangsläufig aus ihrer Rolle heraus. Die Männer zogen in den Krieg und hinterließen massenhaft leere Arbeitsstellen. Dazu kamen neue – wirtschaftlich lohnt sich ein Krieg immer eine Weile –, und die Rüstungsindustrie beorderte alle arbeitsfähigen Frauen im Namen des Führers in die Rüstungsfabriken. Sie waren zwar für den Moment nur ein Ersatz im Einsatz, aber ohne sie ging plötzlich nichts mehr. Das Frauenbild änderte sich blitzschnell: keine Schürzen und Bubikragen, sondern Uniformen, Hosen, Overalls und Kopftücher waren die Zeichen einer modernen Frau, die im wahrsten Sinne des Wortes selbstbewußt ihren Mann stand. Nicht nur in Deutschland, sondern in allen am Krieg beteiligten Ländern marschierten die Frauen in die Fabrikhallen. Lötkolben statt Lippenstift hieß es auch in Amerika, wo die berühmte propagandistische Figur von »Rosie, the Riveter« (Rosie, die Nieterin) erfunden wurde, die stellvertretend für Millionen von Arbeiterinnen stand (zur selben Zeit, 1941, wurde auch der Comic Strip *Wonder Woman*, ein Pendant zu *Superman*, erfunden).

Genauso schnell wie diese Phase der bedingten Selbständigkeit der Frau, die freilich in eine menschenverachtende Diktatur eingebettet war, kam, so schnell wurde sie 1945 durch das Kriegsende aufgehoben und leitete eine neue Phase ein, die in ihrer konservativen Intention noch über die Weimarer Republik hinaus in die Vergangenheit zurückgriff.

Es war nicht einfach zu verstehen, was plötzlich aus den selbständigen und zähen Frauen geworden war. Doch auch hier arbeitete eine gewisse Logik. Wie immer, wenn sich Frauen zu weit vorgewagt hatten, fühlten sie sich nach einer Zeit schuldbewußt und unbehaglich, wurden zweifelnd und unsicher. Dazu kam, daß die aus dem Krieg heimkehrenden Männer ihre Jobs wiederhaben wollten, und so trabten die deutschen Frauen mit einem Seufzer der Erleichterung – und auch des Bedauerns – in die relativ sichere und heile Welt ihres Heims, das sie immerhin oft selber mit eigener Hand wiederaufbauen mußten. Wie immer schien der Vorstoß zur Selbständigkeit der Frauen nur ein Gastspiel gewesen zu sein; sie waren wieder nur die Besucherinnen in der anderen Welt gewesen. Jetzt saßen sie in ihrer ersten Nachkriegs-Couchgarnitur und reminiszierten beim Stopfen über ihre Erfahrungen und Abenteuer während des Kriegs.

Eine andere Erklärung für die seltsame Rückwärtsgewandtheit, die in die sterile, kleinkarierte und klaustrophobische Atmosphäre der fünfziger Jahre führte – übrigens ein weltweiter Trend –, ist der Erschöpfungsfaktor. Doch daß die deutschen Frauen nicht mehr zu emanzipatorischen Kämpfen aufgelegt waren, hat vor allem einen anderen Grund. Das Gefühl der Unabhängigkeit blieb immer mit der Tatsache gekoppelt, daß es auf dem Rücken einer Diktatur von Mördern und ihren Mitläufern aufgebaut gewesen war, und hinterließ einen bitteren Nachgeschmack und konfliktreiche Gefühle. Was den Frauen Freiheit verschafft hatte, war ein Krieg, der ihnen die Männer weggenommen hatte, damit sie in andere Länder einmarschieren, Menschen quälen, erschießen, vergasen und Städte bombardieren konnten. Was jetzt aufgebaut werden mußte, war die Moral der Deutschen, waren die Städte und nicht individuelle Selbstverwirklichung und Freiheitskonzepte für Frauen.

In einer Atmosphäre der Wiederherstellung von konservativen Werten, des Heilens, Vergessens und der Verdrängung sind radikale Impulse, die moralische und politische Investigation verlangen, schwer durchzusetzen. Genauso wie Emanzipation, die in den fünfziger Jahren als »egoistisch« und »unnatürlich« angesehen wurde. Das hieß nicht, daß Frauen wirklich weniger arbeiteten, denn in der Wirtschaftswunderphase wurden alle Arbeitskräfte gebraucht, aber sie kriegten die unterbezahlten Stellen in Fabriken, Warenhäusern und Büros als Sekretärinnen, Verkäuferinnen, Arbeiterinnen und Aushilfskräfte.

Die öffentliche Meinung (der Männer) war schnell ausgemacht und wurde nicht müde, die alarmierenden Resultate von arbeitswütigen Frauen anzuprangern: Sie nehmen den Männern den Job und daher das Selbstbewußtsein weg und verursachen häusliche Konflikte. Sind sie nicht verheiratet, schwindet ihre Chance, einen Mann zu kriegen, proportional zu ihrer Qualifikation und ihrem Bildungsgrad. Das wurde anscheinend geglaubt, denn die fünfziger Jahre sind eine düstere Ära für Frauen, die adrett und asexuell in Cocktailschürzen geschäftig die Blüte ihres Leben verkochten und verputzten.

Die Frauengeneration, die, wie ich, gleich nach dem Krieg geboren ist, hatte diese Mütter, die während des Krieges junge Frauen und Mädchen gewesen waren. Das war ein Vor- und Nachteil, eine Inspiration und ein Fluch. Was wir grundsätzlich unseren Müttern verdanken, ist der Zweifel. Nicht unbedingt ein von ihnen direkt ausgesprochener, sondern ein von ihnen vorgelebter Zweifel. Wir waren die unmittelbaren Zeuginnen unserer ans Haus gebundenen Supermütter, deren fleißige, meist unscheinbare Existenz die untrüglichen Zeichen der fünfziger Jahre trug. Wir hatten zwei Möglichkeiten: Wir konnten unsere Mütter entweder imitieren oder sie radikal ablehnen und uns etwas anderem zuwenden. Nur, was und wo war das »Andere«, das »Neue«? Es war unerforscht, unbekannt, unheimlich. Die Möglichkeiten zur Selbstverwirklichung, damals ein Fremdwort, die sich uns als Töchtern anboten, waren zwar günstiger – die Idee eines Studiums und der Wunsch nach einer Karriere waren nicht mehr so abwegig –, aber daß Mädchen heiraten und sich widerspruchslos in ein männliches Leben einfädeln ließen wie Nähgarn in eine Nadel, galt zugleich als selbstverständlich.

Blickten wir zurück auf das Leben unserer Mütter, sahen wir Verzicht, Trauer, Resignation, auch Bequemlichkeit und Anpassung; blickten wir nach vorne, sahen wir ein weites, leeres Land, jungfräulich, öde, ohne Fußspuren. Es gab keine Angebote, und außer sehr vereinzelten, realen Alltagsvorbildern in Form von Lehrerinnen, Verwandten oder Bekannten, nur außergewöhnliche, berühmte Wunderfrauen aus mehreren Jahrzehnten, die erstaunlicherweise die Geschichtsschreibung überlebt hatten.

So sahen wir uns in eine kämpferische Rolle gedrängt, und wir kämpften mit allen Waffen; ganz besonders mit der Angstlosigkeit Gefangener, die sich auf dem Weg ins Gefängnis gegen das Anlegen von Handschellen wehren. Wir hatten das glückliche Schicksal, eine Generation zu sein, die auf dem Wege war, ein unvergeßliches, von sozialen, kulturellen, sexuellen und politischen »Revolutionen« gezeichnetes Jahrzehnt, die sechziger und siebziger Jahre, zu kreieren.

Irgendwann fing man dann an zu lesen, daß in Amerika die »Women's Liberation« ins Leben gerufen war und daß es nun Frauen gab, die endlich genug von Unterdrückung hatten und damit auch an die Öffentlichkeit gingen. Ich erinnere mich nicht mehr an deutsche Feministinnen und ihre Aktionen. In Holland gab's die »Dollen Minnas«, die, glaube ich, es als eine feministische Lehre ansahen, Männern in den Hintern zu kneifen oder ihnen anzüglich hinterherzupfeifen. Frauen verbrannten angeblich öffentlich ihre Büstenhalter (wo waren die Männer, die öffentlich ihre Aktentaschen und Schlipse verbrannten?), und überall demonstrierten die Frauen gegen die Abtreibungsparagraphen. Mir gefiel das alles ganz wunderbar, ich war hundertprozentig auf ihrer Seite, aber es war kein dauerndes Thema für mich, dachte ich damals. Ich trug sowieso keinen Büstenhalter, lebte das Leben eines Bohemien und tat immer nur, was mir paßte, ohne Rücksicht auf die Meinung meiner Eltern oder der Umwelt.

Ich kam nie auf die Idee, daß etwa mein Freund allen Ernstes von mir erwartete, daß ich den Haushalt führen, kochen und die Wäsche waschen sollte. Wie kam ich dazu, seine Socken zu waschen, seine Hemden zu bügeln – ich trug sie doch nicht. Kochen tat ich, wenn mich die Inspiration überkam. Ansonsten war jeder selber für die Stillung seines Hungers und die dazugehörigen Handlungen wie Einkaufen und Abwaschen verantwortlich. Durch meine eindeutige Haltung (und die allerdings auch einigermaßen netten Männer), die einfach meinem Unwillen den sogenannten »fraulichen Pflichten« gegenüber entsprang, lernte ich eine der wichtigsten nicht nur »feministischen« Lektionen in meinem Leben, die ich gerne weiterempfehlen möchte:

nämlich ohne großes Reden auf der Handlungsebene überzeugend zu wirken.

Heute sind der Begriff Emanzipation und alles, was man üblicherweise damit verbindet, unspektakulär geworden, weil das Neue und Aufregende abgenutzt ist wie ein alter Besen. Damals, in den sechziger Jahren, war es Zauberwort und Kampfansage, wurde sehr ernst genommen und verstand sich mit Werten wie Stolz und Engagement. Man wollte, ja mußte ganz dringend etwas tun, emotionelles Dynamit in die beengende, leere Frauenwelt schmeißen und sie explodieren lassen. Die Empörung war zu groß, der Leidensdruck unerträglich geworden. Wild, ungestüm und ungehorsam, narzißtisch und idealistisch zu sein war eine Offenbarung für uns alle. Studentinnen demonstrierten, politisierten und waren fast so wütend und so sichtbar wie ihre männlichen Kommilitonen. Es war herrlich befreiend, eine Stimme, ein Ziel und einen Gegner zu haben – und die Aufmerksamkeit der Welt.

Und es machte Spaß. In dem Alter, als unsere Mütter angstschlotternd in den Luftschutzkellern saßen, schlugen wir uns die Nächte um die Ohren, rauchten Haschisch und Marihuana und tanzten nach Jimi Hendrix und den Beatles; als unsere Mütter in Fabriken standen, studierten, diskutierten oder demonstrierten wir auf den Straßen, überwältigt von unserer frisch entdeckten Power. Als unsere Mütter mit Schürze und Schrubber bewaffnet dem Staub den Garaus machten und dem Ehemann untertan waren, suchten wir uns »neue« Männer, die sich als alte herausstellten, was den Abscheu vor dem heiligen Bund der Ehe nur verstärkte. Heiraten und wie Mutti werden? Um Gottes willen – Büstenhalter, Dauerwellen und graues Schneiderkostüm raus, kurze Röcke, lange Haare und »freie« Gesinnung rein. Sex, LSD, Rock 'n' Roll, Kommunen und Demos, »Make Love not War«, »Peace« statt »Heil«, psychedelische Gedanken und Hippie-Philosophien waren die Order.

So aufregend war das neue, bunte, laute Zeitalter, daß wir Frauen lange gar nicht merkten, wie fast alles beim alten blieb und der Sexismus selbstverständlich nicht nur fortlebte, sondern sich bester Gesundheit erfreute. »Wer zweimal mit derselben pennt, gehört schon zum Establishment« hieß es launig in gewissen Kreisen. Dieser unappetitliche Freibrief galt natürlich nur für die Herren Revolutionäre. Wir durften »gefahrlos« (es gab ja die Pille) zur Verfügung stehen wie immer, und unsere individuelle Belohnung bestand darin, daß die Wahl der Bettgenossin des Moments auf uns fallen konnte. Welch schaurige Erregung, von einem schmuddeligen, langhaarigen Lümmel mit Bart und linksradikaler Gesinnung mit knappen Worten auf ein fleckiges Laken eingeladen zu werden, und welch eine Erleichterung, daß dieses Vergnügen einmaliger Natur war. Ich kenne wenige Frauen, denen sich diese im Namen politisch korrekter Lust geführten Übungen wegen ihrer schweißtreibenden Sinnlichkeit unauslöschlich ins Hirn eingebrannt haben.

Uns Frauen der späten sechziger Jahre fiel, so dachten wir, die Rolle der radikalen Pionierinnen einer neuen Epoche zu. Eine Herausforderung und ein großartiges Angebot, doch gleichzeitig auch eine Belastung. Nichts kann verwirrender sein als theoretische Freiheit ohne irgendein vertrautes Layout. Sie ist wie eine Gratwanderung im Dämmerlicht, aufregend, gefährlich, ohne vorausschaubares Ende. Wir wußten wenig, waren blutige Amateurinnen, konnten uns nur gegenseitig spiegeln, unsere eigene Ambivalenz spüren, uns sonst aber auf keine andere ähnliche Frauenbewegung berufen. Wir hatten nur Bücher – allerdings, das wichtigste unter ihnen war: Simone de Beauvoirs *Das andere Geschlecht*. Dazu kamen die Handvoll amerikanischer Klassiker wie *Der Weiblichkeitswahn* von Betty Friedan und *Der weibliche Eunuch* von Germaine Greer.

Da ich der Auffassung bin, daß wir, ob wir wollen oder nicht, die Konflikte und Verdrängungen unserer Eltern erben, glaube ich, daß wir die Zerrissenheit unserer Mütter internalisiert haben. Sie haben uns mit sicheren Armen, aber unsicheren Herzen und fragenden Augen durch die Kinder- und Teenagerjahre geleitet. Sie hatten leider keine für uns eindeutig erkennbare Erfahrungssumme aus ihren dramatischen, verwirrenden Kriegsjahren anzubieten, außer einem gewissen unterdrückten Zorn und einer Genugtuung, die darauf beruhte, daß sie endlich einer uralten, sie ewig verstümmelnden Lüge von der »schwachen, abhängigen, einfältigen Frau« auf die Schliche gekommen waren. Doch ihre traditionelle Bescheidenheit und die immerwährenden Zweifel an der Richtigkeit ihrer Beobachtungen verboten es ihnen, daraus logische Konsequenzen zu ziehen und praktische Leitfäden zu entwickeln, die sie ihren Töchtern hätten weitergeben können.

Unsere Mütter sind von den letzten drei Generationen eindeutig am meisten um ihre Jugend betrogen worden. Benutzt, eingesetzt, wieder ausgestoßen, mit total kontroversen Manipulationsversuchen in den Kriegs- und Nachkriegsjahren in Trab gehalten und danach ohne Dank und völlig verwirrt zurückgelassen, machten sie zwei gegensätzliche Entwicklungen durch, die letztendlich sehr traurig ausgefallen sind. Ihnen wurden die Ambitionen und Träume mit Bomben, Zerstörung und Tod ausgetrieben, und die Narben davon haben diese enttäuschten Frauen noch heute. Sie lebten lange in einer Art Betäubung, fanden sich nichtig, uninteressant, waren bescheiden, unsicher, schämten sich der Nazizeit, der auch sie – trotz ihrer vielleicht insgeheimen Abscheu – angehörten. Es ist schmerzhaft, doch kein Wunder, daß sie ihre wertvollen Erfahrungen erst einmal so lange in sich ruhen ließen, bevor sie sich als alte Frauen zu Wort meldeten. Wir Töchter hätten gerne vorher von ihnen gehört.

Was wir ihnen verdanken, ist der haarfeine Riß, der beginnende Zweifel an der Richtigkeit der Geschlechteraufteilung in der Welt, den wir in ihren Augen von Anfang an lesen konnten. Trotz der heilen Welt der fünfziger Jahre und all ihrer Bemühungen, einen reibungslosen Alltag in ihren Familien zu sichern, hatten uns unsere Mütter nicht davon überzeugen können, daß ein Leben, das aus Verzicht und Unterwerfung besteht, zum Glücklichsein und zu einem Selbst führen kann. Daß dieser Riß zum Bruch wurde, zu einer Art Evolutions-Drama, wie es sich manchmal nicht vermeiden läßt, ist eine der Herausforderungen des 20. Jahrhunderts. Nach mehreren Jahrzehnten Frauenkraft, Emanzipationskämpfen und Mißverständnissen zwischen Männern und Frauen ist aus dem Bruch eine gewaltige Schlucht geworden, in die zahllose Opfer von beiden Seiten hinuntergestürzt sind. Es gab viele Verletzte und Verzweifelte.

Und wieder ähneln besonders die Frauen über Dreißig einer »verlorenen« Generation wie die unserer Mütter. Etwas ist unter den Verpflichtungen verkümmert, unter der Bürde verschiedener Belastungen untergegangen. Die Frauen sind wieder im Niemandsland gelandet, und sie spüren die Isolation und auch die Ratlosigkeit recht deutlich. Dort, wo sie stehen, fühlen sie sich unverstanden, allein gelassen, wieder ausgebeutet – und immer noch ohne Identität. Diejenigen, die sich noch nicht mutlos haben machen lassen, möchten sich gerne weiterbewegen, doch in welche Richtung? Es drängt sie nach vorne, aber die Landschaft dort hat immer noch nicht so eindeutige Wegweiser, so daß es eine reibungslose Reise ohne Gefahren werden könnte. Dieses immer noch jungfräuliche Territorium macht ihnen Angst, denn sie sehen sich nicht gern als Pionierinnen. Doch blicken sie zurück, sehen sie nichts als Generationen von unterdrückten und ausgenutzten Frauen.

Was sollen sie machen? Frauen haben schon vieles angestellt, um auf sich aufmerksam zu machen und manche mittelalterlichen Zustände anzuprangern und zu verändern. Sie sind marschiert, haben öffentlich protestiert, haben verklagt, gestreikt, gebrüllt. Sie haben sich der Lächerlichkeit preisgegeben, sich verhaften, beschimpfen, erniedrigen lassen. Wie kommt es dann, daß sich Zufriedenheit und Glück nicht eingestellt haben und die Siege nicht genossen werden können?

Einer der Hauptgründe ist, daß den Frauen Lob und Billigung von Männern versagt geblieben sind. Sicher, ihr Einsatz, ihr Geschick, ihr Fleiß am Arbeitsplatz wurden – manchmal zähneknirschend – von Männer anerkannt. Doch für ihren Kampf um Identität und Emanzipation haben sie keine Bewunderung geerntet. Im Gegenteil, sie merken, daß sie die Männer statt dessen von sich gestoßen, entfremdet, verwirrt und verängstigt haben, und sie spüren deren Ablehnung, ja Haß.

Die Panik des möglichen Versagens und die Frage, ob trotz Emanzipation nicht doch gleichzeitig die traditionelle Frauenrolle erfüllt werden könnte, bereitet ihnen Unruhe und ein schlechtes Gewissen. Zweifel nagen an ihnen. Bin ich zu weit gegangen? Habe ich das Richtige getan? Warum bin ich nicht glücklich? Bin ich nicht schuld an der Armseligkeit meiner Männerfreundschaften oder Ehe? Ist jetzt nicht der Augenblick, da man ein kleines bißchen die Weiblichkeit zurückholen und etwas hilflos und beschränkt erscheinen sollte – nur so viel, daß er nicht ganz das Interesse verliert?

Es spricht leider alles dafür, daß die Frauen nicht von ganz bestimmten Strukturen lassen wollen, die sich in jede Faser ihres Seins gewebt zu haben scheinen: von der fast pathologischen Sehnsucht nach Liebe und Bestätigung durch einen Mann, von dem unbezwingbaren Bedürfnis nach Unterwerfung und Selbstaufgabe. Ich habe Frauen gesehen, die abenteuerlustig und unabhängig erschienen, die aber das Risiko und den Streß, die mit einem unabhängigen, intellektuellen Leben verbunden sind, auf lange Sicht nicht aushalten konnten. Die herrlichen Momente der Freiheit, der Frechheit, der Selbstbestimmung scheinen wie ausgelöscht zu sein, wenn sich die erstbeste Möglichkeit zur Bindung bietet, auch wenn damit wieder nur ein neuer Selbstbetrug anfängt. Doch der ist vielen Frauen so selbstverständlich wie die dadurch entstehende Scheinwelt, in der sie leben. Der tägliche Betrug an ihrem Selbst ist ihnen zur zweiten Natur geworden. Kein Wunder, daß Frauen oft wie Schlafwandlerinnen herumtapsen.

Frauen haben zwar das Sortiment ihrer schmerzlichen Gefühle so verinnerlicht, daß Ambivalenz, Lüge und Zerrissenheit ihnen nicht außergewöhnlich vorkommen, doch sie wissen natürlich tief in ihrem Innern auch, daß etwas sehr Grundsätzliches nicht stimmt und daß sie an einem ganz entscheidenden Teil ihrer Problematik selber schuld sind. Doch es fehlt der Mut, scheinbar auch ein starker Leidensdruck und das Durchhaltevermögen, die dazu nötig sind, dieses Wissen in eine sichtbare und brauchbare Form des Handelns umzusetzen. So ein verlogenes Doppelleben im geistigen Dämmerzustand ist aber der Sargnagel für jede Art von Emanzipation. Es muß jeden Selbstrespekt langsam zerstören und Angst, Verlust- und Versagensgefühle nach sich ziehen.

... und atemlos

Eine 37 Jahre alte Frau, verheiratet, zwei Kinder, anspruchsvoller Job, erzählte mir mal einen Traum: Sie wurde verfolgt und rannte wie Cary Grant in dem Hitchcock-Film *Der unsichtbare Dritte* – bis sie atemlos und schweißgebadet aufwachte. Seltsamerweise fühlte sie sich zuallererst an den Hamster der Kinder in seinem Laufrad erinnert, dann an schleudernde Waschmaschinen, rasende Uhrzeiger, angebranntes Essen, quietschende Bremsen, zuschlagende Autotüren, schnelle Fahrstühle, klikkende Stöckel, dann fiel ihr ein, daß die Milch alle war und Christian seit Tagen sein Armani-Jackett von der Reinigung haben wollte, Jennifers rosa Leggings für die Ballettstunde dreckig waren – dann erst dachte sie an sich und den Traum. Sie hatte ihn fast vergessen.

Der Mann hat eine Aktentasche, die Frau hat einen Kinderwagen – auf so einfache Art wiesen beide früher einmal ihre Tätigkeit aus. Inzwischen haben viele Frauen auch eine Aktentasche – und ein Büro, einen Terminkalender, Sitzungen, ein Auto, einen Steuerberater, ein Spesenkonto, einen Fitness-Center-Paß, eine goldene Kreditkarte oder ganz einfach nur einen mittelmäßig bezahlten, stressigen Achtstundenjob – *und* dazu einen Kinderwagen, einen Staubsauger, Kochlöffel, eine Waschmaschine und tausend andere Gerätschaften. Der Mann hat immer noch nur eine Aktentasche.

Wozu haben die Frauen ihren bemerkenswerten Vorstoß in die Arbeitswelt, ihre hart erkämpfte materielle Unabhängigkeit benutzt? Sie haben sich mehr Arbeit, mehr Verpflichtungen und mehr Streß aufgebürdet, Quantitäten ergattert und Qualitäten verloren. Was übriggeblieben ist, ist der schlechte Deal für Frauen. Die Bürde ist monumental, die Belohnung oft mager. Ironischerweise haben sie jetzt das »Mehr«, das sie gerne wollten, allerdings auf eine ganz andere Art, während die Männer die lachenden Nutznießer sind. Sie sind entlastet. Jetzt müssen die Frauen all die langweiligen Dinge tun, die Frauen sowieso machen, und obendrein noch die langweiligen und anstrengenden Dinge, die Männer machen, nämlich jeden Morgen zur Arbeit hetzen.

Das, was sie an Männern beneideten, das Abenteuer, die Freiheit, die Wahl, ist in noch weitere Ferne gerückt. Insbesondere von einer Wahl kann oft gar nicht die Rede sein. Der Großteil der Frauen muß heute ganz einfach für ihren Lebensunterhalt arbeiten, egal ob als Single, als alleinstehende Mutter oder als mitverdienende Ehefrau. Trotzdem, die meisten Frauen arbeiten gerne und sehen ihren Job als eine Quelle für Identität und Selbstbewußtsein.

Leider enden Karrieren bei vielen Frauen in der verzweifelten Suche nach Perfektion. Da alle nur erdenklichen Eigenschaften von ihnen verlangt werden und sie glauben, alle Anforderungen, die Haushalt und Arbeit an sie stellen, immerzu pflichtbewußt erfüllen zu müssen, verrenken sie sich Hirn und Herz, um für jeden alles zu sein: herausragende Mütter, unverzichtbare Berufstätige, interessante Partnerin, exzellente Köchin, verläßliche Freundin, ultraerotische Geliebte usw.

Frauen haben sich aus ewig unerfüllter Sehnsucht nach Selbstdarstellung und Gleichberechtigung, dem ewigen Verzicht auf Macht, die zu einer unbezähmbaren Gier nach Wichtigkeit führte, alle Rollen, derer sie nur habhaft werden konnten, an sich gerissen, ohne je dafür eine andere zu lassen. Anstatt sich zu häuten wie die Schlangen, mit denen sie ja so oft verglichen werden, haben sie sich eine Haut nach der anderen übergezogen, so daß ihre vielen Häute inzwischen einer Zwangsjacke gleichen, die droht, an empfindlichen Stellen aufzuplatzen.

Viele Konflikte der Frauen haben sich durch den hektischen Hechtsprung in die Arbeit nicht lösen lassen. Diese Kreatur, die scheinbar alles können muß und nichts fordern darf, ist zu einem atemlosen Arbeitsmonster geworden. Der Traum, daß man auch als Frau alles sein und haben kann, hat sich vielfach als

Alptraum und als Betrug herausgestellt. Es ist auch ihre Schuld, daß sich diese Situation so entwickelt hat.

Ein sehr großer Teil dessen, was Frauen sich erarbeitet haben, ist an der Oberfläche geblieben, denn ihr beruflicher Erfolg wurde zu voreilig als ökonomischer Sieg und emanzipatorischer Triumph gefeiert. Sie haben ihre Kinderwünsche erst einmal zurückgestellt, Karriere gemacht, ihren Männern bewiesen, daß sie so tüchtig sind wie sie. Dabei haben sie aber kaum innere Freiheit gewonnen, denn manche Entwicklungen gingen zu schnell, um Atem zu holen und zu reflektieren. Dies mag mit erklären, warum ihnen nichts Erfüllung zu bringen scheint, nichts je genug ist. Sie sind von einer inneren Unruhe getrieben, haben vage Visionen oder übertriebene Ansprüche und Bedürfnisse und streben im Grunde doch nur nach etwas für sie nahezu Unerreichbarem: Harmonie zwischen Beruf und Privatleben.

Was sie auch anpackt, die Frau bleibt eine Person ohne Vollendung. In welche Richtung sie sich auch immer wendet, ihre Wahl wird ihre Ambivalenz widerspiegeln. Selbst die Chance, aus ihrem traditionell beengten Leben durch einen befriedigenden Job oder eine Karriere auszubrechen, gibt der Frau keine klar umrissene Zielsetzung, auf die sie mit Gelassenheit und Ruhe zugehen kann. Denn sie hat immer auch die Möglichkeit, zu heiraten und Mutter zu werden. Die Möglichkeit der Mutterschaft ist die Bremse, die dumpfe Frage, die ihr die Gesellschaft während der gebärfähigen Jahre immer wieder stellt: Solltest du nicht eigentlich Babys in die Welt setzen, anstatt hochtrabende Pläne zu schmieden und dich in den Mittelpunkt zu stellen? Ohne diese lähmende Frage würden viele Frauen, genau wie die Männer, mit Zuversicht und Elan und dem Wissen, daß sich ihnen außer einer fehlenden Ausbildung und mangelndem Talent nichts in den Weg stellen kann, an ihren Karrieren arbeiten. Das heißt, wenn man sie lassen würde.

Mit dem neueren Phänomen der berufstätigen Frauen und Mütter wurde über die Jahre anhand von irgendwelchen »Statistiken« und der »öffentlichen Meinung« ein Bild entwickelt, das gleichzeitig als Warnung und Hindernis dienen sollte und darauf abzielte, ganz besonders die berufstätigen Frauen zu verwirren, zu diskreditieren und zu entmutigen. Der Urteilsspruch: Die berufstätige Frau steckt seit Jahren in einer Misere, und daran ist sie selber schuld (worin viel Wahrheit steckt, aber aus radikal anderen Gründen als je öffentlich behauptet wird). Die Logik ist ganz einfach: Wenn Frauen nicht so viele ungesunde Ambitionen hätten, weniger karriereorientiert wären, dafür aber mehr Zeit für ihre Kinder, den Haushalt und den Mann hätten, dann würden sie auch nicht so unter Überbelastung und Schuldgefühlen leiden. (Daß es Mütter gibt, die einfach arbeiten müssen, weil ein Vater z. B. keine Alimente zahlt, wird natürlich nicht erwähnt.)

Will man gewissen Untersuchungen glauben, sind die berufstätigen Frauen von heute arme-reiche, bemitleidenswerte Wesen, die angeblich unter mehr psychischen und physischen Krankheiten zu leiden haben als alle Topmanager der Welt zusammen. Da melden Psychiater in Magazin-Artikeln, daß ihre Warteräume – außer von frustrierten, neurotischen, wenn auch gutverdienenden Singles, die vor Einsamkeit nachts in ihre Kissen beißen – vor hartherzigen Karriereweibern auseinanderbersten. Ärzte warnen vor den Gefahren von Streß, Pillen- und Trunksucht, Magengeschwüren, Herzinfarkt, Schlaflosigkeit, Herzrhythmusstörungen, Unfruchtbarkeit usw., alles Krankheiten, die lediglich »überambitionierte« Frauen befallen, doch selten ihren Weg in einen geordneten Haushalt finden.

Es gibt natürlich auch Untersuchungen, die mehr Sinn machen und aufzeigen, daß Singles ein glücklicheres und ausgefüllteres Leben führen als Ehefrauen, daß berufstätige Frauen weniger Minderwertigkeitskomplexe als Hausfrauen haben (die Berufsgruppe, die das schlechteste Image hat und am meisten unter Schlafstörungen, Depressionen, Selbstmordgedanken und Nervenzusammenbrüchen leidet).

Eine andere wirksame Verunsicherung ist der Hinweis auf ihr biologisches Schicksal, ihre Verschiedenheit vom Mann, das übermütige Spiel ihrer Hormone und die dadurch entstehenden

Nachteile für die Arbeitsstätte. Egal, was eine Frau bei der Einstellung sagt und was ihre Qualifikationen sind, ist sie im gebärfähigen Alter, traut man ihr nicht über den Weg. Frauen am Arbeitsplatz sind ja tatsächlich ein Unsicherheitsfaktor – ihre Biologie verwandelt sie in launische, ab einem bestimmten Punkt »unzuverlässige« Wesen, die dem Ruf der Natur meistens folgen. Sie können heute verliebt, morgen verheiratet und in drei Monaten schwanger sein. Und da ist sie dann, die Frage der Schwangerschaft und deren Integration in den Arbeitsprozeß, und der Arbeitgeber nimmt oft das Frausein seiner Angestellten zum Anlaß, um Frauenfeindlichkeit zu demonstrieren.

Vieles in der heutigen Arbeitswelt ist ein Verwirrspiel mit heimtückischen Fußangeln für Frauen, obwohl sie in Deutschland bald die Hälfte der Arbeitskräfte ausmachen. Sie sind unverzichtbar, also müssen Unternehmer und Politiker versuchen, ihnen einigermaßen wohlwollend zu erscheinen. Gleiche Bezahlung ist ihnen laut Gesetz zugesichert, aber Frauen verdienen weltweit im Schnitt immer noch weniger als Männer. Daß sie sich obendrein nicht allzu sicher in ihrem Job wähnen können, dafür sorgt oft eine gewisse Gastarbeiterposition, die sie innehaben – gern gesehen, wenn sie gebraucht werden, schnell gefeuert, wenn sie zuviel Macht besitzen und Forderungen stellen. Männer haben Frauen nicht gern in führenden Positionen und werden ihnen nie die Türen öffnen helfen oder Steine aus dem Weg zu räumen, wenn es nicht zu ihrem eigenen Vorteil gereicht.

Während Ehrgeiz bei Männern dynamisch und positiv wirkt, gilt starker Ehrgeiz bei Frauen als abstoßend und »unweiblich«. Gleichzeitig werden sie aber in die Position eines unermüdlichen Arbeitstieres gedrängt, denn es ist eine Tatsache, daß Frauen mehr als Männer leisten müssen (und können), um vorwärts zu kommen. Im Laufe der Jahre haben sie ihre Talente, Qualitäten und Leistungen der Gesellschaft geradezu aufzwingen müssen, bis man sie nicht mehr ignorieren oder als einzelne Glückstreffer abtun konnte. Trotzdem wird die Frau am Arbeitsplatz als Ausführende bevorzugt, auch wenn männliche

Chefs und weibliche Angestellte beteuern, daß sie gerne unter einem weiblichen Chef arbeiten würden.

Nur weil die Frau in der Arbeitswelt gebraucht wird, soll man sich nicht darüber täuschen, daß die Tatsache ihrer Unentbehrlichkeit immer auch Neid und erbarmungslose Konkurrenzkämpfe bedeutet, die heute natürlich mehr getarnt werden müssen als vor 20 Jahren, als man Frauen ungenierter lächerlich machen und bekämpfen durfte. Das Konkurrenzverhalten zwischen Männern und Frauen wird von beiden Seiten aus verschiedenen Gründen sehr oft geleugnet: Männer, selbstbewußt und stolz, fühlen sich angeblich nicht von talentierten Frauen bedroht, und Frauen, unaggressiv und liebenswürdig, sind zu »weiblich«, um sich derlei Keckheiten wie Konkurrenzverhalten zu erlauben. Alles Lüge. Die Konkurrenzgefühle zwischen Männern und Frauen sind riesig, denn sie sind auf Macht aufgebaut, nicht auf Aussehen und Status wie bei den Frauen untereinander.

Wenn man als Frau in die Berufswelt eintritt, muß man sich auf einen Dschungel gefaßt machen, in dem geköpft, gezerrt, gesägt, gekickt, gelogen, betrogen, gehaßt, intrigiert und hofiert wird. Lektion eins ist: es gibt kein Leben als Frau, ohne daß man mit seinem Geschlecht konfrontiert wird und an die von Männern aufgestellten Gesetze und Grenzen stößt.

Es gibt ärgerlicherweise immer wieder erfolgreiche und attraktive (und oft berühmte) Frauen, die darauf bestehen, Diskriminierung auf Grund ihres Geschlechtes noch nie erfahren zu haben. Das ist entweder eine Täuschung oder eine Verdrängung, vielleicht auch Bequemlichkeit und Egoismus. Zunächst einmal verwechseln gutaussehende Frauen gerne Komplimente von Männern über ihre Arbeit mit der tatsächlichen Würdigung ihrer Talente. Dann sind erfolgreiche Frauen weniger anfällig für den ihnen entgegengebrachten Neid, weil ihr professionelles Selbstvertrauen bedeutend höher liegt als das der Durchschnittsangestellten. Der berufliche Erfolg funktioniert nämlich wie ein gnädiger Schalldämpfer gegen die Erkenntnis, daß man von den Kollegen als Eindringling, als abnormales Wunderwesen oder nicht ernstzunehmende Ausnahme betrachtet wird.

Simone de Beauvoir, die natürlich trotz all ihrer scharfsichtigen Beobachtungen einige sehr hartnäckige blinde Stellen hatte, ist dafür ein Beispiel. Sie bestand darauf, nie unter Vorurteilen von Männern gelitten zu haben, und konnte daher gar nicht verstehen, wieso andere intelligente Frauen vorgaben, darunter zu leiden. Es besteht hier ein großer Widerspruch zwischen dieser Behauptung und ihren anderen eingestreuten Bemerkungen, daß sie in Sartres Gegenwart sehr oft ignoriert wurde und selten um ihre Meinung, ganz besonders nicht um ihre politische, gefragt wurde, »weil sie eine Frau war«.

Wahrscheinlich ist Erleichterung und die Dankbarkeit für den Erfolg ein Motiv für das Leugnen einer so unangenehmen Wahrheit. Nur wenn Frauen der Boß sind, halten die Männer den Mund. Man kann daran sehen, daß Erfolg und finanzielle Unabhängigkeit zumindest ganz bestimmte Formen der Unterdrükkung und des Sexismus mildern.

Frauen ist der Konkurrenzkampf mit Männern unangenehm, weil sie trotz überzeugender Leistungen und Qualifikation glauben, an einem Monument gekratzt zu haben, für das die Bestrafung bald folgen wird. Da Frauen sich schnell entmutigen lassen und obendrein oft noch Mutter- und Hausfrauenpflichten haben, erscheint jede Karrierebestrebung sowieso wie das Bezwingen des Mount Everest auf Stöckelschuhen. Die Angst vor Ambitionen und Erfolg ist eine sehr weibliche Angelegenheit, und nagende Zweifel sind auch bei selbstbewußten Frauen keine Seltenheit. Sie fragen sich, ob sie nicht doch zu aggressiv gewesen sind, zu vorlaut, zu fordernd. Haben sie nicht dadurch alles Weibliche verloren?

Gerade sehr erfolgreiche Frauen ohne besondere Scheu oder Profilneurosen beeilen sich deshalb oft, diesen »Mangel« an Weiblichkeit auszugleichen, indem sie ihre Intelligenz und Vitalität etwas zurücknehmen und eilfertig einige »liebenswerte« Eigenschaften wie Unentschlossenheit und artige Zurückhaltung demonstrieren. Dazu stellen sie, als untrügliches Zeichen ihrer Weiblichkeit, Männern gegenüber ihre Kinderwünsche heraus. Die Willigkeit, Karriere und Wohlbefinden für einen Mann und eine Familie aufs Spiel zu setzen, ist auch zugleich ein Signal an die Männer, daß es sich bei diesen Frauen nicht wirklich um eine Konkurrenz handelt. So wird beteuert, daß Kinder selbstverständlich zuerst kommen und der Fall unaufschiebbarer Mutterpflicht jede Minute eintreten kann und sie diesem Ruf selbstverständlich folgen werden. Das wiederum ist genau ein gängiger Grund, warum Frauen am Arbeitsplatz benachteiligt werden. Weil immer irgend etwas »zu Hause« passieren kann – Masern, eine blutige Nase im Kindergarten, ein Notfall im Hause der Kinderfrau. Das ist auch ein Teil der Bestrafung durch die Doppelbelastung. Tja, das kommt davon. Auch wenn man seinen angewiesenen Heimplatz verläßt und mit den großen Wölfen heulen möchte – man wird doch immer wieder domestiziert.

Ein weiteres Motiv der weiblichen Berufswelt ist die sexuelle Belästigung am Arbeitsplatz. Man kann nur erahnen, in welchem Ausmaß und für wie lange Zeit diese unverschämte Form der Unterdrückung und Einschüchterung der Frauen schon existiert hat, bevor die Empörung laut und öffentlich wurde.

Man muß sich einmal vorstellen, daß es wirklich Männer gibt, die mit einem Griff in die Bluse und einem schmierigen Blick in das verstörte Gesicht einer Mitarbeiterin Versprechungen über Gehaltserhöhung oder andere Vorteile am Arbeitsplatz machen. Einfältige Sätze wie: »Es soll Ihr Schaden nicht sein«, oder: »Wenn Sie ein bißchen lieb zu mir sind, kann ich vielleicht etwas für Sie tun«, haben schon manche Frauen zu Sexspielen anstatt zu Lachsalven veranlaßt. Auch etwas, was nicht leicht zu verstehen ist.

Ich fürchte allerdings, daß wir mit unserer mehr oder weniger falsch verstandenen Sexualität werden leben müssen, solange Männer und Frauen zusammen arbeiten, weil sich sexuelle Harmonie nie einstellen wird. Die Frauen haben die Pflicht, sich zu wehren und die Art, wie sie mit diesem Nervkram umgehen, zu ändern. Sexuelle Belästigung muß sofort und persönlich bekämpft werden. Selbstbewußtes und souveränes Benehmen wirkt Wunder, und laute Zurechtweisungen vor Zeugen, Spott und auch gezielte Ohrfeigen bieten sich an. Das wird in den meisten Fällen genügen, um die sexuelle Belästigung auf das zu reduzieren, was sie in Wirklichkeit ist: ein erbärmlicher Versuch der Männer, die Frauen zu diskriminieren und aus den besten Jobs herauszuekeln.

Für viele Frauen sind ein Klaps auf den Po, Tuchfühlung im Fahrstuhl und andere Anbiedereien am Arbeitsplatz jedoch nur kleine Unannehmlichkeiten, die man hinnehmen muß, da Männer »ja nun mal so sind«. Männer am Arbeitsplatz scheinen die Kraft zu haben, mit einer anzüglichen Bemerkung und einem gewissen Lächeln die Leistungen und das Selbstbewußtsein von Frauen zu eliminieren. Wie kommt das?

Frauen kennen Männer nicht wirklich und haben oft immer noch keine Identität, die außerhalb ihrer passiven Sexualität liegt. Verunsichert und dankbar für jede kleine Geste der Freiheit, die ja ein Job für sie darstellt, sind sie doch immer wieder schwankend in ihrer Meinungsbildung, so daß ihnen in manchen Momenten selbst solche Ungeheuerlichkeiten wie sexuelle Gefälligkeiten um des Vorteils willen gar nicht so irrsinnig vorkommen. Durch Ehe und Liebesaffären sind sie ja ohnehin an diese Form des Austausches mit Erpressungscharakter einigermaßen gewöhnt. Und so werden sie wieder die Tauscherinnen in einem unvorteilhaften Deal und nicht ihre eigenen Gesetzgeberinnen: Tausche Griff an den Busen gegen Gehaltserhöhung, tausche Unterwürfigkeit gegen freundliche Behandlung vom Boß, tausche Bürosex gegen Beförderung.

Ein anderer Grund – den Frauen nicht zugeben mögen –, warum sexuelle Belästigung unvermindert ihr phallisches Unwesen treiben wird, liegt in ihrer generellen ambivalenten Disposition praktisch allem gegenüber. Trotz ihrer genuinen Ablehnung dieser unerwünschten Anmachen wollen Frauen als sexuelle Wesen gesehen werden. Und obwohl sie in diesem Szenario meist passive Empfängerinnen sind, gibt ihnen selbst unerwünschte sexuelle Aufmerksamkeit ein Stückchen Macht, mit dem sie ihre Hilflosigkeit und ihre Wut über die Männer kompensieren können.

In jedem Falle haben Frauen an der ganzen unwürdigen Sache

entschieden ihren Anteil. Indem sie sich zu Komplizinnen von frustrierten, machthungrigen Charakterzwergen machen lassen, erhalten sie diese üble Unterdrückungsform am Leben und gewähren den sexversessenen Bossen Schutz und eine Dauerstellung. In einer Gesellschaft, die keine so heuchlerisch vergebende Haltung den Frauen gegenüber entwickelt hat wie unsere, würde das Dilemma und das Fehlverhalten von Frauen beim richtigen Namen genannt: Feigheit, Bequemlichkeit, Autoritätshörigkeit, Männervergötterung, fehlende Selbstkritik.

Trotz der bemerkenswerten beruflichen Leistungen, die Frauen vorzeigen können, wirken viele von ihnen nach wie vor ziellos und von plagenden Sehnsüchten befallen. Sie verbringen ihr Leben wartend. Worauf? Auf den Prinzen, den Erlöser, das »Wertvollere«? Leider wird die »Karriere Ehe« von einer großen Zahl der Frauen und Mädchen immer noch als die beglückendste und erfolgreichste angesehen, auch wenn sie zu keinem interessanten Ergebnis führt, zu keinem Ansehen und zu keiner Gehaltserhöhung. Noch heute sind Berufe hauptsächlich Übergangslösungen, die lediglich wirtschaftliche Unabhängigkeit bringen. Es ist traurig, zu sehen, mit welcher Leichtigkeit Frauen nach wie vor ihr Studium, ihren geliebten Beruf aufgeben, nur um zu heiraten, weil diese Sehnsucht nach einer »wirklichen« Existenzberechtigung und »Erfüllung« durch einen Mann von keinem Beruf gestillt werden konnte.

Für die heutigen Frauen gibt es in der Regel keine individuelle Erfüllung mehr. Als junge Mädchen werden sie meist dazu angehalten, sich einen Beruf zu suchen, »bis sie heiraten«. Denn dann können sie, nachdem die Kinder gekommen sind, wieder »mitarbeiten«, selbstverständlich ohne auf ihren heimischen Arbeitsbereich zu verzichten. So arbeiten die meisten Frauen am Anfang der Ehe auch. Oft stellen sie aber eines Tages fest, daß in einen täglichen Arbeitsprozeß einbezogen zu sein, ein Monatsgehalt zu empfangen und jeden Tag im überfüllten Verkehr nach Hause zu fahren, wo schon andere, langweilige Aufgaben warten, keineswegs Freiheit und Selbstverwirklichung bedeuten.

Die meisten Frauen nehmen diese Unzufriedenheit zum Anlaß, sich des anstrengenden Allheilmittels für Frustration zu bedienen: sie werden schwanger.

Sehr viele Frauen, so Mitte, Ende Dreißig, sind diesem rückläufigen Modell in die Falle gegangen. Für sie war der Beruf eben nur ein Selbstbeweis, ein Test in einer langen Reihe von selbstauferlegten Tests, den sie bestanden haben. »Jetzt habe ich Karriere gemacht, bin erfolgreich, habe Geld, bin unabhängig, also kann ich mich dem wirklichen, ›meinem‹ Thema zuwenden: Kinderkriegen.« Männer können nicht sagen: »Mir ist mein Beruf zu unausgefüllt, ich hör' auf und kriege erst mal ein Kind.« Sie bleiben immer an ihrem Thema kleben, an das auch Frauen sie fest angeklebt haben: eine Familie ernähren und für sie verantwortlich sein.

Bedenkt man den Einsatz, den Selbsterfüllung und Beruf fordern, ist es nur natürlich, daß die Frauen schon mal mit der ausschließlichen Rolle der Mutter oder Nur-Ehefrau liebäugeln. Sie haben sich nun die Welt der Männer angeguckt, mit ihnen konkurriert, sie sogar manchmal rausgedrängt und festgestellt, daß dort auch nur mit Wasser gekocht wird, sie selber aber trotzdem im großen und ganzen unterlegen geblieben sind. Teils weil ihnen das jahrelange Training, teils weil ihnen der Killerinstinkt und der Ehrgeiz fehlte, die man beide haben muß, wenn man ein Leben lang arbeiten will. Nur wenige Frauen möchten mit Männern tauschen. Der Blick in die Werkstatt und die Werte des anderen Geschlechts hat die Neugier erst einmal befriedigt und die Sehnsucht nach einem so harten Leben sterben lassen. Dann schon lieber ein hartes Leben auf die frauliche Art – mit Kindern und Haushalt.

Mutter zu werden, sich dadurch Liebe und Unentbehrlichkeit zu sichern und obendrein noch der Vorstand des Haushalts zu sein, ist eine große Verlockung, die eine besondere Form der Abenteuerlust wecken kann. Um so mehr, wenn man in einer finanziell gesicherten Situation lebt. Natürlich verblassen sehr viele Berufe für einen Moment vor dem Wunder der »Eigenproduktion Kind«. Natürlich ist es um vieles bewegender und schöner, ein Baby an der Brust zu halten, als mitzustenografieren. Und selbst die nicht eben rasend faszinierende Aufgabe der Aufsicht eines munteren Dreijährigen hat noch eine lehrreichere und amüsantere Qualität als ein gequälter Business-Lunch mit wichtigtuerischen Männern oder Überstunden an der Faxmaschine.

Nie kann der Arbeitsplatz mit dem Königreich einer Hausfrau und Mutter konkurrieren, in welchem sie Einfluß und Macht besitzt und nach ihrem eigenen Gutdünken schalten und walten kann, ohne dafür einem Arbeitgeber allzu spezifische Erklärungen abgeben zu müssen.

Doch was auch immer die Frau für Entscheidungen trifft oder für sich treffen läßt, Zufriedenheit bleibt ihr versagt. Wenn sie dem Wunsch nach Mutterschaft nachgegeben hat, ist das Glück meist nicht von langer Dauer. Sie muß bald die enttäuschende Tatsache erkennen, daß die Hausfrauen-, Ehe- und Mutterrolle wenig Vorteile bietet und wenig belohnt wird. Nicht nur, daß sich trotz eines langen Arbeitstages ihr Konto nicht füllt, sie ist auch zur Isolation verdammt und muß die Art bruchstückhaftes Leben führen, zu dem kein Mann – und inzwischen auch viele Frauen nicht mehr – bereit wäre.

Eine Sehnsucht, als die wahrste und natürlichste angesehen, ist zwar gestillt worden, hatte aber eine neue Sehnsucht – nach Betriebsamkeit, nach dem Austausch mit anderen Menschen, nach intellektueller Stimulation, nach Aufgaben, die außerhalb von Rotznasen und blutigen Knien, Grießbrei und Wäschewaschen liegen – entstehen lassen. Die Verlockung, in den Beruf zurückzugehen oder sogar einen neuen zu erlernen, nimmt in solcher Situation einen dringlichen Charakter an.

Doch nun fangen die Schwierigkeiten erst richtig an, denn das Kernproblem, das eine berufstätige Mutter zu bewältigen hat, scheint unlösbar: wohin mit den Kindern? Da relativ wenig Arbeitgeber sich für die Situation berufstätiger Mütter interessieren und auch nicht von Gesetzes wegen gezwungen werden, ein solches Interesse zu entwickeln, gibt es zu wenig Kinderkrippen an den Arbeitsstätten. So, wie es aussieht, müssen

Frauen sich nicht nur sehr strengen und für sie nachteiligen Arbeitsregeln unterwerfen, sondern obendrein noch teure Babysitter bezahlen und mit der Angst leben, daß diese nicht verläßlich sind.

Eine leicht bizarre Geschichte aus Amerika, dem Land der bizarrsten Vorkommnisse, illustriert dieses klassische Dilemma der berufstätigen, alleinerziehenden Mutter. Eine 24jährige, geschiedene Angestellte mit einer fünfjährigen Tochter wurde angeklagt, weil sie ihre Tochter einfach zur Arbeit mitgenommen und sie – ausgestattet mit einer Wolldecke, einer Taschenlampe, einem Buch und einem Stück Gebäck – auf dem Parkplatz ins Auto eingeschlossen hatte, bis sie von der Arbeit zurückkam. Sie gab an, keinen verläßlichen, bezahlbaren Babysitter gefunden zu haben. Da ihr geschiedener Mann kein Geld für Alimente aufbringen konnte und wollte, mußte sie zwei Jobs gleichzeitig ausfüllen. Die öffentliche Empörung war groß.

Es gibt immer noch genügend Menschen, die Frauen, welche Karrieren oder Jobs haben, als kapriziöse Kreaturen betrachten, denen die Aufgaben einer Mutter wegen Vernachlässigungsgefahr niemals zufallen dürfte. Und es gibt keine größere Schande, als eine »Rabenmutter« zu sein. Frauen, die in diesen unverzeihlichen Verruf kommen, werden von einer Gesellschaft geächtet, die es sich zur Aufgabe gemacht hat, Mütter wie Detektive zu beobachten, ihre Erziehungsmethoden unter die Lupe zu nehmen, ihnen aber sonst mit nichts unter die Arme zu greifen.

Nun muß man dazu sagen, daß Kinder von berufstätigen Müttern oft verzogene, gerissene, launische und durch und durch verwirrte Wesen sind, die den gesamten Haushalt terrorisieren. Das kommt natürlich daher, daß die Mutter ihr schlechtes Gewissen, das sie wegen ihrer Berufstätigkeit hat, mit unangemessener Großzügigkeit kompensiert. Hier ein Beispiel: Evelyn F., eine Frau von 44 Jahren, Psychiaterin und Mutter von drei Mädchen im Alter von drei, sechs und neun Jahren. Sie liebt ihren Beruf und fing zehn Monate nach jeder Geburt wieder an zu arbeiten. Da sie Menschen hilft und ein ausgeprägtes soziales

Gewissen hat, kommt sie oft sehr spät nach Hause. Dort stürzen sich die Töchter auf sie. Und ein feindseliger, verständnisloser Ehemann wartet.

Froh, die Kinder zu sehen, dürfen die aufbleiben, solange sie wollen, sich noch um elf Uhr nachts ausgefallene Gerichte wünschen, die eilends zubereitet werden. Jeden zweiten Tag regnet es kleine Geschenke, jeder Wunsch wird den Kindern erfüllt. Da sie einen großen Teil des Tages damit verbringen, unter der Aufsicht der hauptsächlich putzenden Kinderfrau Video-Filme anzugucken, ist ihre Phantasie etwas verkümmert. Sie sind ängstlich und klammern sich an ihre Mutter, die trotz ihrer Zierlichkeit die Kondition eines Panzers hat. Nur etwa alle drei Jahre bricht sie vor Erschöpfung zusammen.

Das Dilemma ist nicht mehr auflösbar. Ohne ihren Beruf würde diese Frau dahinwelken und von ihren kleinen Vampiren aufgefressen werden. Geht sie weiterhin ihrer Berufung nach, auch wenn sie die Arbeitszeit stark einschränkt, wird sie das Schuldgefühl ihren Kindern gegenüber nicht los, bis diese aus dem Haus sind. Zu dem Zeitpunkt wird die Frau nichts mehr von sich übrig haben. Weder Mutter noch Kinder haben in diesem Fall ein zufriedenes, ausgefülltes Leben, das sie verdienen und das ihnen Chancen und Bereicherung bringt. Die Frage, warum sie trotz katastrophaler Ehe und anstrengendem Job drei Kinder in die Welt setzen wollte, kann Frau F. übrigens nicht beantworten.

Diese Frau liebt nun ihre Kinder sehr. Doch oft werden Kinder auch als Belastung empfunden, weil einerseits das erwartete Frauensoll erfüllt werden muß und andererseits der Beruf lockt. Was auf der Strecke bleibt, sind die Kinder.

Sollen Mütter nun ganz zu Hause bleiben oder weniger arbeiten, berufstätige Frauen keine Kinder kriegen oder der Staat gezwungen werden, sich um die Belange von berufstätigen Müttern zu kümmern? Die Meinungen gehen weit auseinander. Muttersein ist noch lange kein Beruf, nur weil es mit viel Arbeit, Verzicht und Einsatz verbunden ist, denn Kinder hat man offenbar aus ganz und gar persönlichen Gründen, die aus der Gefühlswelt stammen. Doch es gibt den immer wiederkehrenden Ruf nach dem »Muttergehalt« – ein gutes Beispiel für die verdrehte Logik, die das Denksystem der Frauen, der Gesetzgeber und der Gesellschaft bestimmt.

Wenn sie als Staatsgebärende eingesetzt und Mutterschaft als gesellschaftlich-politischer Beitrag mit Job-Charakter gewertet würde, könnte der Frau ein Muttergehalt sehr wohl zustehen. Dann müßte sie jedoch auch den allgemein üblichen Regeln und Gesetzen der Arbeitswelt unterstehen. Sie müßte für den Beruf geeignet sein und eine entsprechende Ausbildung vorweisen, sonst hat sie keinen Anspruch auf ein Gehalt. Um das festzulegen, müßte auch irgendeine Bewertung ihrer Tätigkeit stattfinden und ebenso eine Kontrolle.

Verbittet sie sich jedoch jede Einmischung in ihre Erziehungsmethoden, kann sie kein Staatsgehalt fordern. Ich persönlich möchte nicht für die folgenschweren Erziehungsfehler noch mehr bezahlen, als es schon der Fall ist. Außerdem bestünde die Gefahr, daß noch mehr unerwünschte Kinder »produziert« würden, nur damit Frauen ihren Lebensunterhalt verdienen können. Entweder sie akzeptiert, daß Mutter, Haus- und Ehefrau und ihr Beruf jeweils einen vollständigen Beruf darstellen, der ihrer Wahl obliegt, dann muß sie sich für einen entscheiden, oder sie sieht alle als Teilzeitbeschäftigung an, dann muß sie sich selber mit der Problematik der Überbeschäftigung auseinandersetzen.

Wer zwingt eigentlich Frauen dazu, Kinder zu kriegen, sie zu erziehen, gleichzeitig einen Job zu haben und sich obendrein für Hausarbeit zuständig zu fühlen? Warum fällt denn Frauen der Verzicht auf eine Ehe, ein Kind oder einen Beruf so schwer? Frauen verlangen oft zu Unrecht, daß auf sie speziell Rücksicht genommen wird, und erwarten eine Sonderbehandlung, weil sie sich in eine Sonderstellung hineinmanövriert haben. Die einzige Verpflichtung, die der Staat und die Gesellschaft haben, ist die, daß berufstätigen Frauen mit Kindern die Arbeit erleichtert, nicht erschwert wird und daß sie nicht diskriminiert werden dürfen. Für die Lösung ihrer speziellen Problematik – Identitätsverwirrung, Entscheidungsunfähigkeit und der Unwille, Machtbereiche aufzugeben – sind sie privat verantwortlich.

Zum Thema Haushalt muß etwas gesagt werden, weil es sich so unvermeidlich ins tägliche Leben drängt wie Empfängnisverhütung. Mütter und Ehefrauen sind so gut wie immer auch Hausfrauen – oft gegen ihren Willen, vereinzelt auch aus reiner Freude. Die Attraktion des Saubermachens ist mir persönlich bis heute noch nicht überzeugend vermittelt worden, und auch nicht das damit verbundene Vergnügen oder der Wert. Hausarbeit (außer Kochen) fällt an, weil Menschen Schmutz, Unordnung und Unrat hinterlassen. Wir kennen die Begründung der Frauen für ihr stetiges Putzen und Aufräumen: »Einer muß es ja machen.« Warum muß die Frau diese eine sein? Weil sie sich auf diese Weise unentbehrlich macht und die Kontrolle im Hause behält.

Übrigens, wenn Männer »Frauenarbeit«, also Haushaltsdinge als langweilig und wertlos ansehen, dann kommt das auch daher, daß ihnen diese Dinge von ihren Müttern und Frauen als wertlos hingestellt werden (obwohl sie es ja gar nicht so empfinden). Viele Mütter hindern ihre Söhne an Hausarbeiten, während sie ihre Töchter dazu zwingen. Muß man sich als Mann nicht wundern, wenn Frauen trotzdem mit ziemlichem Aufwand wertlose Dinge tun?

Männer haben eigentlich die richtige Einstellung zur Hausarbeit: Sie machen sie nur, wenn's nötig ist, und dann ohne jede Hektik und Hingabe. Sie verbinden nicht das kleinste Fitzelchen von Identität mit Fensterputzen und Staubwischen. Sie haben keine Möbelpolitur im Sinn, werden nicht aufgeregt beim Anblick von Bürsten, Flaschen und Sprühdosen mit schmutztilgenden Mitteln, wollen nicht dauernd glätten, scheuern, ordnen, wischen. Man müßte ihnen nur genau beibringen, *wann* sie putzen müssen, denn es gibt da verschiedene Auffassungen der Dringlichkeit.

Ich hatte eine Mutter, die Hausfrau war und die ihren Töchtern und dem Mann rund um die Uhr zur Verfügung stand und sehr selten Dank erhielt. Heute wünsche ich mir, daß meine

Mutter einen Riegel vor diesen perfekten Service geschoben und statt dessen Arbeit gesucht, Kurse oder Abendschulen besucht und ihre Fähigkeiten vervollkommnet hätte. Es ist schwer, für etwas dankbar zu sein, um das man nicht gebeten hat.

Sicherlich erweisen die Mütter ihren Töchtern keinen Dienst, wenn sie ihnen vermitteln, daß es tatsächlich möglich ist – wenn man nur hart genug daran arbeitet –, sich alle privaten und professionellen Wünsche zu erfüllen, und dabei unterschlagen, was der Preis dafür ist. Es entspräche mehr der Wahrheit, wenn sie ihren Töchtern erzählen würden, daß man nur jeweils einen Beruf vollständig und zufriedenstellend ausüben kann, und daß sie auf Rollen zu verzichten haben. Noch revolutionärer wäre allerdings, wenn Mütter ihre Töchter lehren würden, daß man als Frau tatsächlich eine Wahl haben kann und nicht unbedingt Ehefrau und Mutter werden *muß*, wenn dieses sich mit einem geliebten Beruf nicht verbinden läßt – und daß man sehr wohl in der Mutterschaft allein für einige Jahre eine ausfüllende Aufgabe sehen kann und vielleicht sollte.

Wenn es eine neue Zukunft geben soll, in der die Mütter weniger atemlos leben können, ist es wichtig, daß die berufstätigen Mütter und Frauen privat radikal umdenken und massiven Druck auf Familie und Arbeitgeber ausüben, denn von alleine wird ihnen niemand helfen. Das bedeutet, daß gleitende Arbeitszeiten, Kinderkrippen am Arbeitsplatz und zu Hause eine Arbeitsteilung mit Mann und Kindern durchgesetzt werden müssen.

Ein Wort zu Kindern. Ich persönlich finde nicht, daß es nötig ist, Kindern ab 13, 14 Jahren die Wäsche zu waschen und zu bügeln, ihre Zimmer aufzuräumen, ihre Sachen in Ordnung zu halten, den reibungslosen Ablauf ihres Privatlebens zu garantieren und sie täglich dreimal zu bekochen. Ich habe 16jährige Bengel gesehen, die von ihrer Mutter besser bedient wurden als in einem Drei-Sterne-Luxushotel. Die Sorglosigkeit und Freiheit, zu denen Kinder und junge Menschen berechtigt sind, haben nichts mit dem Fernhalten von Haushaltsdingen zu tun. Jede Scheidung wird sicherlich tausendmal mehr Schaden bei Kindern anrichten, als wenn sie sechs Jahre lang einkaufen, abwaschen und aufräumen.

Die Weigerung, weder eine Küchenfee noch eine Putzprinzessin zu sein, ist für Kinder und Männer zumutbar. Wenn Frauen sich nicht selber als jederzeit verfügbare Bewältigerinnen aller nur erdenklichen Aufgaben zu Hause und in der Gesellschaft anbieten, wird keiner mehr so schnell wagen, ihr jeden Hut aufzustülpen, egal, ob er paßt oder nicht. Unter den vielen Modellen müßte sie sich für eins entscheiden und sich angewöhnen, anstatt zwischen den Stühlen mal auf dem zu sitzen, der »Regie« sagt.

Mutterschaft – Mutterhaft?

»Die meisten Menschen sind anscheinend zufällig auf der Welt« –
FRIEDRICH NIETZSCHE

Die deutschen Städte sind dieser Tage voll mit Kinderwagen. Es gibt zum erstenmal seit zwei Jahrzehnten wieder einen Geburtenüberschuß. Frauen schieben ihre rosigen, samthäutigen Produkte mit Rasanz auf Rädern vor sich her. Ihre Mienen sind stolz, oft triumphierend, ihr Gehabe nicht selten demonstrativ: aus dem Weg! Hier kommt das Heer der neuen Mütter, angeblich emanzipiert, scheinbar selbstsicher, ganz bestimmt überfordert. Sie sind wieder wer, die Pampers-Brigade, die biederen Brüterinnen, strategisch wichtige Wesen, die, ausgestattet mit der Fähigkeit zur Reproduktion, dem Staat viele neue Menschen liefern.

Wer ist nicht davon berührt, wenn diese arglosen, süßen Unschuldsengel mit zahnlosem Lächeln Herzen schmelzen. Mag sich vorstellen, daß trotz der umsorgenden Qualitäten diese Mütter auch einen Beitrag dazu leisten, wenn aus den Kleinen Mörder und Vergewaltiger, Kinderschänder und Frauenhasser, Diktatoren und Psychopathen, üble Bosse, korrupte Politiker, Porno-Könige und Drogendealer werden, ganz zu schweigen von unzumutbaren Ehemännern und unverständigen Macho-Liebhabern.

Diese kleinen Menschen, die in den teuren Wagen liegen, eingestopft in Designer-Outfits, die soviel kosten wie fünf Monatsgehälter einer Arbeiterin in Litauen, sind auch ein Protest gegen die Überbewertung von Karrieren, die viele Frauen doch emotionell unbefriedigt zurückgelassen haben.

Kinderkriegen soll vortäuschen, daß alles in Ordnung ist. Es sieht so aus, als ob die unruhigen Jahre der Verneinung der traditionellen Mutter- und Gattinnenrolle ohne politisches Erwachen, ohne ernsthafte Auseinandersetzungen und ohne irgendeine Konsequenz überstanden sind. Hat es Emanzipation, Frauenbewegung und Feminismus je wirklich gegeben, ja sind sie nicht zu den jüngeren Frauen durchgedrungen, oder waren sie für alle nur ein Trend und eine Experimentierphase?

Frauen kriegen aus vielen Gründen Kinder (abgesehen davon, daß die meisten ungewollt schwanger werden), nur nicht aus dem einzig überzeugenden Grund: daß sie aufgrund ihrer sozialen und gesellschaftlichen Situation und ihrer Persönlichkeit sich besonders dafür eignen, Kinder großzuziehen. Aber das interessiert sie wenig, denn Mutterschaft hat mehr mit Habenwollen als mit Gebenkönnen zu tun. Es scheint, als ob viele junge Frauen schicksalsergeben der ungeprüften Vorstellung erliegen, daß sie ohne großes Engagement mit einem Kind automatisch etwas frei Haus zugestellt kriegen, das sie vor Langeweile schützt und wofür Männer und kinderlose Frauen täglich durch harte Arbeit und unter Konkurrenz kämpfen müssen: Identität, Respekt und Selbstwertgefühl.

Kinder in die Welt zu setzen, ist mit die bequemste Art, um vor der Auseinandersetzung mit den eigenen Gefühlen zu fliehen und die Leere und das Gefühl von Unwichtigkeit zu überdecken. Außerdem können Frauen sich als beschäftigte, überarbeitete Mütter leichter für ihre Trägheit und fehlende Unabhängigkeit entschuldigen und sich obendrein der Mitverantwortung für den politischen und gesellschaftlichen Lauf der Welt entziehen. Aber das ist alles unbewußt. Frauen machen sich letztendlich keine zu komplizierten Gedanken darüber, warum genau sie nun Kinder haben. Auch wissen sie genausowenig, was Muttersein eigentlich ist – Existenzberechtigung, Wunscherfüllung, Zeitvertreib, Beruf, Pflicht, Flucht, Fluch, Möglichkeit? Nur eines ist allen Müttern der Welt klar: Die unbehinderte Macht über ihre Kinder und ihre bedingungslose Liebe sind ihnen sicher.

Wenn Frauen keinen Mann und keinen Beruf haben, dann haben sie immer noch ihren Körper, der lebt, sich unentwegt mit Hormonen, Stimmungen und Menstruation meldet, der in ihr eine Welt von Gefühlen wachruft und der spricht, produziert und beweist. Ihr geistiges Leben mag auf einem Minimum vegetieren, doch ihr Körper, nicht ihr Wille, ist immer ein großartiger Triumph. Frauen sind einsame Geschöpfe, die wissen, daß sie die einengenden Naturgesetze ihres Körpers nie intellektuell durchbrechen können. In dem hilflosen Wesen, das sie an ihre Brüste drücken, finden sie sich endlich für die Wertlosigkeit, die sie empfinden, den Liebesentzug, den sie immer spüren, entschädigt. Hier ist endlich etwas im Überfluß, um das sie nicht bitten müssen, etwas, das für den Moment so wirkt, als hätte es keinen unmittelbaren Preis.

Man sollte den körperlichen Aspekt von Schwangerschaft nicht unterschätzen. Frauen sind geübt darin, aus wenigem das meiste zu machen. Unterprivilegiert und emotional unterernährt, füllt man sich mit etwas, wird größer, auffälliger, hat »Gewicht«, nimmt tatsächlich mehr Platz ein.

Ich las eine Kolumne in einer Frauenzeitschrift, in der eine ehemals harte Karrierefrau in weihevollen Worten ihre leidenschaftliche Liebesaffäre mit ihren Brüsten beschrieb. Als Teenager hatte sie ihren knospenden Busen gehaßt, und auch später konnte sie diesen scheinbar sinnlosen, doch von Männern hochgeschätzten wogenden, weichen Hügeln nur wenig Sinnesfreude abgewinnen. Ja, und dann wurde sie Mutter, und plötzlich machte alles einen Sinn, die Brust wurde so eingesetzt, wie die Natur sie vorgesehen hatte, und war fortan nicht mehr irgendein überflüssiges Drüsengebilde, sondern, wie sie scherzhaft bemerkte, die »Milchfabrik« für das nuckelnde Baby. Zu nichts hatte die gute Frau mehr Lust – Sex, TV, geistreiche Gespräche –, denn nichts genoß sie mehr als gemütlich auf der Couch sitzend ihren Säugling an der Brust zu beobachten und zu fühlen und langsam von den schmatzenden Geräuschen begleitet einzudösen.

Die Majorität der durchschnittlichen Mütter besteht größtenteils leider aus konservativen, mittelmäßigen Mitläuferinnen und Haushaltssklavinnen, die nichts Nachahmenswertes für Kinder zu bieten haben. Nun ist ja in sich selbst Mutterschaft weder ein Verdienst, eine Leistung noch ein Talent oder etwas, wofür außergewöhnliche menschliche oder geistige Eigenschaften verlangt werden – ganz im Gegenteil. Ob das Experiment, aus einem Säugling einen unabhängig denkenden, mitfühlenden Erwachsenen zu machen, gelungen ist, stellt sich erst viel später heraus.

Man kann zwar als Schriftstellerin nicht Unlesbares zum Druck geben, als Architektin Konstruktionsfehler machen oder als Ärztin einen falschen Schnitt, ohne dafür zur Rechenschaft gezogen zu werden. Man kann als Mutter aber seine Kinder verderben und seelisch verbiegen – unkommentiert, unentdeckt, ungestraft. Mutterschaft ist ohne Risiken, denn die Kinder sind dem konkreten Zugriff anderer entzogen, schon deshalb, weil »Einmischung« in Erziehungsfragen als empörender Eingriff ins Privatleben gilt. Kinder sind verfügbares Eigentum, deren Erziehung nicht nach kinderfreundlichen Regeln erfolgt. Kaum eine Mutter scheint sich die erste, wichtigste und dringendste Frage zu stellen: was habe ich dem Kind zu geben? In ihrem Narzißmus und ihrer Unbewußtheit erwartet sie vom Kind Befriedigung und Qualität wie von einem Produkt. Die Mutter möchte nicht das Beste *für*, sondern *von* ihrem Kind.

Überhaupt sind Egoismus, Eitelkeit und Unverantwortlichkeit aus dem Bereich der Mutterschaft kaum wegzudenken. Selten deuten Bemerkungen darauf hin, daß es um das Kind geht, dem man sich erst einmal in den Dienst stellt – wohl die einzig vertretbare Philosophie für eine erfüllende und glückspendende Mutterschaft. Neuerdings erklären geläuterte Yuppie-Mütter und -Väter, wie wichtig und bereichernd für ihr vordem so fades, egoistisches, sorgloses Luxusleben so ein Kind war. Wo vorher Aufsteiger mit Hai-Mentalität ihre Vergnügungssucht befriedigten, geben sich plötzlich bescheidene und innerlich geläuterte Menschenwesen der neuen Rolle hin.

»Birgit ist durch das Kind viel weicher, ruhiger und gebender geworden«, schwärmen der Ehemann und die engsten Freunde. »Das Kind ist das beste, was mir hat passieren können«, sagt sie selber – besser als eine Gehaltserhöhung, ein Porsche oder ein Chanelkostüm. Dabei ist Mutterschaft keine Magie. Auf die Dauer macht sie keineswegs aus gelangweilten, unausgefüllten, überreizten Frauen ausgeglichene und liebevolle Mütter.

Warum muß ein Kind für die Verbesserung der Menschheit und des Lebens von mißratenen Erwachsenen herhalten? Nur selten hat man sich Kinder, denen ja nicht die Chance einer Wahl gegeben ist, in ähnlicher Form über ihr glückspendendes Schicksal äußern hören: »Ich hatte eine herrliche Kindheit, weil ich meiner Mutti und meinem Papi so guttat.«

Überhaupt gleichen sich die vielfältigen Bilder vom angeblichen Mutterglück so wenig, daß man oft daran zweifeln möchte, ob es sich um eine zynische Verunglimpfung oder um das gleiche Ereignis handelt, das nur in gewissen Zivilisationen und Gesellschaftsschichten als »freudig« bezeichnet wird. Was der einen Mutter ihr pralles, gesundes Ultraschallbaby ist, ist der anderen nichts als Leid, Überdruß und Haß auf ihre Situation. Auf den Fotos aus Dritte-Welt-Ländern halten wie eh und je magere Kindermütter mit ausgehöhlten Augen ausgemergelte Kinder auf dem Arm. In New York werden täglich, meist in den Ghettos, Kinder von ihren Eltern mißhandelt, totgeschlagen, aus dem Fenster geworfen oder gleich nach der Geburt in die Mülltonne gesteckt, und auch in Deutschland häufen sich Horrorberichte über verwahrloste Kinder und unfähige Mütter.

Übrigens: ich bin 46 Jahre alt, unverheiratet und kinderlos, nicht etwa in Ermangelung an Möglichkeiten, sondern auf Grund einer freiwilligen Entscheidung, die mir weder permanente innere Krisen noch ein vermindertes Selbstwertgefühl eingebracht hat. Ich bin nicht in psychotherapeutischer Behandlung und muß keine aufsteigenden Tränen der Rührung und des Verzichts aus meinen Augen wischen, wenn ich neidlos und mit großem Vergnügen lallende Babys meiner Freundinnen in den Armen wiege und lebhaften Vierjährigen das Schreiben beibringe. Ich würde sogar so weit gehen zu sagen, daß mich spätestens beim Anblick ihrer Ehemänner und Lebensgefährten Schübe von Euphorie ob meiner Freiheit überfallen. Ich weiß, ich müßte ein enges Verhältnis zu Whiskyflaschen haben, Valium wie Bonbons naschen, heimlich Babysachen häkeln und mich schuldig fühlen wegen meines Egoismus. Nichts von alledem.

Aber es kommt noch perverser. Immer, wenn ich mit dem Schicksal hadere oder meine Laune verbessern möchte, sehe ich mir entweder Marx-Brothers-Filme an oder besuche meine Freundin Sylvie mit ihren drei Mädeln zwischen vier und neun. Nach mehreren Stunden ohrenbetäubendem Chaos mit überschwemmtem Bad, nassen Handtüchern in der Diele, altem Kaugummi zwischen 27 halbnackten, zerzausten Barbiepuppen am Fußboden, angebrannten Spaghetti, Beulen, Wutanfällen, dem tschirpenden Sound der *Kleinen Meerjungfrau* vom Video und einer Freundin, die das Rauchen wieder angefangen hat und sich seit Jahren im Klo einschließt, um die Zeitung zu lesen, überkommen mich Ruhe, Gelassenheit und überschäumende Lebensfreude. Ich gehe pfeifend nach Hause, lache freundlich dem netten Herrn zu, der mich interessiert mustert, und freue mich auf einen Abend meiner Wahl. Und trotzdem: Ich sage dies ohne Ironie und Überheblichkeit. Ich habe im Grunde eine tiefe Bewunderung für Mütter, inklusive meiner eigenen, allein für den heroischen Mut – den ich nicht aufbringen konnte –, sich an eine solche Aufgabe heranzuwagen.

Wäre ich reich oder ein Mann gewesen, hätte ich wahrscheinlich sehr gerne Kinder gehabt, denn so nonchalant und frei, wie sie Kinder in ihr Leben integrieren können, ohne auch nur irgend etwas wirklich Existentielles aufgeben zu müssen, und dafür die Gegenwart von inspirierenden, unverstellten, unverdorbenen Wesen genießen zu können, muß jede Minute mit Kindern eine Freude sein. Männer haben mit ihrem gewaschenen und gefütterten Kind oder ihren Kindern entspannte Spielstunden nach Feierabend und machen Picknick-Ausflüge am Wochenende. Die sauber gefaltete Kleidung, das Spielzeug und all die Extras, die Kinder so brauchen, sind liebevoll von der Mutter zusammengepackt und idiotensicher geordnet, so daß Papi nicht versehentlich dem Jungen eine Socke statt einer Banane zu essen gibt. Kein Wunder, daß ein so perfekt präparierter Papi länger eine Heldengestalt bleibt als eine oft überforderte Mutter, deren Heiligenschein sich nicht lange über ihrem Kopf hält, weil sie sich ständig bückt.

Wenn man bedenkt, wie hoch der Geburtenüberschuß ist und wieviel Millionen Frauen sich mit ungewollten Kindern plagen, die sie nicht ernähren oder aufziehen können, dann kommt einem manche Gefühlsduselei anmaßend vor. Aber sie spielt eine große Rolle bei der Mutterschaft, genauso wie das Romantische, Schicksalhafte, das ja bereits in dem Umstand zutage tritt, wie ein Großteil der Schwangerschaften entsteht: nämlich zufällig. Der mutwilligen, sachlichen Planung von Kindern hängt scheinbar etwas Anrüchiges an. Männer können so kühl kalkulieren, doch Frauen geben sich Zufälligkeiten hin. Eine überraschende Schwangerschaft scheint Wunder und Bestimmung zugleich zu sein. Sie befördert die meisten Frauen in eine heimlich ersehnte, konfliktvolle Situation und eine emotionale Turbulenz, die ihre ganze Weiblichkeit auf die Probe stellt und die natürlich durch das Akzeptieren der »Bestimmung« großartig bestanden wird.

In diese nebulöse Gefühlsverstrickung paßt auch das Konzept vom »Wunschkind«, von dem immer wieder gesprochen wird, einer seltsamen Schöpfung, denn ein Wunsch ist oft ein Begehren nach etwas Unbekanntem, das, wenn erfüllt, genauso die Chance für Enttäuschung, Entsetzen und Ablehnung in sich trägt. Daß es überhaupt das Wort »Wunschkind« gibt, zeigt allerdings, wie wenig selbstverständlich die Kombination Kind und Wunsch tatsächlich ist.

Nun haben Vernunft und intelligente Überlegungen beim Kinderkriegen noch nie eine Rolle gespielt. Es scheint eine chemische Substanz zu geben, die automatisch mit der Schwangerschaft produziert wird und die im Bewußtsein der Frauen eine gewisse Zeit die Vorstellung entstehen läßt, daß dieses das Wichtigste und Wunderbarste auf der Welt ist, für das es keinen Ersatz oder auch nur Gleichwertiges gibt – und das ist gut so. Es gäbe sonst auch keinen rationalen Grund, warum eine körperlich so radikale, nicht unbedingt angenehme Veränderung, die mit Gefahr, körperlichem Verschleiß, Anstrengung und Schmerz, ganz zu schweigen von der lebenslangen Verantwortung, verbunden ist, so freudig ergeben begrüßt werden könnte.

Diese Form der Glorifizierung ist zugleich ein von der Gesellschaft geschickt ausgenutzter Anreiz, denn er gibt der Frau die augenblickliche Aufwertung, nach der sie sich so sehnt und ohne die sie sich ihres wenig beneidenswerten Zustandes stärker bewußt würde. Dieser Sonderzustand der Schwangerschaft gewährt den Frauen in der Tat eine Stellung, wie sie sie vielleicht niemals wieder im Leben erhalten werden. Sie können sich aus ungeliebter Arbeit zurückziehen, Zärtlichkeit und Rücksichtnahme fordern, denn sie tragen keimendes Leben in sich, und das flößt uns mit Recht Bewunderung für die wunderbaren Spiele der Natur ein. Sie kann da Eindruck machen, wo sie sonst übersehen worden wäre, denn sie ist ihrer Bestimmung gefolgt.

Ist das Kind dann auf der Welt, sieht die Sache anders aus. Aus den gefühlvollen Blicken der Umwelt sind unwilliges, böses Starren, Beschwerden, Empörung über Lautstärke und die maßlosen Wünsche der beneidenswert unverstellten Wesen geworden. Kleinkinder und Säuglinge erzeugen nur im schlafenden Zustand die Art von Aufmerksamkeit, die man als liebevoll bezeichnen könnte. Also wird die Heuchelei aus dem Sack gelassen.

Die Mutter, die in der Schwangerschaft vielleicht dem Mutterglück zuversichtlich entgegengesehen, sich aufgehoben und respektiert gefühlt hat, erkennt sich jetzt als einsame Kämpferin, die nicht mehr in der ihr vertrauten Welt lebt. Höchstens andere Mütter, denen sie sich mehr denn je als Schicksalsgenossin verbunden fühlt, stehen ihr zur Seite, eine Erleichterung, die aber nicht allzuviel nützt. Sie muß sich sehr anstrengen, um sich die positiven, willkommenen Seiten der Mutterschaft vorzugaukeln, und oft findet sie sie nur noch in sich selber oder in den eigenen vier Wänden.

Manche erkennen, daß Mutterschaft eben doch kein universelles Glück ist, in welchem jede Frau ihre einzige und wahre, von der Natur diktierte Erfüllung findet. Aber Mütter schämen sich nach wie vor, wenn sie bei sich Unmut, Enttäuschung, Unausgefülltheit und Langeweile verspüren. Es ist ihnen unangenehm zuzugeben, daß sie ihrer Mutterschaft gegenüber ambivalente Gefühle haben oder sogar lieber kein Kind hätten.

Daß Mütter ihre natürliche Ambivalenz gegenüber ihren Kindern nicht ausdrücken dürfen, dafür sorgt schon der nie aussterbende, schwülstige Kult und der verlogene Altruismus, mit denen Mutterschaft verhaftet ist. Dabei hat sich der Mutterkult bestenfalls als Stolperstein für Freiheit und Selbstverwirklichung der Frauen herausgestellt. Doch leider ist Mutterschaft zu einer heiligen Kuh geworden, die niemand zu schlachten wagt – eine überfällige Arbeit, die allen Frauen von großem Nutzen wäre. Die Erwartungen der Frauen an die Mutterschaft sind derart, daß sie nie erfüllt werden können, nicht einmal mit der zeitweiligen Selbstaufgabe, die ja Voraussetzung für Mutterschaft ist. Daher haben sie trotz aller Versuche und aller Kinder doch meistens das Gefühl der Verstümmelung, Entmündigung und des Betruges nicht völlig verdrängen können.

Man muß sich allerdings fragen, ob die Frauen bereit sind, diese einerseits geheiligte und doch so durch und durch an gewöhnlichste körperliche Arbeit gebundene Rolle gegen eine weniger entmenschlichte und wirklichkeitsfremde einzutauschen. Sie müßten dann auch eine Lüge, eine Ausrede, eine Flucht und ihr größtes Machtpotential aufgeben. Aber wenn man dem Mythos von der Frau als Fruchtbarkeitsgöttin und selbstlos gebendem, sexuell neutralisiertem Geschöpf so lange angehangen hat, fürchtet man natürlich den Verlust und auch die Strafe, die ohne Zweifel auf so eine fast gotteslästerliche Entmachtung folgen muß. Und durch was würden die heutigen Frauen den Muttermythos ersetzen?

Viele Frauen erkennen, daß Mutterschaft sie nur vorübergehend von Gefühlen der Leere und Nutzlosigkeit befreit hat, daß selbst das schönste glucksende Lachen, das Nuckeln an der Brust nicht über die unausbleibliche Trennung von Mutter und Kind hinwegtäuschen. Sie hat nicht wirklich ein Werk geschaffen, sondern war das passive Werkzeug, ein Körper, in dem ein anderer Mensch wuchs, dessen Schicksal sie nicht wirklich lenkt. Die schöpferische Funktion ist beendet und der Abschluß bereitet Trauer und Schmerz.

Von außen jedenfalls kann eine Mutter Unterstützung für ihre besondere Situation nicht erwarten. Die Kinderfeindlichkeit, manifestiert durch Arbeitgeber, Gesetze, Vermieter und die Atmosphäre in Restaurants und auf öffentlichen Plätzen – ganz besonders in Deutschland – ist ebenso bekannt wie immer wieder überraschend. Sie entpuppt sich ganz schnell auch als Frauenfeindlichkeit, denn Männer scheinen ihr nicht so ausgesetzt zu sein. Da sie traditionell nur an Wochenenden mit den Kindern zu tun haben, verstehen sie es besser, sich nicht entmutigen zu lassen. Es ist die Mutter, die zur Hüterin ihrer Kinder ausersehen ist und damit zum Ärgernis der Nachbarschaft, zum Problem der Chefs wird.

Durch die ablehnende Haltung wird die Mutter noch mehr isoliert, noch mehr in die Verteidigung gedrängt, wird ihr noch stärker die ganze Widersprüchlichkeit und Doppelbödigkeit ihrer Situation vor Augen geführt. Sie merkt, daß das, was von ihr als Frau erwartet wird, gar nichts so Positives und Begrüßenswertes darstellt, wenn Außenstehende sich davon belästigt fühlen und sie auf keine Sympathie im großen Rahmen rechnen kann. Sie ist mal wieder allein gelassen. Wenn sie *nicht* ihre Pflicht erfüllt und kein Kind produziert, sind ihr aber Sympathie und Lob ebensowenig sicher, da sie leicht für egoistisch und unweiblich, ja neurotisch in ihrer Verweigerung angesehen wird.

Die Kinderfeindlichkeit spiegelt natürlich die Ambivalenz gegenüber dem Thema Kinder wider, die zwischen Paaren sehr selten offen besprochen wird. Starke Kinderwünsche sowie starke Kinderablehnung haben oft neurotische Züge. Meist verbergen sich dahinter tiefe Verletzungen und Verdrängungen aus der eigenen Kindheit und Erziehung, die trotz aller gegenteiligen Beteuerungen traumatische Spuren hinterlassen haben. Die Strenge ihrer eigenen autoritären Erziehung, ohne Respekt und Mitgefühl für das Kind, dem schnell alle spontanen, authentischen Gefühlsregungen mit der Drohung des Liebesentzuges abgewöhnt wurden, erzeugen bei Erwachsenen einen nagenden Neid auf das Baby, das noch den Luxus wirklicher Gefühle (wenn auch nicht lange) erleben darf. Auch die nie ausgelebten Haßgefühle den eigenen Eltern gegenüber werden oft auf das eigene wehrlose Kind projiziert, »das es ja einmal besser haben soll«, aber viel zu selten hat.

Mütter lieben keineswegs automatisch Kinder – fremde lassen sie meist kalt. Der Satz »Ich liebe Kinder« entspricht – so wie »Ich liebe Menschen« – nur allzu selten der Wahrheit. Dabei verdienen es gerade Kinder, ohne Vorbehalte geliebt zu werden, weil sie für ihre manchmal unliebenswert erscheinende Persönlichkeit nicht verantwortlich sind, im Gegensatz zu den Erwachsenen. Die Fürsorge und der »Mutterinstinkt« verschwinden jedenfalls sehr oft, wenn das Aufziehen der Kinder mehr Arbeit, Mühe und Geld kosten, als angenommen wurde. Und das passiert so gut wie immer. Kinder brauchen Zeit, Liebe, Aufmerksamkeit, Geduld, Vorbilder und Führung. Sie sind laut, unordentlich, eigensinnig, undankbar. Sie machen Dreck, bringen den Haushalt und alle Pläne durcheinander und fordern immer und immer wieder Opfer.

Deshalb ist auch die vielgepriesene weiche, umsorgende Seite des »Muttertiers« ein Mythos, wie fast alles, was mit Mutterschaft und Mutterliebe in Verbindung gebracht wird. Das Wort allein ist widersprüchlich. Tiermütter, wie wir wissen, schubsen ihre Kinder erst aus der Sicherheit und Behaglichkeit des Nestes, nachdem sie ihnen alle Überlebenstaktiken, die sie benötigen, perfekt beigebracht haben. Kinder haben dieses Privileg nicht. Ihnen wird nur bedingt das Rüstzeug mitgegeben, das sie zum physischen und psychischen Überleben brauchen. Oft verunsichert, mißtrauisch und verletzt, entfliehen sie dem Elternhaus – nicht freudig und flügge, sondern mit gebrochenen Flügeln.

Ich habe bei den Frauen um mich herum zum größten Teil entweder eine krankhafte Sehnsucht nach Kindern oder das schicksalhafte Erdulden von Zufallsschwangerschaften gesehen, die als Glück und Erfüllung getarnt wurden. Weil das eigene Selbst als so unwichtig gilt, gerät eine ungewollte Schwangerschaft natürlich nie so ganz zur Tragödie. Fragt man eine Frau oder zukünftige Mutter, warum sie Kinder hat oder haben möchte, wird sie dafür selten stichhaltige, interessante oder durchdachte Erklärungen geben. Der größte Teil der wahren Motive zum Kinderkriegen wird verdrängt, weil er der süßlichen Verherrlichung der Mutterschaft allen Zauber nehmen würde. Ich habe über die Jahre viele Mütter kennengelernt und konnte beobachten, daß Schwangerschaften relativ selten aus einer wirklichen Freiheit oder glücklichen Lage heraus entstanden. Meist verbarg sich dahinter ein ganzer Komplex von nicht immer sofort durchschaubaren Motiven psychologischer Natur wie Trauer, Rache, Depression, Einsamkeit, Lebensangst und Machthunger.

Einer der wohl verbreitetsten und für das Kind am wenigsten erfreulichen Gründe, um auf der Welt zu sein, ist die Lebensleere einer Frau, die versäumt hat, sich ihren psychischen Problemen und Konflikten zu stellen, die ein geringes Selbstwertgefühl hat und nun versucht, dieses gähnende Loch in sich mit einem Kind zu stopfen. Aber Ablenkungsmanöver haben selten lange Erfolg und sind immer verhängnisvoll für Mutter und Kind, denn die Mutter wird bald merken, daß diese Beschäftigungstherapie lediglich für eine Weile ihre Seelennöte überdeckt, und das Kind wird genauso schnell spüren, daß es eine bedürftige Mutter ohne Selbst hat, der es als Spiegel dienen und deren Lebenssinn es sein muß. Eines Tages wird sie dastehen und sich selber in ihren Abgründen, ihrer Verzweiflung, ihrer Leere spüren und erkennen, daß sie ihre Konflikte nur vertagt, aber nicht beseitigt hat.

Eine glückliche Beziehung zu einem Mann bzw. dem Vater sind bei diesen Müttern selten, denn diese Form der Angst und Verdrängung produziert keine gesunden Gefühle zu anderen Menschen. Ich kenne eine Akademikerin von 40 Jahren, intelligent, liebenswert, die in einer schweren Krise steckte und unter Depressionen litt. Sie hatte eine vorausschaubar kurze Ehe hinter sich, unter deren Ende sie sehr litt. Sie stand kurz vor einem letzten entscheidenden Examen und war unzufrieden mit ihren Lebensumständen. Sie traf sich zwischendurch immer mal wieder mit dem geschiedenen Mann und war plötzlich schwanger. Ihre ambitionierten Berufspläne wurden schnellstens vertagt. Mit dem Sohn hat sie den Mann für immer an sich gekettet und sich selber die Ketten der Mutterschaft angelegt. Auch in dieser Geschichte geht es nicht um den »Kinderwunsch«, sondern um die Verdeckung einer erkrankten Seele.

Ein erstaunliches neues Phänomen sind die alleinstehenden Mütter, meist zwischen Mitte Dreißig und Anfang Vierzig, deren biologischer Wecker irgendwann mal auf Alarm gestellt ist. Man wünschte sich übrigens öfters, daß sie ihn gnädigerweise überhören würden. Sie sind die egoistischen Heldinnen des Alltags, die mit einem arroganten »Ich brauche keinen Mann. Ich kriege mein Kind schon alleine durch« den trotzigen Weg der narzißtischen Mutter gehen. In dieser breitgefächerten Kategorie ist wohl der weitaus selbstherrlichste, verlogenste Fall die selbsternannte »emanzipierte« Frau, die sich einen Mann bewußt als Samenspender aussucht und ansonsten mit seiner störenden Präsenz nicht belästigt werden möchte. Sie meint nämlich in ihrer falschen Selbsteinschätzung, daß seine Anwesenheit zur Erziehung und Persönlichkeitsbildung ihres Kindes nicht gebraucht wird.

Diese unangenehmen und ziemlich herzlosen Diktatorinnen haben den Grundsatz von Emanzipation mißverstanden – auf Kosten eines Kindes, das sie stolz als Beweisführung ihrer Autonomie durchs Leben zerren. Einem Kind aus eigensüchtigen Motiven einen Vater vorzuenthalten, ist ein autoritärer Akt, bei dem der Verdacht naheliegt, daß ungeheure Wünsche nach Macht, die die alleinerziehende Mutter ja de facto besitzt, dahinterstecken.

Es besteht kein Zweifel, daß finanziell abgesicherte, einigermaßen intelligente Frauen ein Kind recht komfortabel großziehen können. Aber es ist ein Unterschied, ob ein Kind als Rache am Mann und für Emanzipationszwecke benutzt wird oder ob sich eine vaterlose Situation durch Trennung ergibt. Das mindeste, was man gerade von einer emanzipierten und einfühlsamen Frau verlangen kann, ist, daß sie, wenn sie ihrem geplanten Kind keinen interessanten, liebenden Vater anzubieten hat, auf ihren neurotischen Kinderwunsch verzichtet.

Es ist interessant, daß gerade diese angeblich emanzipierten Frauen wieder dort landen, von wo sie theoretisch so gerne wegwollten: beim Gebärzwang im modernen Gewand, als Mutter, die eigentlich keine sein will. Es gibt viele Mütter, die eigentlich keine sein wollen. Es sind diejenigen Frauen, die ihre Wut und ihre Trauer über den Verlust einer kinderlosen Form von Glück, die zu wählen sie nicht die Freiheit und den Mut besaßen, kaum verbergen können. Manche sind leider ehrlich genug, um ihren Kindern in gewissen Abständen zu sagen, daß sie eigentlich nicht geplant waren und daß ihr Leben ohne die lästige Brut aufregender verlaufen wäre. So eine vernichtende Wahrheit können wenige Kinder ohne Schaden verarbeiten.

Dann gibt es die Frauen, meistens sehr junge, die sich mit einem (möglichst reichen) älteren, verheirateten Mann einlassen oder mit jemandem, der ganz eindeutig keine Lebensverbindung mit ihr wünscht. Es wird von seiner Seite öfter auf die Unmöglichkeit eines Kindes hingewiesen, aber gerade das passiert mit schlafwandlerischer Sicherheit: sie wird schwanger, ist selig und will auf jeden Fall das Kind haben, gegen seinen Protest und gegen jede Vernunft. Er will damit nichts zu tun haben – wenn er anständig ist, zahlt er Alimente und bietet sich als besuchender Vater an –, doch sie hat die Rolle ihres Lebens gefunden, die Doppelrolle der erpresserischen Heldinnen-Mutter. Ihr gebührt jetzt Respekt und Bewunderung, sie hat ihren Willen durchgesetzt.

Wer möchte ein Kind sein, das vom Vater unerwünscht ist? Wer eine Mutter haben, die ohne Liebe gebären und ihrem Kind ein solches Schicksal zumuten mag? Doch Frauen haben eine hohe Toleranzgrenze für die Zumutbarkeit von Umständen, unter denen ihrer Meinung nach ein Kind geboren und aufgezogen werden kann. Aber wenn man sich das Kinderkriegen schon nicht verkneifen kann, dann sollte man zumindest der unbequemen Frage nach der Eignung zur Mutter mit größter Konsequenz nachgehen. Was auffällt an all diesen Beispielen, ist immer wieder der Egoismus, aber auch die Traurigkeit und Leere von Frauenleben, das scheinbar Chancenlose, Zwanghafte und Unspirituelle. Ich, ich, ich und sonst nichts. Was werden das für Kinder, die von klein auf lernen müssen, daß der Mensch, der sie aufzieht, sie gar nicht um ihrer selbst willen liebt, sondern als ein Objekt mißbraucht, das für das nicht gelebte Leben der Erwachsenen mit seiner eigenen Lebendigkeit bezahlen muß?

Die Stärke des Drucks, den die Frau offensichtlich empfindet, kann man am besten an der furchteinflößenden Verbissenheit und Vehemenz ablesen, mit der bestimmte Frauen seit neuestem verzweifelt einer Schwangerschaft nachjagen, die ihnen aus verschiedenen Gründen verwehrt ist. Ich spreche von den unfreiwilligen Nichtmüttern, die, von Panik ergriffen, alle Hebel in Bewegung setzen, um in den erwünschten Zustand befördert zu werden, egal wie.

Keine neue medizinische Errungenschaft ist zu zweifelhaft, kein Verfahren zu würdelos oder zu peinlich, wenn es darum geht, Leben in dem unfruchtbaren Leib zu wecken. Kein noch so ermüdender Arbeitsaufwand und kein Geld werden gescheut, keine Operationen, Pillen und Samen von unbekannten Spendern, um nicht mit geradezu militärischem Einsatz den empfangsscheuen Uterus und die zeugungsunwilligen Spermatozoen zur Funktion zu zwingen oder auszutricksen. Es wird von diesen Frauen scheinbar als große Schande empfunden, daß dort, wo anderen Frauen permanent unerwünschtes Leben wächst, dessen sie sich durch Abtreibungen entledigen, sich bei ihnen nichts regt, was sie als »echte« Frau auszeichnen würde. Der neurotische Zwang des sich Nicht-abfinden-Könnens hat mit Hilfe technischer Vervollkommnung zu einer perversen Schwangerschaftswütigkeit geführt, besonders in einem materialistisch so rücksichtslosen Land wie Amerika, das von jeher keine Niederlage duldet.

Wenn ein Kind her muß, und das muß es meistens, dann werden zeugungsfähige Samen und fruchtbare Eier bunt gemischt wie ein experimenteller Cocktail und ohne jede Scheu in fremde Körper hineinbefördert. Und da wir schon beim Kinderbasteln sind, so fehlt zum vollen Glück nur noch, daß wir uns auch gleich das spätere Wunschkind aus einer Art Zeugungskatalog nach Belieben zusammenstellen können: Geschlecht: Mädchen; Aussehen: blond, blauäugig, ca. 1,74 m groß, schlank; Intelligenzgrad: durchschnittl.; bes. Eigenschaften: warmherzig und sportlich.

Jüngst gab es die groteske Meldung von einem übergewichtigen 48jährigen amerikanischen Gynäkologen-Monster, das mit seinem eigenen Sperma 29 Patientinnen befruchtet, ihnen aber vorgelogen hatte, daß es von den Spendern ihrer Wahl stammte. Es gibt auch tatsächlich Frauen, deren Befriedigung durch eine Schwangerschaft und Geburt so vollkommen ist, daß sie sich für viel Geld mit irgendeinem Sperma befruchten lassen und zur berufsmäßigen Gebärmaschine degenerieren, die Kinder für andere Leute austragen. Ein kleiner Freundschaftsdienst unter Frauen?

Einige durch und durch eitlen, von Wichtigtuerei und Selbstmitleid triefenden Ergüsse gelangweilter Frauen aus dem Mittelstand finden in unserer Presse immer große Anteilnahme. Ich las einmal eine Titelgeschichte im renommierten *New York Times Magazine*, in der eine Frau Anfang Vierzig in einer Art Tagebuch alle Stationen ihrer verzweifelten Versuche, schwanger zu werden, aufgeschrieben hatte. Nicht nur, daß sie ein Vermögen dafür ausgegeben hatte, sie traktierte die Leser auch mit Schilderungen des pflichtgemäßen Sexualaktes, der um eine bestimmte Uhrzeit vonstatten gehen mußte, sowie mit detaillierten Beschreibungen der Konsistenz ihrer vaginalen Ausscheidungen. Sie wurde nicht schwanger und beschloß heldinnenhaft, dem Leben doch noch etwas Sinn abzutrotzen. Es war einer der abstoßendsten Artikel, die ich in meinem ganzen Leben gelesen habe.

Wenn alle Energie, Entschlossenheit und technische Vervollkommnung, die in die Forschung der künstlichen Befruchtung investiert werden, für die Erforschung eines Verhütungsmittels eingesetzt würde, das einfach und wirksam und dabei in jedem Winkel der Erde für jeden zugänglich wäre, dann wäre dies ein revolutionärer, längst fälliger Beitrag zur Weltverbesserung. Aber die sinnlose Menschenproduktion ist der Gesellschaft ein weitaus wichtigeres Anliegen als die Menschenliebe und der Schutz des existierenden Lebens.

Von Simone de Beauvoir, einer Frau, die nicht so wirkt, als hätte die Kinderlosigkeit Identitätskrisen in ihr ausgelöst, stammt die überaus wichtige Einsicht: »Man wird nicht als Frau geboren, man wird dazu erzogen.«

Das Kinderkriegen ist keine Notwendigkeit, sondern eine Möglichkeit, eine Ausstattung, die von bestimmten Menschen in einer bestimmten Lebenslage genutzt werden kann. Das heißt, erfolgreich Mutter zu sein, hat viel mit individueller Eignung, der Lebenssituation und der emotionalen Harmonie und Reife (und Geld) zu tun. Manche Frauen scheinen geborene Mütter zu sein – manche nicht. Wenn man bereit ist, seine Bedürfnisse nach einem unberechenbaren Eigenleben zurückzustellen, über ein ausgeprägtes Pflichtbewußtsein und außergewöhnliche Generosität verfügt und Kinder wirklich nicht nur liebt, sondern sie ertragen kann, weil sie als Geschenk und Bereicherung empfunden werden, warum nicht? Es gibt gute und glückliche Mütter, und es wäre schrecklich, wenn es keine Frauen mehr gäbe, die gebären wollten. Ein Fortschritt wäre es aber, wenn offen und ehrlich Zweifel angemeldet werden dürften, *ob* man wirklich Mutter werden möchte. Gäbe es eine freie Gesellschaft, würde man mit diesen Zweifeln auch sehr komfortabel leben können.

Doch wenn man von früh auf dafür präpariert wird, daß Mutterschaft die Krönung des Frauseins, das eigentliche Ziel des Lebens und die einzige Möglichkeit der Selbstverwirklichung ist, dann nimmt es nicht wunder, daß die Verneinung dieser Rolle Schuldgefühle, Scham, Unsicherheit und krankmachende Konflikte hervorrufen kann. Die Gesellschaft unterstützt die Annahme, daß dort eine »natürliche« Leere entsteht, wo kein Kind wächst. Ein »Nein« zur Mutterschaft wird als Verweigerung von etwas »Natürlichem« gesehen. Was aber ist am Kinderkriegen natürlich? Warum ist es natürlicher als das Streben nach Selbstverwirklichung und sinnvoller Tätigkeit, die überdies von allgemeinem Nutzen sein kann?

Sich gegen Mutterschaft zu entscheiden, erfordert Mut. Ich habe nur Frauen kennengelernt, deren Entscheidung, keine Kinder zu haben, sie zumindest für eine kurze Zeit in Konflikte stürzte und ihnen Kraft und Hingabe zu einer anderen Art von Leben abverlangten. Ich habe seltener Mütter getroffen, die genausoviel Energie daransetzten, um sich *zur* Mutterschaft durchzuringen. Es scheint, als wäre ungeprüfte Mutterschaft weit weniger skandalös als die sorgsam ausgearbeitete Entscheidung, keine Kinder in die Welt zu setzen, obwohl es auf der Hand liegt, bei welcher Entscheidung größerer Schaden angerichtet werden kann.

Doch Frauen, die Nachdenklichkeit oder Zweifel in Mutterschaftsfragen an den Tag legen, werden oft nicht nur mit Mitleid, sondern auch mit Herablassung von den selbstherrlichen Brüterinnen betrachtet, von denen die konvertierten Frauen, die Predigerinnen der neuen Religion: »Werdet schwanger und folget mir«, besonders nervtötend sind. Plötzlich teilen sie ihre Lebensjahre in v. B. (vor Baby) und n. B. (nach Baby) ein und schütteln nur betrübt ihr Haupt über die Leere und Schalheit ihrer ehemaligen Existenz, in der Windeln, Rasseln und Ringe unter den Augen fehlten. Endlich, nach quälenden Abwägungen und schier masochistisch anmutendem Widerstand, haben sie ihrer wahren Bestimmung nachgegeben und residieren wie fette, missionarische Glucken auf ihrem Glockenturm.

Ich halte den Gebärwunsch durchaus für natürlich und der Erfüllung wert, genauso wie die Erfüllung anderer Wünsche, die eine existentielle Bereicherung in sich tragen. Was ich nicht für natürlich halte, ist, wie mit diesem Wunsch umgegangen wird. Das von so vielen Frauen scheinbar empfundene Sehnen, ein geradezu körperlicher, durch nichts anderes zu stillender Drang nach einem Kind, ist meiner Meinung nach künstlich konstruiert, hysterisch, konditioniert und alles andere als natürlich. Und leider gilt diese Art Sehnen auch nur selten dem Kind, sondern der Rolle der Mutter und ihrer durch nichts angezweifelten Position.

Ich habe mich immer gegen den Gebärzwang gewehrt. Daß das Produzieren und Vorzeigen von Kindern die einzige Existenzberechtigung der Frau sein sollte, fand ich lachhaft und beleidigend. Wenn nur ein Kind einer Frau Vollendung geben kann, dann hieße das ja auch, daß all das, was ich tue und getan habe, nur Ersatzhandlungen sind, all meine Arbeit, meine Kämpfe, meine Ziele. In Wahrheit hat mir aber gerade das Fehlen von Kindern und ganz bestimmt das Fehlen einer konventionellen Ehe erlaubt, besonders wichtige Erfahrungen für mich in meinem Leben zu machen. Die wichtigste Erkenntnis für mein Leben als Frau war letztendlich, daß der Verzicht auf ein Kind nicht größer und schmerzlicher ist als der Verzicht auf das Ausleben jeder anderen potentiell beglückenden Begabung. Daran denke ich in den Momenten, in denen ich mich ängstlich frage, warum ich mich soweit vom vorgezeichneten »weiblichen« Weg entfernt habe.

Die Position, daß ohne Kinder etwas in einem Frauenleben fehlt, ist so bequem und unwahr, wie sie manipulativ und politisch berechnend ist. Auf die traditionsgemäß politisch desinteressierten Mütter sind ganze Gesellschaften aufgebaut worden. Ein Kind schiebt sich immer zwischen die Mutter und ihr Weltbild, verwässert die Realität ihrer Beobachtungen, mildert die Schärfe der Wahrheit der Welt, so daß sie erträglicher gemacht wird und beiseite geschoben werden kann. Ihr Kind ist ihr Universum und spiegelt ihr für einen Moment Harmonie und Vollkommenheit vor. Mutterschaft erlaubt nur gemäßigte libertäre Gedanken. Sie dämmt naturgemäß alles Rebellische und Umstürzlerische ein, denn die Hauptelemente der Mutterschaft sind Schutz, Beständigkeit und Sicherheit.

Dabei müßten Mütter aufgrund ihres 2.-Klasse-Status theoretisch Weltverbesserinnen sein, müßten sich gegen die Demütigungen und Ungerechtigkeiten wehren, weil sie selber am meisten davon profitieren und ihren Nachkommen damit den allergrößten Dienst erweisen würden. Aber das ist die gleiche Art frommen Wunschdenkens wie die, daß alle Deutschen aufgrund so einer Erfahrung wie dem Holocaust zu Humanisten, Freiheitskämpfern, Pazifisten und kritischen Mitbürgern geworden sein müßten. Ein Pioniergeist scheint sich mit Mutterschaft nicht zu vertragen. Zur Rebellion bräuchte man den Mut, erst einmal das Leid und die Ungerechtigkeiten an sich heranzulassen, und das kann man meist nur als autonome, handlungsfähige und selbstsichere Person ertragen.

Wenn man bei Männern durchblicken läßt, daß man gebärunfreudig ist, deutet man automatisch an, daß einem die Fesseln der Ehe und Mutterschaft nicht angelegt werden können und man ihnen somit auch die Rolle des Herrschers und Familienoberhauptes entzieht. Solche Frauen wirken auf die meisten Männer kastrierend durch ihre angeblich tiefe Zurückweisung des männlichen Geschlechts, das so auch seiner Erzeugerrolle enthoben wird, immerhin eines der Hauptmerkmale ihrer Unentbehrlichkeit. Was solch eine Frau außerdem offenbart, ist Risikobereitschaft und eine Furchtlosigkeit, die Mut voraussetzt und die sicherlich auch vor anderen radikalen Denkweisen nicht zurückschreckt. Das ganze Frauenbild gerät durcheinander, wenn man sich der Typisierung entzieht, auf der das Bild von der Frau im allgemeinen beruht. Deshalb wirken Frauen ohne Kinderwunsch unverschämt auf Männer, irritierend und bedrohlich, weil sie obendrein, von der klassischsten Fessel befreit, von der die Männer so profitieren, auch noch Konkurrentinnen im Berufsleben sind. Männer lieben die Theorie, daß der Wunsch nach Kindern ausschließlich hormonal und physisch bedingt ist, denn darauf ist der größte Teil ihrer Frauentheorie aufgebaut.

Ich hatte vor nicht langer Zeit ein Gespräch mit einem gleichaltrigen männlichen Freund. Selbst unverheiratet und kinderlos, gab er mir zu verstehen, daß zum wirklichen Leben ganz einfach

Kinder gehören, worin ich ihm zustimmte, eigene Kinder, beeilte er sich zu sagen, wogegen ich Einwände hatte. Ich versuchte, ihm meine Einstellung zu erklären, stieß aber auf eine subtile Ablehnung. Ein wirklich ergebener Freund, platzte er am Ende damit heraus, daß mein Vertrauen in eine schwangerschaftslose Zukunft einfach nicht echt sein könne.

Es war jenseits seiner Vorstellungskraft, daß auch Beschlüsse richtig und fruchtbar sein können, die Elemente von Zweifeln und Fragen in sich bergen. Als ich ihm sagte, daß doch auch er sehr viele Dinge nicht verwirklicht, die er sich manchmal wünscht, und darin nicht unbedingt eine Tragik liegt, meinte er, das sei etwas anderes. Sein eigener Wunsch nach der Ernennung zum Familienoberhaupt und seine Unfähigkeit, eine Frau zu requirieren, die ihm Kinder gebärt, war eine Situation, die weniger düstere Konsequenzen nach sich zu ziehen schien. Wenn er ohne Kinder bleibt, ist es ein unglücklicher Zufall und vielleicht ein Verlust, den man jedoch mit beruflichen Leistungen ausgleichen kann. Wenn ich dagegen ohne Kinder bleibe, ist es eine Tragödie, die eine gebrochene, unerfüllte, nicht ganz komplette Kreatur zurückläßt, die eines Tages bedauern wird, sich zu weit vorgewagt zu haben. Soweit die Gespräche mit Männern.

Doch auch Mütter fühlen sich unwohl in der Gegenwart einer Frau, die ganz bewußt Mutterschaft nicht gewählt hat, denn für sie scheint damit notgedrungen eine Verachtung für die Mutterrolle verbunden zu sein. Dahinter verbirgt sich, daß es eben immer noch nicht möglich ist, die Entscheidung für oder gegen Mutterschaft als gleichwertig und gleichberechtigt zu sehen.

Natürlich geht auch der Vergleich Mutterschaft versus Freiheit nicht glatt auf. Es gibt unfreie Menschen – Mütter, Nichtmütter und Männer eingeschlossen – und umgekehrt. Man kann Menschenleben eigentlich nicht einfach gegenüberstellen und aufgrund einer bestimmten Wahl miteinander vergleichen, um »das Bessere« herauszustellen. Freie Mutterschaft, wenn es sie gäbe, und ein freies Leben ohne Kinder können nur so frei sein wie die Menschen, die sich ihre Lebensform ausgewählt haben. Theoretisch könnten Mütter und Nichtmütter sich eigentlich perfekt ergänzen – als Freundinnen, Menschen und Frauen – und sich über die Freiheit ihrer Wahl freuen.

Das Problem ist aber, daß Frauen für sich nicht an eine Wahl glauben, weil sie sich von der gesellschaftlich aufgezwungenen Rolle der Gebärenden nicht befreien können – oder wollen. Mutterschaft bleibt Identität, Beschäftigungstherapie und Existenzberechtigung zugleich und sorgt weiterhin mit unmöglich zu erfüllenden Erwartungen für eingegrenzte, anstrengende und zerstückelte Frauenleben.

Die bitteren Mundwinkel, der frustrierte und verhärmte Ausdruck, der gerne unerfüllten Frauen, sprich Nichtmüttern und Unverheirateten zugeordnet wird, habe ich hauptsächlich an Müttern gesehen. Resignation und die Erkenntnis, daß Kinder Leihgaben sind, die ihren Müttern keinen ewigwährenden Sinn geben, setzen sich oft im Gesicht einer Mutter fest. Die Trauer und Leere der Mutter im Alter kann noch enttäuschender sein als die der kinderlosen Frau. Wenn die Belohnung ausfällt für selbstlose Sklavenarbeit, keine Dankbarkeit bekundet, keine Wärme gegeben wird und keine sonntäglichen Kinderbesuche stattfinden, dann saust die Erkenntnis über ihre profitlose Investition wie ein Fallbeil auf die Mutter herab.

Man betrauert später im Leben sowieso nicht den Verlust eines Kindes, sondern den Verlust des Selbsts, das man aufzubauen nicht für so wichtig gehalten hatte, weil man glaubte, daß Kinder das Selbst sind. Prinzipiell ist jede Leere eine menschliche, spirituelle Leere, nicht eine Mutter- oder Nichtmutter-Leere. Wer versäumt, sein Leben als Mensch reich zu gestalten, der wird diese Leere immer mehr spüren, je älter er wird.

Es gibt keinen Schutz vor Verlust, Einsamkeit und Angst. Wenn man keine Kinder hat, wird man auf anderen Wegen versuchen, die Helligkeit, die Kontinuität, die Unschuld, die Chance, das Hoffnungsvolle zu finden. Die Auflösung einer Einsamkeit muß doch nicht mit Heirat oder der Geburt eines Kindes verbunden sein. Es ist doch gerade das Schöpferische, die Kraft, die Vitalität, das Großangelegte, die Transzendenz, die uns Isolation und Einsamkeit überstehen lassen – sogar mit Gewinn und Freude –, und nicht die Verkleinerung, Einengung und die Hast, die mit der Angst vor Leere in uns einkehrt.

Darf ich's bei Ihnen abgeben, Herr Papst?

Nichts polarisiert die Gemüter mehr als das Thema Abtreibung – Verbrechen für die einen, grundlegendes Menschenrecht für die anderen. Die heuchlerische Ehrfurcht vor dem »keimenden Leben«, die heute immer noch, teilweise stärker als je zuvor, von organisierten Abtreibungsgegnern, Politikern, der katholischen Kirche sowie Männern und Frauen in aller Welt und aus allen Schichten an den Tag gelegt wird, soll diesen Versuch der rechtlich abgesicherten Entmündigung der Frauen kaschieren. Doch egal, wohin man schaut, die Abtreibungsgesetze der Welt – liberal oder strafend – sind immer nur dazu da, um etwas zu lenken, zu verhindern oder zu fördern – nie dazu, den Frauen zu helfen. (In Ländern, in denen Frauen dringend als billige Arbeiterinnen gebraucht wurden, wie in der ehemaligen DDR und UdSSR, waren Abtreibungen erlaubt und vom Staat bezahlt. In Ländern, in denen Kinder bereits wichtige Arbeitskräfte sind und als Symbol für männliche Potenz gelten, ist Abtreibung verboten und unpopulär.)

In den Abtreibungsdebatten wird die schwangere Frau zu einem Politikum gemacht, deren sich füllender Bauch die Zielscheibe von pathetischen Deklarationen, zwielichtigen Theorien und verlogenen Wertungen ist. Sie trägt nicht nur das Kind, sie trägt auch die Last der Vorstellungen von einer heiligen Moral in einer durch und durch korrupten Welt. An ihrem Körper hängen sich die widersprüchlichen Gefühle der Gesellschaft ob ihrer Gebärmacht und der heimliche Haß auf sie auf.

Das Thema Abtreibung führt geradewegs in die sexistische Welt der Religionen, der politischen Systeme und Machtstrukturen mit all ihren geschickt eingebrachten Märchen und Manipulationen, Drohungen und Strafen. Frauen fallen ihnen mehr zum Opfer als Männer. Ein Beispiel dafür, wie man von einem Podium aus Menschen mit völlig unverdeckten, gemeingefährlichen und inhumanen Ideen begeistern und sie sogar dazu bringen kann, diese ohne Gewissensbisse in die Praxis umzusetzen, liefert seit einiger Zeit der Papst in seiner Kampagne für das ungeborene Leben.

Man möchte glauben, daß eine Frau, die eigener Gedanken fähig ist, sich die Einmischung der Kirche in ihre Genitalien verbittet und sich schon gar nicht von einem ihr persönlich unbekannten Mann, dessen Lebensform jeden intimen Kontakt mit Frauen ausschließt, allen Ernstes vorschreiben läßt, wann und wie sie ihre sexuellen Bedürfnisse zu befriedigen und wie sie sich in Fragen der Mutterschaft zu entscheiden hat.

Wenn es um Wahnwitz, Absurdität und Verteufelung geht, nimmt der Papst eine Sonderstellung ein. Nachdem in den eigenen Reihen immer mehr Murren und selbst ungehaltene Kritik an der Kirche laut wurde, genierte er sich nicht, die vielen »ermordeten« Kinder – sprich abgetriebenen Föten – mit dem Holocaust zu vergleichen, eine Verunglimpfung der NS-Opfer, die als vollentwickelte menschliche Wesen bei Bewußtsein Quälereien und die Vorbereitung und Ausführung ihrer Ermordung erleben mußten. Abtreibungsbefürworter gleich KZ-Schergen? Was kommt als nächstes?

Ein Fötus hat eine beneidenswerte Position, er wird scheinbar geliebt und gilt oft mehr als ein geborenes Baby oder ein ausgewachsener Mensch. Wenn für jede Person, die lauthals vorgibt, sich zum Fürsprecher des Embryos zu machen, bereits geborenes Leben geschützt werden könnte, kämen wir humanen, ja geradezu paradiesischen Zuständen näher. Man könnte zynisch sagen, daß tatsächlich das ungeborene Leben traurigerweise öfter geschützt werden müßte – nämlich davor, auf die Welt zu kommen. Während das ungeborene Leben nur in den Vorstellungen und Vorträgen der moralisierenden Gebärpolizei lebt, leben Kinder ganz real oft in fürchterlichen Umständen. Das Mörderische ist für viele Kinder nämlich das Leben, und das Tabu, gegen überflüssige Kinder zu sein, hat mehr Kinder das spirituelle Leben gekostet als alle Abtreibungen der Welt.

Natürlich interessieren die mysogyne katholische Kirche, die Politiker und die Anti-Abtreibungslobby weder die Kinder noch deren Wohlbefinden, sonst würden sie alle unermüdlich an einer Welt bauen, die für Kinder lebenswert ist, und sich öffentlich dem Kampf gegen Krieg, Sexismus, Rassismus und Unterdrükkung verschreiben. Es ist schwer zu sagen, welche der zwei tyrannischen Anordnungen der katholischen Kirche empörender ist, aber das Verbot der Empfängnisverhütung im Zeitalter von AIDS ist kriminell, kommt einem Selbstmordvorschlag gleich und dürfte noch perverser sein als die immerhin in manchen Punkten verständliche Abneigung gegen Abtreibung. Es ist in der Tat eine sehr weihevolle, wenn auch ziemlich unkonkrete Angelegenheit, »ungeborenes Leben« schützen zu wollen, solange es nicht vor einem liegt, sitzt, steht, brüllt, etwas fordert, krank oder behindert ist.

Aber wohin mit all den unerwünschten und verhungernden Kindern? Da sind die Angebote erschreckend gering. Sollten wir sie nicht vielleicht alle beim Papst abgeben? Es müßte doch ein christliches Vergnügen sein, wenn so wunderschöne, sichere, vor Gold und Pretiosen strotzende, riesige, ungenutzte Gebäude wie die des Vatikans von ausgelassenem Kinderlachen widerhallen würden. »Lasset die Kindlein zu mir kommen«, sagte sein Vorgänger.

Ich jedenfalls spüre bei solcher Verhöhnung der Frauen und Kinder sofort das unbezähmbare Verlangen, alle unerwünschten, hungernden, mißhandelten Kinder dieser Welt einzusammeln und sie in den luxuriösen Stätten der Kirche und in den Villen, Bürgerhäusern und gepflegten Apartments der Abtreibungsgegner zur Pflege und Aufzucht abzugeben. Oder die Reichen und Privilegierten genauso zu zwingen, ungewollte Kinder auszutragen.

Als ich einmal einen ledigen Mann, der in grimmen Worten Schmerz und »bewußt erlebtes« Entsetzen eines zweiwöchigen Embryos und dessen »Ermordung« beschrieb (und über das Wunder eines Kindes im Mutterleib schwärmte), fragte, wieviel Kinder er adoptiert habe oder zu adoptieren gedenke und wie hoch seine Spenden an Kinderhilfswerke sind, sah er mich verständnislos an und zog beleidigt ab.

Es dürfte einer mittellosen, ungewollt schwangeren Frau schwerfallen, in den Lehren der katholischen Kirche Trost oder praktische Hilfe zu entdecken. Wenn Gott will, daß jedes befruchtete Ei zu einem Kind heranwächst, warum sorgt er nicht auch dafür, daß die hilflosesten aller Wesen geschützt und geliebt aufwachsen dürfen? Aber wie immer, wenn man Autoritäten und Religionen die Verantwortung für eigenes Handeln überträgt, bleiben die quälendsten Fragen unbeantwortet.

Doch auch pragmatische Frauen ohne starke religiöse Orientierung werden vergebens nach etwas wirklich Hilfreichem unter den eifrig vorgeschlagenen »Lösungen«, die der Staat parat hat, suchen. Es ist beängstigend zu sehen, daß gerade Politiker immer nur von irgendeiner »Rechtslage« sprechen, von Ethik und Moral plappern, doch nie von der Lage der Schwangeren, die oft verzweifelt ist.

Sicherlich erfährt eine ungewollt Schwangere bei Beratungen auch manchmal die Hilfe und den Beistand, den sie braucht, doch Institutionen können nun einmal nicht die Verantwortung für ein individuelles Schicksal übernehmen. Vielmehr ist es so, daß, wenn es einmal gelingt, eine unsichere, ängstliche Frau oder ein junges Mädchen von einer gewünschten Abtreibung abzuhalten, die konkreten Schwierigkeiten erst anfangen.

Das Kind, das dann gegen ihren Willen aus ihrem gesetzlich geschützten Bauch herauskommt, ist meistens nicht nur ein Problem für die Mutter, sondern gilt als Plage und Belastung für die Gesellschaft, die nichts mit unerwünschten Kindern zu tun haben möchte und nicht weiß, wo sie die armen Kreaturen hinstekken soll. Und kann die Mutter dann, nachdem ihr die Gebärpflicht aufgebürdet wurde, nicht für ihr ungewolltes Kind sorgen, ist sie auch schon wieder eine Art Kriminelle.

Konkrete Hilfe in dieser Angelegenheit ist wohl eine Sache der Auslegung. Eine Frau, die kein Kind haben möchte, weil es für ihre finanzielle und persönliche Situation untragbar ist, wird nicht plötzlich begeistert Mutter werden wollen, nur weil sie über die Möglichkeit einer Adoption aufgeklärt wird oder ein paar tausend Mark »Gebäranreizgeld« erhält. Das einzig verlokkende Angebot, das der Staat machen könnte, um einer Frau ihre Abneigung gegen Mutterschaft zu nehmen, wenn sie nicht ausschließlich psychischer Natur ist, wären überzeugende Sozialleistungen für Mutter und Kind und die Gestaltung und Durchsetzung eines ganz neuen Lebensmodells in einer harmonisierenden Gesellschaft, in der Kinder nicht stören und Mütter nicht leiden.

Übrigens gab es nie ein schamloseres öffentliches Geständnis der wahren Ansichten darüber, was die Aufgabe und der einzige Nutzen der Frau tatsächlich zu sein hat, als den Gebärzwang und Mutterkult im Dritten Reich. Er erscheint einem heute peinlich, lachhaft und widerwärtig, aber viele deutschen Frauen fanden es alles andere als zwanghaft, empörend oder zu lästig, dem Führer und dem Volk Kinder zu gebären.

Die Frauen wurden mit pompösen Blut-und-Boden-Mätzchen zu erdverbundenen Muttertieren umgewandelt und langsam entmündigt. Das Gebären von Nachwuchs hatte den privaten Charakter verloren, war ein wertvolles nationales Ziel geworden. Während sie als einfache Mütter bestenfalls ein Lob für ein schmackhaftes Essen oder ein blitzsauberes Heim bekamen, wurden sie plötzlich öffentlich hofiert und dafür belohnt, daß sie ihren Körper benutzten wie die Männer ihre Waffen.

Wie einfach Vaterlandsliebe und weibliche Erfüllung waren! Man konnte einfach nur durch seine Fortpflanzungsorgane einem Volk zum Sieg verhelfen, denn man war als Frau den tapferen Soldaten gleichgestellt. Während sie für das Töten auf Kriegsschauplätzen Ritterkreuze an die Uniform gesteckt kriegten, wurde ihr für vielfaches Gebären ein Verdienstkreuz an die Schürze geheftet. Selbstverständlich war Abtreibung bei Todesstrafe verboten, die kostbare Ware Mensch wurde als Kriegsmaterial gebraucht und war nicht dazu da, um im Leben einer Familie Freude und Erfüllung zu spenden. Ein erschreckendes Beispiel aus jüngster Zeit zeigt nicht weniger deutlich, daß der Körper der Frau sogar bis über den Tod hinaus als Gebärmaschine benutzt werden darf. Eine junge schwangere Frau aus Erlangen wurde nach einem Unfall als hirntot erklärt, ihr Körper aber mit Maschinen künstlich am Leben erhalten, um darin den Fötus weiterwachsen zu lassen. Er starb nach fünf Wochen.

Alles, was mit dem Thema Abtreibung und Fortpflanzung zu tun hat, nämlich Sex, Moral, Religion, Politik und Machtstreben, versinkt, wenn genau untersucht, in einem Meer von Lügen und extremen Widersprüchen. Mir hat immer noch keiner erklären können, wo bei der vielzitierten »Rechtslage«, die scheinbar nur Mutter und Embryo betrifft, der Mann bleibt. Es gibt weltweit Gremien, Gruppen und Vereinigungen, die sich über die Weltbevölkerung und Empfängnisverhütung und die »Situation der Frau« den Kopf zerbrechen. Warum nicht über die »Situation des Mannes«? Hat er keine als Erzeuger, Liebhaber, Verführer, Ehemann oder Vergewaltiger? Warum darf seit ewigen Zeiten den Frauen die ganze Verantwortung für Empfängnisverhütung zugeschoben werden, aber nicht die Verantwortung dafür, wann sie ein Kind in die Welt setzen möchten?

Wie wäre es, wenn der Staat das gleiche Interesse, das er für die weiblichen Geschlechtsorgane an den Tag legt, auch dem Penis und den Spermatozoen entgegenbringen würde? Aus all den bekannten Abtreibungsparagraphen muß man schließen, daß der Embryo zwar einerseits der Mutter ganz allein gehört, gleichzeitig aber dem Staat untersteht, so daß sie über sein Schicksal nicht bestimmen kann, obwohl sie dafür voll verantwortlich ist. Der Vater wird aber rechtlich erst zum Vater, wenn das Kind geboren ist.

Männer werden nie müde (dafür sind wir's), auf ihre überaus wichtige Rolle als Erzeuger hinzuweisen, wenn sie gerade mal Vaterstolzgefühle haben. Aber nur die Frauen werden zu Verbrecherinnen abgestempelt, wenn sie sich der mit seinem Samen entstehenden Leibesfrucht entledigen wollen – obwohl es häufig der Erzeuger ist, der das Kind nicht will, der die Abtreibung unter Androhung von Liebesentzug oder Nichterfüllung der väterlichen Pflichten fordert und nicht selten bezahlt.

Vor dem Gesetz sind das Kavaliersdelikte. Ähnlich wie Vergewaltigungen. Wie wäre es, wenn dieses Haß-Verbrechen, das an physisch schwächeren, oft unterprivilegierten Menschen ausgeübt wird und auch etwas mit den sonst so gut überwachten Geschlechtsorganen der Frauen zu tun hat, die gleiche Aufmerksamkeit, Empörung und den Ruf nach Schutz für die Opfer erregen würde? Aber seltsamerweise will diese hitzige Leidenschaft, mit der ungeborenes Leben verteidigt wird, nicht so recht aufkommen, wenn ein Vergewaltiger eine Frau sexuell mißbraucht und schwängert. Es existieren tatsächlich Menschen, die darauf bestehen, daß ein solches geschändetes Opfer das Kind austragen soll. Da gehört plötzlich die Gebärmutter ihr ganz allein, kein Mann ist dazu zu bewegen, für ihren Unterleib auf die Barrikaden zu gehen. Da gibt es dann keine Männerlobby mehr, die nach Gesetzesänderung brüllt, weil die meisten Vergewaltiger nicht mehr als einen symbolischen Klaps auf den Penis kriegen, anstatt einen lahmlegenden Schlag auf ihren frauenhassenden Kopf.

Solange Männer an der Macht sind und Gesetze machen dürfen, die über den Körper (und den Kopf) der Frauen bestimmen, werden diese dafür bestraft werden, daß sie der Schoß der Welt sind, daß sie den leicht verführbaren Mann immer wieder zu einem »Opfer« ihrer Lüste und Sinnlichkeit machen und obendrein noch Kinder gebären können. Die schamlose Frau soll darum nicht nur mundtot, sondern auch lusttot gemacht werden, und da sind die Methoden, wie sie in all ihrer unglaublichen Brutalität angewandt werden, noch nie zimperlich gewesen. Man darf nicht vergessen, auch wenn man das Wissen kaum ertragen kann, daß es in vielen Ländern (Afrika, Saudi-Arabien, Ägypten) tatsächlich noch Klitorisbeschneidungen gibt, üble Schlachtereien, die die UNESCO nicht an die große Glocke hängt, weil Ächtungen dieser Barbarei auf zu großen Protest stoßen (man hat es ausprobiert).

In den etwas »zivilisierteren« Ländern amputiert man die Frauen seelisch (nachdem der einzigartige »Keuschheitsgürtel« aus der Mode gekommen ist), indem sie als Zerstörerin der guten Sitten gebrandmarkt wird, schuldig am Verfall von Tugend und Moral. Doch all diese Verteufelungen wären nicht so schlimm, wenn die Frauen ihnen nicht auf den Leim gingen. Die meisten Frauen glauben wohl tief in ihrem Innern fest an ihr biologisches Schicksal und nehmen es mit großer Duldsamkeit auf sich. Sie glauben außerdem im verborgensten Winkel ihrer Seele an ihre Schlechtigkeit; daran, daß sie das Verderben des Mannes sind, ihn in die Tiefen der Leidenschaft führen, auf Irrwege, in den Tod. Sie sind die Nachkommen der verführerischen Sirenen, Amazonen und Göttinnen, die dank ihres Körpers der Unsterblichkeit näher sind und sich immer wieder neu gebären können. Sie sind die Richterinnen über Leben und Tod. Und weil ihnen schon die unglaubliche Macht über die Erhaltung der Art gegeben ist, sollen sie dort eingekerkert bleiben, wo sie am wenigsten Schaden anrichten können, wo sie hingehören, physisch und psychisch, nämlich nach Hause, in die würgende Welt der Abgeschiedenheit, dem Manne untertan. Hier dürfen sie nach Herzenslust fruchtbar, nicht lustbar, sein. Sie *sollen* schwanger werden, als Erinnerung daran, daß sie abhängig sind, und eine Rolle zu erfüllen haben.

Frauen kommen mit dem Thema Sex nicht zurecht, weil es immer an das Thema Mutterschaft angekettet ist und weil sie etwas Grundsätzliches nicht auseinanderhalten können: daß Sex und Mutterschaft zwei völlig verschiedene Triebe sind, deren Erfüllung auf zwei ebenso verschiedenen emotionalen Ebenen abläuft. Das Bedürfnis nach Sex ist nicht gleichzusetzen mit dem Wunsch, Mutter zu sein, und Mutter sein zu wollen, ist kein sexuelles Verlangen. Außerhalb des Schlafzimmers ist die Fruchtbarkeit der Frau ja ein wunderbares Schicksal. Doch in dem Moment, in dem Sex lediglich ein Ausdruck der Liebe und des Begehrens ist, verwandelt sich die Fruchtbarkeit in eine Bürde, die dem Mann wie der Frau lästig fällt, doch mit der man sich immer wieder auseinandersetzen muß.

Während Männer ihren Samen als köstlich, wichtig, ein Zeichen von Potenz und eine Quelle der Freude empfinden, mit der sie großzügig umgehen, schämen sich Frauen ihres fruchtbaren

Körpers. Wegen dieser Scham mögen Frauen im Bett ihre Wünsche, Ängste und Forderungen noch weniger aussprechen, als sie es sowieso schon tun. Sie sind vor Unsicherheit wie gelähmt, reagieren übersensibel, ertragen keine Vorwürfe der gewissen Art, nicht mal achtlose Bemerkungen oder auch nur gerunzelte Augenbrauen. Der Mann könnte ja seine Lust auf sie verlieren, wenn sie sich z. B. weigert, ohne Kondom mit ihm zu schlafen, er könnte sie Spielverderberin nennen, als nicht hingebungsvoll genug, als unweiblich anprangern.

Sie möchte sich einfach sexuell nicht in den Vordergrund spielen. Nicht mit ihrem Verlangen und auch nicht mit ihren Bedenken. Ihr ist der bewußte Versuch der Einmischung und Steuerung ihres Sexuallebens peinlich, denn dies lenkt die Aufmerksamkeit auf ihre körperliche Unfreiheit und auf ihre Sexualität, die passiv zu sein hat und die sie lieber verstecken möchte. Und weil Mutterschaft generell als natürlich und gewünscht angesehen wird, ist deren Verhütung auch irgendwie »unnatürlich«. Und unsicher.

Der recht kurze, wenig glorreiche Weg der Erforschung eines wirksamen Verhütungsmittels zeigt das Unterdrückungsbestreben und besonders das Desinteresse der Männer (und die Passivität und Duldsamkeit der Frauen) und liest sich wie eine Satire. Wieso gibt es CD-Scheiben, wieso kann man an Ungeborenen im Mutterleib operieren, sich mit Faxmaschinen in aller Welt unterhalten, muß aber, wenn's ins Bett geht, mit zweifelhaften Pillen, springenden Pessaren, schmierigem Schaum, quietschenden Kondomen, unzuverlässigen Zäpfchen, gefährlichen Metallspiralen, abgebundenen Samenleitern und Eierstöcken herumexperimentieren?

Wie wäre es mit einer kleinen, unauffälligen Angelegenheit, die ohne große Vorbereitung und auf 95prozentige Weise von Männern und Frauen in aller Welt und ohne Schulbildung zur Empfängnisverhütung benutzt werden kann? Außer Kondomen gibt es immer noch keine Empfängnisverhütung für Männer (Vasektomie ist ein schmutziges Wort) – und selbst wenn es sie gäbe, würden wir ihr trauen?

Der größte Durchbruch und die bis heute am sichersten wirkende Empfängnisverhütung war und ist die Pille. Leider war ihre Anwendung gerade noch eben verständlich genug für verantwortungsbewußte Frauen und Mädchen. Analphabetinnen und schlampige Schluckerinnen hatten ihre liebe Not damit. Daß sie körperliche Nebenwirkungen hatte, die das Wohlbefinden beträchtlich beeinflussen konnten, fand niemand alarmierend, die Dankbarkeit war zu groß. Den Männern, die das jahrzehntelange tägliche Pilleschlucken ihrer Frauen und Freundinnen scheinbar für zumutbar hielten, war das sowieso egal, solange man der spontanen Sexualität der Sechziger genüßlich und ohne Angst nachgeben konnte.

Nach etwa zwölf Jahren trat eine Pillenmüdigkeit bei den Frauen ein. Untersuchungen zeigten immer wieder gesundheitliche Risiken auf, man traute der Pille nicht mehr, fühlte sich durch die tägliche Schluckerei benachteiligt, überfordert, gefährdet – und hörte auf. Und in den siebziger Jahren war meine Generation fast wieder da, wo unsere Mütter waren, als wir in Teenager-Schuhen steckten. Das nervende monatliche Warten auf das Blutgetröpfel zwischen den Beinen setzte wieder ein und die mittelalterliche Folter »Abtreibung« rückte in neue, unkomfortable Nähe.

Die meisten Frauen haben eine vernünftige und demokratische Einstellung zur Abtreibung: Die Entscheidung liegt bei der Frau. Selbst die Frauen, für die eine Abtreibung nie in Frage käme, fordern dieses Recht für alle Frauen, denn sie wissen, daß keine Strafe der Welt je Frauen davon abgehalten hat, Abtreibungen vorzunehmen. Das war schon immer so. Die Abtreibungsraten der Welt halten sich konstant auf derselben Höhe. Die Abtreibungsgesetzgebung ist so oder so irrelevant für Frauen. Die Zahl der Frauen, die sich beim Staat oder beim Papst persönlich dafür bedanken möchten, daß sie durch die Erschwerung der Empfängnisverhütung oder das Verbot der Abtreibung dazu gezwungen wurden, einem ungewollten Kind das Leben zu schenken, ist wohl verschwindend winzig. Genauso dürfte es wenig Frauen geben, die Abgeordneten die Türen einrennen, um ihrer Verbitterung über liberale Abtreibungsgesetze Ausdruck zu geben, oder den Staat beschuldigen, ihnen ein Kind geraubt zu haben.

Die Argumentation von Abtreibungsgegnern ist eine Beleidigung für die Intelligenz und das Verantwortungsbewußtsein der Frauen, weil sie von deren Leichtfertigkeit ausgeht. Wen bringen sie nicht zur Raserei, die notorischen Bemerkungen, daß für uns Frauen Abtreibungen kleine, schmerzlose Eingriffe sind, den man schnell in der Mittagspause vornehmen kann, um dann leichten Herzens und fröhlichen Schrittes nach Hause zu gehen. Ich habe zwei Abtreibungen hinter mir und kenne wenige Frauen, die nicht mindestens einmal gegen ihren Willen schwanger geworden sind. Ich kenne außerdem keine Frau, die sich ohne Trauer, Gewissensbisse und ohne die sorgfältigsten »Überlegungen« zu so einem schwerwiegenden Eingriff entschlossen hätten.

Aber was wissen Männer davon, daß Abtreibungen immer ein Abschied von einem Ideal und einem Traum, eine qualvolle Erinnerung an die Unvollkommenheit der menschlichen Existenz sind, in die ein Kind nicht immer vorbehaltlos hineingeboren werden kann. Nein, keiner liebt Abtreibungen, sie sollten nicht ein selbstverständlicher Teil eines Frauenlebens sein, sondern ein Rettungsring in einer Notlage. Die Notlage kann nur die Frau selber beurteilen.

Ich hatte weder Schuldgefühle noch stand ich Seelennöte aus. Mir tat leid, daß ich die Chance nicht wahrnehmen konnte, die sich mir bot. Es war so traurig wie jeder andere Verzicht auf etwas, das eine wichtige Bereicherung und Herausforderung für mein Leben hätte werden können. Es war auch eine Bestätigung dafür, wie sehr man sich bereits mit der deprimierenden Tatsache arrangiert hatte, daß der Lebensweg einer Frau von einsamen, oft brutalisierenden Entscheidungen durchflochten ist, die Blut oder Tränen kosten.

Sehr viele Frauen fallen nach Abtreibungen in tiefe Depressionen und erleben extreme Schuldgefühle. Die sind nicht wegen der juristischen Lage entstanden, die interessiert keinen, und auch nicht immer, weil »ein Leben getötet wurde«. Ich weiß von einer 34jährigen Frau, bei der diese nachträglichen Schuldgefühle aus der Identifizierung mit der Frauenrolle herrührten, deren Verweigerung ihr schwer zu schaffen machte. Obwohl ihre Abtreibung ohne Druck gewählt war und sie sich von dem Vater getrennt hatte, stellte sie sich nach einem halben Jahr plötzlich die Frage: »Warum war ich gegen etwas ›Natürliches‹, warum war ich nicht ›normal‹ und wünschte mir nicht ein Kind sehnlich genug, um alle Schwierigkeiten auf mich zu nehmen?«

Die Erinnerungen an meine Abtreibung in Deutschland im Jahr 1972 tragen für mich inzwischen komische Züge, da die Wut über die Verlogenheit dieser teuren und grotesken Posse einer mehr zynischen Einschätzung der korrupten Wirklichkeit gewichen ist. Als ich wußte, daß ich schwanger war, ging ich sofort mit Herzklopfen auf die Suche nach einem Arzt, der Abtreibungen machte, das hieß, ich hörte mich um und sammelte Adressen. Ich hätte ins Ausland gehen können, aber davor hatte ich Angst. So blieben mir zwei Namen von zwei Gynäkologen – zwei Herren im Kittel, die einen unauslöschlichen Eindruck auf mich gemacht haben.

Der Arzt in Barmbek war ein Sadist, das sehe ich jetzt ganz klar. Als ich ihm sagte, daß ich eine Abtreibung wolle, verengten sich seine Augen zu schmalen Schlitzen. »Sie sind nicht verheiratet?« fragte er lauernd und legte plötzlich schwer seine Hände auf meine Schultern. Dann schob er seinen Daumen über meine Kehle, drückte ein wenig und sagte boshaft: »Ja, erst das Vergnügen haben und dann nicht die Konsequenzen ziehen wollen. Abtreibungen gibt's hier nicht.« Ich schob seine Hände weg, fuhr ihn mit »Lassen Sie gefälligst den Blödsinn« an und sprang vom Untersuchungstisch, auf dem ich gesessen hatte. Der Mann hatte den Nerv, mir hinterher noch eine Rechnung von 50 Mark zu schicken, die ich sofort zerriß.

Doch die Lehrstunde in Heuchelei und Geldgier war damit nicht zu Ende. In Eppendorf ging es feiner, teurer und noch verlogener zu. Obwohl der gediegen wirkende Herr Frauenarzt sicherlich Hunderte, wahrscheinlich Tausende von Abtreibungen gemacht hatte, hing er immer noch der unpassenden, wenn auch geschäftsfördernden Unsitte an, sich über meinen Wunsch völlig überrascht zu äußern und sogar einmal kurz und bedauernd einzuwerfen: »Das kann ich aber nicht machen.« Nachdem sich seine gespielte Entrüstung gelegt hatte und wir das ermüdende Boulevardstück vom Wohltäter und der Bittstellerin zu Ende gespielt hatten, kam er sehr präzise und flink zur Sache. »800 Mark. Dienstag um drei Uhr. Geld bitte in bar mitbringen.« Die Sache ging dann auch sehr professionell mit Vollnarkose über die Bühne.

Ich will Männern nicht Gefühle des Bedauerns absprechen, wenn ihre Freundinnen und Frauen sich, ohne sie zu fragen oder gegen ihren Willen, zu einer Abtreibung entschließen. Jedoch ist ihr Verhältnis dazu eher von Machtlosigkeit und einer narzißtischen Verletzung geprägt. Wie kann jemand »ihr« Kind zurückweisen, der kostbaren Potenz eine Ohrfeige verpassen? Da ist sie dann, die Wand, die Schranke, die Begrenzung, der Ausschluß.

Oft finden bei Abtreibungen Entscheidungen statt, die Frauen zum ersten Mal wirklich allein gemacht haben. Die Mehrzahl von ihnen war auch Jahre später noch mit ihrer Wahl einverstanden.

Damit Abtreibungen in der Zukunft vielleicht seltener werden können, müßten die altbekannten Rollen ein wenig anders arrangiert werden. Traditionell sind die Männer zwar die Jäger und aggressiven Verführer, aber die Frau ist die passive Verführerin, die den Mann dazu verführt, sie zu verführen, in welchem Fall sie auf Hilflosigkeit, sprich einen Opferstatus, plädieren kann. Und so benimmt sie sich auch. Sie ist entzückt, daß sie ihn dazu bringt, enthemmt zu stöhnen, nach ihr zu greifen, primitiv, lustvoll, wie ein richtiger Mann eben, da kann sie ihn doch nicht mit solchen Kleinigkeiten wie der mögichen Entstehung eines neuen Lebewesens stören. Verärgert sie den Mann durch irritierende Forderungen nach Verhütung, fühlt sie sich in ihrem

Frausein gemindert. Sie braucht seine Zustimmung, denn ein großer Teil der weiblichen Identität ist mit sexueller Anziehungskraft verbunden. Er, mit der typischen Ignoranz der Männer, die nicht berührt, was ihnen nicht widerfahren kann, blendet den Störfaktor Vernunft aus, indem er ihr zeigt, daß er sie will. Sie wird davon mitgerissen, denn Vernunft nimmt Sex das Schicksalhafte, das Frauen so suchen, um sich selber spüren zu können. Manchmal kommt es mir vor, als gehörte für Frauen dieses russische Sex-Roulette im Bett dazu, einen wohligen Schauer zu empfinden, die Natur herauszufordern und sich ihr zu unterwerfen, selbst wenn sie im Moment kein Kind wollen.

Warum reicht die Tatsache, daß ein unerwünschtes Kind ein weiteres Glied in der Kette unglückproduzierender Menschen sein wird, nicht aus, die Frauen der Welt je nach Bildung und Möglichkeiten zum Rebellieren, Streiken, Lernen, Lehren, Verweigern zu bringen?

Widerstand gegen jeden unvernünftigen, lieblosen Mann wäre nämlich der wichtigste Schritt zur Empfängnisverhütung. Aber das hieße, Widerstand gegen Verführung und Aufwertung. Die Angst, »Nein« zum Sex zu sagen, wenn keine Empfängnisverhütung stattfindet oder man ganz einfach keine Lust auf den Mann hat, ist nicht etwa die egoistische Angst vor der Versagung der eigenen Lusterfüllung, sondern die Angst vor Zurückweisung und »Nichtgeliebtwerden«. »Begehrenswert« zu sein ist ein gesellschaftlicher Befehl und ein wichtiges Requisit aus dem Fundus der »Weiblichkeit«. Das Begehrenswerte an Männern ist ihre Position und ihr Scheckbuch, an Frauen ist es ihr Brustumfang und ihre Verfügbarkeit.

Süchtig nach Bestätigung, weisen Frauen nichts und niemanden zurück, schon gar nicht die Personen, durch deren sexuelles Interesse sie sich geehrt fühlen. Auch das Wissen um die wenig schmeichelhafte Tatsache, daß im allgemeinen wenig Einsatz dazu gehört, Männer zu erregen und zu verführen, und daß es keinen Grund gibt, ihre willigen Penisse und suchenden Zungen allzu persönlich zu nehmen, beeinträchtigt sie nicht in ihrer Hingabe und Dankbarkeit. Frauen sind gedrillt, jedes Krümelchen von Zuwendung gierig zu schlucken und sich total den sexuellen Phantasien und Wünschen des Mannes zu unterwerfen, und seien es die uninteressantesten, die man sich vorstellen kann.

Schon früh fängt die Konditionierung der Mädchen an. Für Jungen ist Sex nach den ersten, vielleicht holperigen Übungen Spaß und Spiel, eine Herausforderung, eine männliche Potenzbestätigung, ein Sieg, der genossen werden kann. Für Mädchen ist Sex ein Risiko, eine Falle, die schnell zuschnappen kann. Zu oft unsicher, unaufgeklärt, süchtig nach starken Gefühlen und neugierig darauf, ihr weibliches Geheimnis zu ergründen, sind sie dem Gefährlichen, Verbotenen, vor dem sie immer gewarnt wurden, schutzlos ausgeliefert.

Die Freundschaft mit ihren Sexualorganen ist für junge Mädchen – und auch noch für sehr viele Frauen – wohl die schwierigste Freundschaft der Welt. Ihr fehlt Intimität und Begeisterung, statt dessen ist sie ambivalent, irritierend und wenig belastbar. Mal feindselig, mal narzißtisch, immer aber auch durchzogen von Zweifeln ob der Schönheit und Großartigkeit der Organe, die zwar Leben schenken können, aber stets irgendwie auf der penisorientierten Wertskala hinter denen des Mannes herhinken. Sie kennen ihren Körper gar nicht, ihre Geschlechtsorgane sind schwer erreichbar und nicht sicht- und meßbar wie die des Mannes. Sie würden eigentlich am liebsten ihren Körper vergessen, der ihnen im Mädchenalter bereits als problematisch, nicht vorzeigbar und unrein eingeredet wurde. Aber er drängt sich monatlich mit Blut und Schmerzen in ihr Bewußtsein. Sie haben nie so ganz ihre körperlichen Funktionen erforscht und wissen daher eigentlich wenig über Empfängnisverhütung, deren Anwendung ihnen unheimlich und fremd ist.

Als ich sechzehn Jahre alt war und ab und zu mal zu einer Party gehen durfte – die Art, wo der Höhepunkt der Ausgelassenheit war, nach Chubby Checker »The Twist« zu tanzen – faßten meine Eltern ihre Aufklärungsbemühungen in dem eindringlich-kryptischen Satz zusammen: »Paß aber auf!« Es war eine gesagte Warnung im Telegrammstil, die mich zwar total überforderte, da ich weder in der Schule noch zu Hause irgendeine Form von sexueller Aufklärung erfahren hatte, aber deren düsterer Inhalt mir klar war: Werd' nicht schwanger. Ich wußte nicht hundertprozentig, wie man nun genau schwanger werden konnte und noch weniger, wie dieser entsetzliche Zustand zu verhindern sei, doch diese Warnung hing jahrelang wie eine schwarze Schicksalswolke über unserem Vorort-Reihenhaus, in dem immerhin zwei Töchter aufwuchsen, und war das Leitmotiv meiner gesamten Teenagerjahre.

Freundinnen, die von ihren Müttern plötzlich beordert wurden, sich für ein, wie's schien, nicht endenwollendes halbes Stündchen auf die Wohnzimmercouch zu setzen, »weil es noch eine Sache gab«, die zu besprechen sich die schamrote, sich räuspernde Mutter gezwungen sah, waren in der Praxis auch nicht viel schlauer als ich. Das Wort Empfängnisverhütung gab es nicht – man ließ das Ganze am besten bleiben, bis man verheiratet war, und dann war Schwangerschaft kein Malheur, sondern der Beginn eines logischen Schicksals. Kaum eine Mutter hätte einem 1960 je verraten, wie sie selber verhütete. Man fragte allerdings auch nicht, da Eltern die einzigen Erwachsenen waren, die »so etwas« nicht aus Spaß taten.

Jedenfalls weiß ich noch, daß Sex immer etwas mit Scham und Schande zu tun hatte. War man schamhaft, blieb auch die Schande aus. Die Schande in Gestalt eines schreienden Babys ohne Ehemann war damals der Gipfel des Unmoralischen. Ich erinnere mich genau an das Gesicht eines sehr jungen Mädchens aus meiner Nachbarschaft, das öfter mit Büßermine und leicht gesenktem Kopf einen Kinderwagen an mir vorbeischob. Sie lächelte immer scheu und sah einsam und resigniert aus, ihr Leben war bereits vorbei, befleckt. Auch wenn es nicht »anständig« war, ein Mädchen »sitzenzulassen«, so war es für den Erzeuger doch noch lange nicht so verheerend wie für die junge Mutter. Sie war unmoralisch und »schwach geworden«; er hatte nur getan, was ihm die »Natur« diktierte.

Und immer noch wachsen Millionen junger Mädchen heran, die glauben, daß kein Weg daran vorbeiführt, dem Ruf der Natur – ihrer eigenen und der männlichen – ungeschützt und unpräpariert zu folgen. Daß Teenager Sex mit 13, 14, 15 Jahren haben, mag für manche zwar schockierend sein, ist aber heute die Norm. Die Anreize kommen von außen und von innen. Permanente Sex-Berieselung aus TV und Zeitschriften, der Druck von Gleichaltrigen, zerrüttete Familienverhältnisse, Suche nach Wärme, Minderwertigkeitsgefühle und natürlich die Hormone, die verrückt spielen.

Aus einem Mangel an Eigenverantwortung und dem fehlenden Wunsch nach Kontrolle und Selbstbestimmung lassen sich viele junge Mädchen mit den magischen Worten vollquatschen, die ihnen die Scheu vor Sex nehmen. Sie haben nichts entgegenzusetzen und fügen sich schicksalhaft in Schwangerschaften, auch wenn sie erst 16 sind. Sexualität ist für sie keine persönliche Ausdrucksform, die Forderungen enthalten darf, oder ein Nebenprodukt von Liebe, Zuneigung und Attraktion, sondern die erste, oft sogar einzige Stufe zum Schicksal der Frau: eine gebärende, triebgebundene Kreatur, deren Beitrag zur Welt ein brüllendes Bündel ist. Mädchen haben oft einen fatalistischen Unsinn im Kopf. »Wenn man alt genug für Sex ist, dann ist man auch alt genug, die Konsequenzen einer Schwangerschaft zu tragen«, ist ein leider typischer Spruch von Teenagern, einer Gruppe, die sich stark gegen Abtreibungen äußert. Wenn man alt genug für Sex ist, sollte man vor allem alt genug für ausführliche Aufklärung und Verhütungsmittel sein. Doch mit der windigen Erklärung, daß großzügig und problemlos dargebotene Verhütungsmittel aus jungen Leuten haltlose Sexomanen und frühreife Lolitas machen, ziehen sich Eltern und Staat gerne aus einer scheinbar peinlichen Verantwortung.

Ich habe einmal bei einer Reportage über Mädchenbanden in Los Angeles Gelegenheit gehabt, mich eine Zeitlang mit Mädchen zwischen 13 und 18 Jahren zu unterhalten, von denen die Hälfte bereits zwischen einem und drei Kindern hatten. Nun sind das extreme Fälle, aber sie reflektieren doch ein paar allgemeine Tendenzen. Ich hatte mich immer über die extrem häufigen Teenagerschwangerschaften im puritanischen, sexbesessenen Amerika gewundert und geärgert.

Ich hatte genausowenig verstanden, warum so viele sehr junge Mädchen Kinder austragen wollten, obwohl sie keine Ausbildung und keinen Mann hatten, und es machte mich zornig, daß sie keinerlei Alternativen sahen. Dummheit, Begrenztheit und Leichtgläubigkeit dieser Banden-Mädchen nahmen mir den Atem, ihre Brutalität machte mir angst, und ihre Hoffnungslosigkeit machte mich traurig.

Diese Mädchen, die ich interviewte, hatten den denkbar schlechtesten Hintergrund, den man sich für die freie Entfaltung von Menschen vorstellen kann. Das Muster Gewalt, Unterwerfung, Resignation war schon vom Tage der Geburt an in sie eingewebt. Sie kamen aus einer frauenverachtenden Macho-Kultur (alle waren mexikanischer Abstammung), die sie als stupide Gebärmaschinen sah, hatten relativ junge, alleinstehende Mütter ohne abgeschlossene Schulbildung in unterbezahlten Jobs, und abwesende Väter, die entweder im Gefängnis saßen oder schon während der Schwangerschaft abgehauen waren. Von Kind auf hatten sie schon alles gesehen oder selber erfahren: betrunkene, prügelnde Väter und Mütter, sexuellen Mißbrauch, Alkoholismus und Drogenabhängigkeit, schwer zu heilende Brutalisierungen.

Selbst meist unerwünscht, daher wütend, verletzt, unterprivilegiert, chancenlos, ohne jegliche positive Vorbilder, schlossen sie sich zu Ersatzfamilien, den Banden, zusammen und lebten nach dem Gesetz der Straße, das ganz einfach «Überleben oder Sterben« heißt. Alle Mädchen hatten übrigens entweder schon eine Waffe in der Hand gehabt oder hatten selber eine bei sich zu Hause in der Schublade zwischen Schlüpfern und Barbie-Puppen versteckt.

Als ich mit acht Mädchen zusammensaß, konnte ich endlich die Fragen, die mir auf der Zunge brannten, loswerden. »Warum hast du ein Baby?« fragte ich die 14jährige Monica. Sie zog die Schultern hoch und grinste schief: »Ist eben so passiert.« Die anderen lachten. »Macht ihr euch keine Gedanken über Babys, bevor ihr Sex habt? Wie steht's mit Empfängnisverhütung?« fragte ich weiter. Wieder ein teilnahmsloser Blick und ein weiteres Schulterzucken: »Da denkt man in dem Moment nicht dran.« – »Und der Junge, interessiert den das nicht?« wollte ich wissen. Ein vereintes Stöhnen, Prusten und Zischen entwich allen acht Kehlen. »Das ist denen doch scheißegal. Die kriegen es ja nicht. Und wenn's dann da ist, sind sie über alle Berge«, sagte Maribel bitter. »Und warum laßt ihr das nicht mit dem Sex, wenn die Gefahr der Schwangerschaft besteht?« fragte ich weiter. Ratlose Blicke, ein Glucksen hier, ein schweres Atmen da. Stille. Auf die Frage, wie sie Männer sehen und ob sie sie mögen oder ihnen vertrauen, brach ein wildes Geschrei aus. »Hunde, die einen nur benutzen«, sagte Carmen stellvertretend für alle anderen – eifriges Kopfnicken folgte.

Trotzdem, mit den »Hunden« wird geschlafen, weil das nun mal der Lauf der Welt ist. Daß dadurch Kinder entstehen, die dann bei der Tante, Mutter oder Großmutter abgegeben werden, und die, wenn's Mädchen sind, mit aller Wahrscheinlichkeit genauso früh Mutter werden, ist selbstverständlich. Als ich dann wissen wollte, was sie von Abtreibung hielten, da meiner Meinung nach ein 13jähriges Mädchen kein Kind haben sollte, wurde vor Entrüstung noch lauter geschrien. Diese Mädchen, die mir gestanden, daß sie fast alle schon aus Spaß auf Leute geschossen hatten, straften mich mit einem strengen Blick und riefen aus: »Abtreibung ist Mord.«

Ich war verblüfft und konnte diesen verrückten Widerspruch nicht gleich verstehen. Die Angst vor Abtreibung ist so ähnlich wie die Angst vor dem Neinsagen zum Sex. Beide stellen eine Verneinung der zugeordneten Rolle dar. Dann erinnerte ich mich, daß man als junges Mädchen noch ganz andere Moralvorstellungen und Ideale hat als eine erwachsene Frau.

Wenn man so eindeutig auf das Kinderkriegen gedrillt wird, jahrelang mit Puppen spielt und die Mutter das Vorbild ist, dann kann die plötzliche Zerstörung eines solchen Idealbilds in Form einer Abtreibung bei sehr jungen Mädchen nur Empörung hervorrufen. Außerdem identifizieren sie sich mit der Wehrlosigkeit des Embryos als Opfer. Babys zu kriegen, ist oft der einzige persönliche Einsatz und die einzige Ausdrucksform, die Mädchen ohne faire Berufschancen und Lebensperspektiven haben. Hier ist Kinderkriegen eine Heilung, ein Versuch der Selbstbestimmung und infantilen Wunscherfüllung. »Ich wünsche mir für mein Kind, daß es einmal nicht so wird wie ich«, sagte Monica traurig zum Abschied. Da es eine Tochter war, standen die Chancen schlecht.

Der frühe Tod

»Keiner will glauben, daß sich ein 13jähriges Mädchen völlig allein auf der Welt fühlt.« ANNE FRANK

Mit elf Jahren fangen die meisten Mädchen an, langsam zu sterben, wenn sie all die Dinge hinter sich lassen müssen, die sie bis dahin besessen haben: eine eigene Stimme und Courage, Direktheit und einen ausgeprägten Gerechtigkeitssinn, Selbstbewußtsein und einen rebellischen Geist. Danach fängt die Rückentwicklung an, und die Mädchen verlieren Jahr um Jahr ihre Selbstsicherheit und Klarheit. Die schockierende Entdeckung ihrer weiblichen Zukunftslosigkeit trifft sie mit großer Wucht. Dann mit 15, 16 Jahren sind sie nur noch ein Schatten ihrer selbst und haben scheinbar verdrängt oder vergessen, was sie einmal wußten. Sie sind unsicher und zögernd geworden, sprechen unvollständige Sätze, die mit einem Frage- statt einem Ausrufungszeichen enden, schauen weg und wickeln sich nervös die Haare um den Finger. Der gesunde Widerstand gegen Einengung und Heuchelei ist dahin. Der Ungehorsam gegenüber Autoritäten und die berechtigte Wut darüber, daß sie weniger wert sind als Jungen, sind dann schon längst erstickt, und an ihre Stelle sind ein diffuses Gefühl der Nichtexistenz und eine unbewußte, dumpfe Trauer getreten, die die Jungen in der Form nicht haben. Die jungen Mädchen spüren sehr wohl das langsame Sterben ihrer Kraft. Es ist eine bittere Wahrheit, die zu ihrem zentralen Lebensdrama wird, mit dem sie auch als erwachsene Frauen immer wieder konfrontiert werden. Dieser Trauer über den Verlust der Chance, zu werden, wer sie hätten sein können, werden sie nie ganz entkommen. Sie ist ihr Wegbegleiter und wird in den unerwartetsten und verschiedensten Situationen – vielleicht als unerklärliche Melancholie, Todeswunsch, psychosomatische Krankheit, Passivität oder Depression maskiert – aus der Tiefe auftauchen.

Es gab bisher nur wenig ausführliche Studien über junge Mädchen. Traditionell war bis vor kurzem alles, was nach Meinung von Soziologen, Psychologen und allen möglichen Institutionen als repräsentativ und würdig gilt, über einen längeren Zeitraum beobachtet, untersucht und statistisch erfaßt zu werden, männlicher Natur. Um so aufsehenerregender war eine Mädchenstudie, die vor ein paar Jahren in Amerika veröffentlicht wurde. Dr. Carol Gilligan, Autorin des Bestsellers *Die andere Stimme* und Professorin für Erziehung an der Harvard University, fand anhand ausgiebiger Befragungen heraus, daß Mädchen als unsichere, wenig vom Leben erwartende und wenig von sich haltende Wesen aus der Pubertät hervorgehen. Auch Dr. Gilligan bemerkte immer wieder, daß Mädchen mit neun, zehn, elf Jahren in einem Moment des Widerstands leben, eine besonders klare und scharfe Vision der Dinge besitzen, ein unbestechliches Vertrauen in ihr Wissen, ihre Integrität und Beobachtungsgabe haben und von ihrer Verantwortung der Welt gegenüber überzeugt sind. Ausgerüstet mit diesen wertvollen Gaben könnten Mädchen in jede Richtung gehen und die Welt erobern. Sie aber gehen statt dessen in die Sackgasse und in das Frauengefängnis, das dort am Ende auf sie wartet – eine Isolierzelle und ein Platz der Indifferenz und des Verzichts. Es ist keine Überraschung, daß junge Menschen, denen die Gesellschaft früh klarmacht, daß ihr Platz darin engen Grenzen unterliegt, und die ihre Mütter und die Frauen in ihrer Umgebung entsprechend reden hören und agieren sehen, sehr wenig Motivation und Mut aufbringen, um sich gegen so ein allmächtiges Diktat aufzulehnen.

Eine Studie der Bielefelder Universität, die 1991 veröffentlicht wurde, fand heraus, daß Mädchen öfter Traurigkeit empfinden als Jungen (23 % gegenüber 2 %). Was den Zustand der Mädchen so bitter und traurig macht, ist, daß ihnen plötzlich ihre Unerschrockenheit und Abenteuerlust, ihr Übermut und Enthusiasmus entrissen wird. Bis zur Pubertät haben selbst Mädchen noch ein bißchen Autonomie – sie dürfen »wild« sein und »verhinderte« Jungen spielen, haben ein Selbst, das noch nicht zur Aufgabe gezwungen wurde. Es ist kein Zufall, daß die Erinnerung an die Zeit der Pubertät vielen Frauen mit besonders großer Schärfe in ihr Bewußtsein eingebrannt und mit solcher Pein verbunden ist, daß sie ungern an diese einsamen Jahre erinnert werden.

Wenn ich mir meine Kinderfotos anschaue, steigen mir manchmal die Tränen in die Augen. Was ist passiert in den Jahren zwischen Vier und 13? Welche Macht hat die einst offenen Gesichtszüge in eine leblose, unglückliche Maske verwandelt, den so biegsamen Körper in eine verhuschte Gestalt, die mit mißtrauischen Augen, linkisch versteckten Händen und seltsam verzerrtem, zaghaftem Lächeln ein Sinnbild der Selbstentfremdung ist? Ich war als Dreijährige frech, vergnügt, verschmitzt und neugierig. Auf Fotos baute ich mich gerne vorne vor allen Erwachsenen auf, breitbeinig, fest im Boden verwurzelt, als gehöre mir die Welt, auf dem pausbäckigen Gesicht ein breites Siegergrinsen – kurze Momente des Einklangs mit der Natur, der Umwelt. Ich schien noch im Besitz des frischen Lebens, umgeben von einem Hauch von Freiheit und Authentizität, bevor die Werkzeuge der Eltern alles Vorstehende und Lebendige abhobelten.

In den Jahren darauf nahm mein Gesicht mehr und mehr einen nach innen gekehrten, abwehrenden Ausdruck an, Traurigkeit in den Augenwinkeln, Trotz auf der Unterlippe, Rachegelüste im Herzen. Ich mußte mich beschützen, mir ein Versteck suchen, denn die Erwachsenen, diese Rückgratbrecher, waren mir auf der Spur, schnüffelnd, erbarmungslos, ohne Verständnis. Wo hat sie sich versteckt? Was denkt sie? Warum benimmt sie sich so und nicht anders, das ist nicht normal, ein schwieriges Kind, eigensinnig, vorlaut, kühl, das werden wir schon hinbiegen, so kriegst du bestimmt keinen Mann.

Mit 14 Jahren war mir nicht nur das Lachen vergangen, sondern es hatte mir auch die Sprache verschlagen. Ich, der ehemalige Familienclown, die »Lütte Deern«, die mit drei Jahren unbekümmert laute Schlager gegen ein paar Groschen vorsang, das ehemals ungestüme, selbstbewußte Mädchen, das gerne und viel redete und über alles eine Meinung hatte, ging ins innere Exil und wurde ein wortkarger Teenager, der jahrelang zu Hause nur nickte oder mit dem Kopf schüttelte – von sporadischen Empörungsausbrüchen einmal abgesehen. Die anfängliche Begeisterung meines Vaters über seine originelle Tochter schlug um in offene Enttäuschung, ja, Feindseligkeit gegenüber dem rätselhaften, aufsässigen, unzugänglichen Mädchen mit den kurzgeschorenen Haaren. Aber mir wurden keine Fragen gestellt, und das war mir nur recht. Meine wirklichen Gefühle und mein wirkliches Selbst, feurig, gerecht und rein, wie ich fand, behielt ich für mich. Sie waren zu fragil und zu kostbar, um sie den mörderisch kalten Blicken der Erwachsenen auszusetzen.

Mädchen haben von früh auf ein Geheimnis und ein Versteck, das mit kostbaren Schätzen gefüllt ist. Sie müssen ihr Selbst verstecken, ihre Ambitionen und Aggressionen, ihre Intelligenz, ihre Lust und Vitalität, ihre Freiheitsliebe und Kühnheit. Die aufgezwungene Anpassung, unter der vieles Lebendige zerbrökkelt und in die starre Struktur der Konventionalität gepreßt wird, ist der gewöhnliche Beginn der Laufbahn eines Mädchens. Aber »konventionell« gemachte Menschen haben keine Macht, keine Ziele, keine Ideale, keine Visionen, keinen Einfluß.

Erwachsene, die die Vernichtung alles Lebendigen in sich selbst so erfolgreich abgeschlossen haben, daß ihnen junge Menschen wie irritierende, wilde kleine Tiere vorkommen, die gezähmt und an die Leine genommen werden müssen, legen eine zynische Härte gegenüber Heranwachsenden an den Tag. Die »jugendliche Krise«, der Übermut und die sogenannte Überempfindlichkeit – die natürlich gar keine ist, sondern nur so erscheint, weil die Erwachsenen an Unterempfindlichkeit leiden – werden schon bald vorbeigehen, wenn nicht auf »natürlichem« Wege, dann wird sie den jungen Mädchen schon ausgetrieben werden. Der Kampf gegen das elterliche Establishment überfordert die meisten Mädchen, und so finden sie sich entmutigt und ergebungsvoll mit ihrem Halbleben zwischen Steifftieren und

Walkman ab. Junge Mädchen sind zwar stolz, aber dieser Stolz wird gebrochen, und sie werden in die Niederlage gedrängt. So werden aus jungen Löwinnen Mäuse gemacht.

Ja, sie haben es sogar eilig mit dieser bedauernswerten Metamorphose. Die Eile, mit der ein Mädchen der Vollkommenheit der abgetöteten Gefühle entgegenstrebt, reflektiert das Unbehagen mit dem Zustand der Freiheit, der, wie sie weiß, sowieso nicht allzulange anhalten wird, weil der weibliche Kerker schon wartet. Die Gitterstäbe sind so sorgsam und kleidsam getarnt, daß die Insassin sich beschützt statt eingesperrt glaubt. Sie möchte schnell und schmerzlos in die Sicherheit eintauchen und die kurze, verführerische Erfahrung des Abenteuers, eine autonome Persönlichkeit zu sein, vergessen, bevor sie zu einer spannenden Herausforderung wird. Denn sonst würde man möglicherweise Blut lecken und Gefallen an seiner eigenen Kraft und den schöpferischen Momenten finden – doch der Anschluß an das Frauenschicksal könnte verpaßt werden, und man würde nirgendwo mehr hingehören, nicht mehr einzuordnen und daher nicht mehr vermarktbar, allerdings auch nicht mehr so leicht unterdrückbar sein.

In jungen Mädchengesichtern entdeckt man die wahnsinnige Verletzlichkeit, das Mißtrauen, die Bitte um Schonung, den Anflug von Rebellion in den letzten Zügen. Davor ist das Lachen. Das Lachen von Teenagern ist wie das von Hyänen, schrill, unangenehm, hysterisch, hemmungslos. Sie lachen und kreischen sich die Angst weg, machen sich laut, unüberhörbar. Es ist das verrückte Lachen vor der Exekution, ein letztes Aufbäumen der Todeskandidatinnen. Dieser halsbrecherische Sprung von der Adoleszenz zum Erwachsensein ist wie der flügellose Fall von einer Felsklippe in einen dunklen Abgrund. Das ist der Moment, wenn sie ihre eigene Impotenz erkennen, ihr Federgewicht, ihre Begrenzung, ihre Unvollkommenheit, ihre Unwichtigkeit, verglichen mit der von Jungen.

In die Zeit der größten Konflikte und der Erkenntnis der Machtlosigkeit fällt, als deren Konfirmation und fataler Wegweiser, der Eintritt der Menstruation. Diese reißt das junge Mädchen aus dem geliebten/gehaßten Zustand der Androgynität und auch aus ihren Freiheitsphantasien von einem »männlichen«, unabhängigen, abenteuerlichen Leben heraus. Die Menstruation mit ihrer schicksalhaften Unentrinnbarkeit markiert nicht nur das Ende dieses Traums, sondern auch den Anfang einer ständigen körperlichen Erinnerung an ihr Geschlecht und ihre Verpflichtung zur Reproduktion. Der Körper, nicht die Seele, zeigt ihr mit monatlichen Blutungen die Wahrheit über die Frauen. Es ist, als fände eine unselige Übergabe statt – die geistige Reife wird gegen die geschlechtliche eingetauscht, weil sich die verwirrende und abstoßende Welt der Hormone und Eierstöcke schlecht mit mutigen Ideen und intellektuellem Forschungsdrang verträgt.

Jetzt drängt auch wieder eine andere manipulierende Macht ins Leben: die Mutter. Das junge Mädchen kann sich nicht mehr so erfolgreich von der Mutter abgrenzen, den Jungen hervorkehren, so wie es in den ersten zehn Lebensjahren möglich war – Menstruation wirkt wie eine Schablone, die Mutter und Tochter ohne Frage zum gleichen Geschlecht machen. Die Menstruation ihrer Töchter wird von Müttern gerne als Beweis symbiotischer Nähe, zwillingsmäßiger Identität und Intimität benutzt. Jetzt gehört das Mädchen wieder ganz der Mutter und wird Schritt für Schritt für ihr weibliches Leben und den Männerfang ausgebildet.

Ich selber empfand keine Eile, mich mit den offensichtlichen Zeichen der Reife zum Frauentum zu bekennen. Da paßte es ganz gut, daß ich zu den unaufgeklärten jungen Mädchen gehörte. Als ich meine Periode kriegte, war ich um die 14 und sowohl überrascht als unangenehm berührt, auch wenn ich eine vage Vorstellung davon hatte, was dieses Ziehen im Unterleib sein könnte. Ich hatte eine ältere Schwester, die einmal im Monat hinter der abgeschlossenen Badezimmertür geheimnisvoll mit »Camelia«-Schachteln herumhantierte (ich guckte durchs Schlüsselloch).

Mit der Menstruation kommt auch die Scham, weil sie das leidige Angekettetsein an den Körper einleitet – und das ist schon wieder eine Niederlage. Ich behielt das unschöne Geheimnis für mich, was mir seltsamerweise gelang, denn keiner fragte mich danach. Ich erschummelte mir dadurch ein paar Jahre mehr Freiheit und Distanz von meiner kontrollierenden Mutter. Sie konnte mir mit ihrer Sucht nach Nähe nicht auf den Leib rücken, da ich mich ihr durch das Schweigen über mein Frausein entzog.

Mädchen haben von früh auf Trennungsängste. Das hat nichts mit ihrem Geschlecht zu tun, sondern mit ihren Müttern, die sie bereits von kleinauf wissen lassen, daß der beste Platz ganz dicht bei Mami ist und jede körperliche und psychische Abwendung von ihr mit schmollender Wut und Liebesentzug bestraft wird. Weibliche Identität ist Intimität. Jungen werden geschubst: »Geh' schon! Gewinne Freunde! Kämpfe! Verteidige dich!« Mädchen werden zurückgehalten: »Geh nicht zu weit weg! Paß auf! Sei nicht zu wild!« Später sagt die Mutter dann plötzlich: »Geh raus, geh aus mit Hans-Joachim oder Torsten!« – vielleicht will er dich eines Tages heiraten.

Ohnmacht spüren Mädchen am stärksten, wenn zum ersten Mal in ihrem Leben Sexualität eine Rolle spielt. Ein anderes Geschlecht, ein männliches Wesen, will plötzlich etwas von dir und geht ganz direkt an die Sache heran. Jungen zeigen ihre Wünsche, machen eindeutige Gesten, schießen verlangende Blicke in sich schnell senkende Augen. Ihre Begierde und Lust scheinen so viel direkter, größer, wichtiger und unaufschiebbarer als alles, was wir fühlen; unsere Empfindungen kommen uns bereits verkleinert, entkräftet, unwichtig vor. Was wir *nicht* möchten, ist genauso unwichtig, wie das, *was* wir möchten.

Wir hatten Heiko Hinrichsen in der Klasse – ah, der Schwarm aller Mädchen – blond, hellblaue Katzenaugen, groß, schlank, gewandt. Heiko war verrückt nach mir, seit ich zwölf Jahre alt war, das war ganz deutlich, denn er verbarg seine für einen so jungen Mann beachtlich laszive Anmache keineswegs vor mir und der Klasse. Im Gegenteil. Ich saß über Jahre einem mich anstarrenden, hübschen Jungen gegenüber (wir hatten eine moderne, kreisförmige Sitzordnung), der mir zuzwinkerte, die Lippen mal spitzte, sie sich mal leckte, die Zunge ein Stückchen heraushielt und obendrein keine Gelegenheit ausließ, mich anzufassen, anzurempeln und anzügliche Bemerkungen zu machen. Und ich? Ich tat so, als würde ich das alles gar nicht merken. Auf meinem Gesicht fror ein Dauerausdruck von Arroganz, Scham, Angst, doch auch Genugtuung und ein gewisser Stolz, die Auserwählte zu sein. Ich mochte ihn sehr, und das war mir unheimlich. Wehe, wenn er zu freundlich zu einem anderen Mädchen war. Dann wurden von mir Koketterie, leichtes Flirten und die Art Verführungsversuche eingesetzt, die, wenn sie in Taten auszuarten gedroht hätten, empört zurückgewiesen worden wären.

Warum ich Heiko nie vergessen habe? Weil er mich so frech, direkt und fordernd anstarrte, mich wollte, in dieser unverstellten Art. Ich beneidete ihn darum und wünschte, ich hätte das gekonnt. Ich wäre auf dem Gebiet gerne Eroberin und Siegerin gewesen, ein weiblicher Don Juan, doch ich war lediglich geistig unerschrocken, und so blieb mir nur das weibliche Zungen-Florettfechten, das ich immer gewann.

Ganz anders Beate Piontek. Hatten wir nicht alle mindestens ein Mädchen in der Klasse, das entweder einen großen Busen hatte oder schamlos mit Jungen flirtete oder beides? Und war sie nicht unten durch, eine Schlampe, billig, flittchenhaft, während wir sie auch wieder bewunderten? Was wir damals nicht wußten, war, daß sie uns einen großen Dienst erwies, indem sie stellvertretend für uns ein Benehmen ausprobierte, für das wir selber viel zu prüde und feige waren. Beate, das Arbeiterkind, war zwar einmal sitzengeblieben und schrieb in den meisten Fächern eine Vier, war aber apart, dunkel, flirtig, frühreif, liebenswert und kam aus »schwierigen Verhältnissen«, wie man damals sagte. Sie trat einen Schritt vor aus der schnatternden, symbiotischen Schar von quietschenden Teenagern, wagte, sich einem der gefährlichsten Gefühle zu stellen: Sexualität. Daß sie dafür mit Verachtung von uns gestraft wurde, weil sie uns in unseren Augen in den Rücken gefallen war, zeigt das heuchlerische, kleinbürgerliche Getue, die doppelte Moral, die schon sehr junge Mädchen aus »gutem Hause« draufhaben konnten.

Als ich ein kleines Mädchen war, in den fünfziger Jahren, entsprachen wir dem unverwechselbaren Bild des typischen Mädchens seit Jahrzehnten. Wir hatten Schulranzen und Schiefertafeln, trugen noch Zöpfe, Affenschaukel und Käthe-Kruse-Puppe-Ponyfrisuren, bunte Baumwollkleider mit großen Schleifen im Rücken gebunden, gestärkt und gebügelt, oder Ringelpullis und Popeline-Shorts. Die »Anderen«, die Jungen, waren nicht weniger klassische Prototypen ihres Geschlechts: mit ihren sauberen Scheiteln und Meckifrisuren, Lederhosen, Anoraks und braunen Ledersandalen. Mädchen hießen Gabi, Helga, Waltraud und Gerda. Jungen hießen Dieter, Hartmut, Manfred und Jochen. Mädchen waren »doofe Ziegen«, »Heulsusen« und »alberne Gänse«, Jungen einfach »Rüpel«, »Rotzlöffel«, »Banausen« und »Lümmel«. Die Mädchen flüsterten, zierten sich und zogen sich zurück. Die Jungen prahlten, grölten und preschten vor.

Auch die Spiele waren aufgeteilt. Jungen spielten Krieg, Cowboy und Indianer, waren Anführer, Kapitäne, Piraten. Mädchen spielten mit Puppen, warfen Bälle, machten Handstand an der Hauswand (nur mit Turnhose), hüpften durch Seile und waren Muttis, Krankenschwestern oder auch Prinzessinnen. Mädchen hatten Rollschuhe und die Jungen Räder. Die Überlegenheit war eindeutig. Ein Junge und sein Rad, das war wie ein Mann und sein Pferd. Er saß darauf, konnte es zwischen seinen Schenkeln lenken, ganz Herrscher, es irgendwo abstellen und anketten, mit ihm Schleifen drehen oder freihändig fahren, andere Jungen verfolgen oder geheime Waldwege erkunden. Mit Rollschuhen hatte man zwar acht kleine Räder an den Füßen (aus Eisen!), aber sie waren mehr eine Behinderung, denn man war an geplättete, domestizierte Wege gebunden.

Ich traute Jungen überhaupt nicht, vielleicht kommt es daher, daß ich keinen Bruder hatte. Ich hätte gerne einen großen Bruder gehabt, damit er andere Jungen verkloppen konnte, wenn sie mich ärgerten. Dazu schienen sie auf der Welt zu sein. Sie machten dumme Bemerkungen, hoben einem das Kleid hoch und hatten eine perverse Freude daran, mir meinen roten Nylonball wegzunehmen. Sicher, man aß mal gemeinsam ein Wurstbrot am Straßenrand und nahm dankend einen kleinen Berg Brausepulver auf der Handfläche entgegen, spielte zusammen eine Runde Völkerball oder Schlagball und Verstecken, aber die Spiele endeten oft mit Unstimmigkeiten. Wenn Jungen auf der Straße beim Spielen »gemein« waren, brachen die Mädchen meistens in Tränen aus und riefen schluchzend: »Ich spiel' nicht mehr mit« und rannten beleidigt weg. Sie mochten sich nicht verteidigen oder eine Spielregel anzweifeln oder gar umwerfen, sie hatten keine Ausdauer und wurden schnell mutlos. Ihre eigenen Spiele waren eher einfach und fließend, entstanden aus dem Moment des Beisammenseins, hatten kein festgesetztes Ziel und auch keinen Sieg.

Mädchen und Jungen unterhielten sich nicht zusammen und waren auch nicht eng befreundet, dafür sorgten schon Eltern, Nachbarn und andere Kinder. Saß man mal mit einem Jungen auf der Treppe vor der Haustür, gab es hämisches Grinsen von den anderen Jungen, blödes Kichern von den Mädchen, was jede zarte Annäherung unterband. Es gab scheinbar nichts Peinlicheres für einen sagen wir mal elfjährigen Jungen, als mit einem Mädchen (oder beim Heulen) erwischt zu werden. »Oh, der spielt mit Mädchen«, war ein oft geäußerter Satz in dieser Zeit. Jungen und Mädchen waren zwei Kontinente, die ein Ozean trennte und die nicht zueinander kommen konnten, genauso wie die zwei Königskinder in dem Lied, auch wenn sie sich heimlich nacheinander sehnten und aufeinander neugierig waren.

Ich mochte Harald sehr gerne, einen Neffen von Fräulein Hoffmann, der Lehrerin, die über uns wohnte. Er hatte hübsche, gebräunte Muskeln an Armen und Beinen, ernste Augen und hellbraunes Haar. Unsere Zusammenkünfte wurden natürlich als zufällig hingedreht – man verabredete sich nicht mit Jungen – und bestanden aus Verlegenheit, Füßeschurren und Wortfetzen. Er war das, was man heute als sensibel bezeichnet, und ich glaube, wenn ich den Mut gehabt hätte, mich ihm zu öffnen, hätte ich einen wirklichen Freund gewonnen.

Der andere nette Junge war mein Cousin Andreas, drei Jahre älter als ich, und als einziger Junge in einer Truppe von Schwestern und Cousinen der Hahn im Korb. Er trug abgewetzte Lederhosen, kletterte auf Bäume, hatte Bindfaden, Krampen, ein Taschenmesser, Nägel und Angelhaken in der Hosentasche, so wie es sich halt für einen Jungen gehörte. Er spielte zwar nie mit mir und meiner Schwester, genausowenig wie mit seinen Schwestern, aber es war beruhigend, jemanden zu haben, der einen über Kaulquappen, lahme Krähen, Fischköder und die Wichtigkeit von Maikäfern aufklären konnte.

Ich wußte nur eins, ich mochte Jungen heimlich ganz gerne, aber ich wollte mir von ihnen nichts gefallen lassen. Mich sollten sie weder einschüchtern noch beeindrucken. Gut für mich, daß ich vorlaut und frech war. Ich bin dadurch vielleicht empfindlichen Herabsetzungen entgangen. Ich glaube, ich hatte heimlich ihren Respekt, denn ich war wohl irgendwie ein recht hübsches kleines Mädchen, und es gab immer ein, zwei Nachbarjungen, inklusive eines glutäugigen Zigeuners, die mich mit ihren Blikken verfolgten. Unausweichliche Lektion für das festgelegte »weibliche« Bewußtsein: wenn man hübsch ist, kann man sich mehr herausnehmen.

Obwohl ich auf der Straße mit Jungen zusammen aufgewachsen und später elf Jahre lang mit ihnen zur Schule gegangen bin, wirklich kennengelernt habe ich nie einen. In dieser früh gelenkten Trennung der Geschlechter und der daraus resultierenden Isolation und Einsamkeit, die tief im Innern von beiden irgendwann einmal empfunden werden, sind gewiß ernsthafte Verletzungen des Identitäts- und Selbstwertgefühls die Folge. Für Mädchen sind diese frühen Wunden bedeutsamer und auch schwieriger zu heilen als für Jungen, die immer Ersatzhandlungen für die Entfremdung vom anderen Geschlecht erfinden. Diese Ablenkungsakte, später getarnt als Karriere, scheinen ihnen gut zu gelingen.

Man durchschaut sehr wohl als junges Mädchen, daß die traditionelle Mutter eine zukunftslose Person ist, die bereits alles, was ein Frauenleben ausmacht, hinter sich hat, und der Vater ein eingebildeter Tyrann, der auf einem unrechtmäßigen Thron sitzt. Doch während junge Mädchen diese ziemlich traurigen Fakten registrieren und intuitiv richtig einordnen, haben die meisten bereits das Vertrauen in ihre Gefühle und Urteilskraft verloren. Angesichts der scheinbaren Unabänderlichkeit der beobachteten Verhältnisse können sie sich nur noch in Resignation flüchten – oder in wilde Wut. Ich schwor, mir nie die Rolle der schuldigen Sklavin aufzwingen zu lassen und meiner Karriere, was auch immer sie sein würde, irgend etwas zu opfern.

Es gab für mich ab einem bestimmten Alter, so um die 15, 16 Jahre, drei Berufe, eigentlich waren es mehr Zustände, die mir tiefes Unbehagen und größtes Mißtrauen einflößten: Hausfrau, Mutter und Ehefrau. Die Heilige Dreieinigkeit, die scheinbar ein Frauenleben bestimmte und vor der es kaum ein Entrinnen gab. Alle drei waren auf etwas aufgebaut, gegen das ich mich heftig sträubte und von dem ich mir einfach nicht vorstellen konnte, daß es in meinem Leben einen Platz haben sollte: Verzicht, Selbstverleugnung und Unterwürfigkeit.

Aufgewachsen unter dem nicht ausgesprochenen, aber trotzdem empfundenen Verdikt, daß Mädchen weniger wert sind und weniger können als Jungen, plante ich doch, diese Ungeheuerlichkeit als Lüge zu entlarven und das Gegenteil zu beweisen. Ich beobachtete meine Umgebung und entdeckte: Frauen behielten ihr Wissen für sich. Sie schienen hinter ihrer anbiedernden, gefälligen Maske vernünftiger, schneller und spontaner, herzlicher, witziger, leidenschaftlicher und alles in allem praktischer zu sein als Männer. Ich wußte meine Lebensaufgabe sofort. Mein Wissen – und ich hatte vor, mir alles zu greifen und anzueignen, was mir über den Weg lief – würde ich jedenfalls nicht für mich behalten. Nur gehörte ich zu einer Randgruppe von aufsässigen Teenagern, denen versichert wurde, daß der Zustand des Erwachsenseins gleichzeitig den Segen der Angepaßtheit und der Stummheit mit sich bringen würde.

Ich hatte bald ein Geheimnis, über das ich nie sprach – mit wem auch? –, denn es war tollkühn, unbescheiden und, ja, sogar abstoßend und »unweiblich«: Ich wollte mich selber zur Hauptperson in meinem Leben machen, die Heldin in meiner eigenen Legende werden und wichtige Dinge in der Welt tun, die Intelligenz und Mut erforderten. Ich wollte Spuren in der erzwungenen Öde der mondlandschaftsähnlichen Frauenwelt hinterlassen wie ein Mann, egal welche: Fußspuren, Wortspuren, Musikspuren, Farbspuren, Filmspuren – Menschenspuren. Ich wollte um keinen Preis mich versklaven und mundtot machen lassen und eine Frauenkarikatur mit chloroformiertem Geist werden. Von diesem Vorhaben sollte mich keiner abbringen können, und keiner sollte daher einen Vortritt erhalten, schon gar nicht ein Mann. Ich habe mich später wohl hin und wieder verstellt, aber das mit dem Vortritt habe ich durchgehalten, und es hat mich einige Männer gekostet.

Daß die Ehefrau ein untergeordnetes Wesen ohne Rechte war und ihr ganz automatisch immer irgendeine Schuld zukam, die sie zur Behinderung, zur Last und zum Sündenbock machte, galt bei uns zu Hause als selbstverständlich. Es ging nach der gutbürgerlichen Hackordnung zu. Mein Vater war der unangefochtene Herrscher, nach dessen Launen und Bedürfnissen wir uns zu richten hatten, eine grandiose Position, die durch zwei Tatsachen gerechtfertigt schien: er verdiente das Geld, und er war ein Mann. Seine Frustrationen und persönlichen Mißerfolge, die immer etwas damit zu tun hatten, daß er nicht die Berühmtheit erlangte, die ihm seiner Meinung nach zustand (er war neben seinem Beruf als Werbedirektor auch Schlagerkomponist), ließ er an meiner Mutter aus, die angeblich durch ihre ständigen Nörgeleien schuld an der Dürre seiner künstlerischen Versuche war. Sie wiederum war unbewußt sehr bitter darüber, daß sie für ihn und ihre Kinder eine knospende Karriere als Modezeichnerin aufgegeben hatte, und ließ ihre Frustration an ihren beiden Töchtern aus.

Wann macht sich bei einem jungen Mädchen zum ersten Mal ein bestimmter Gedankengang bemerkbar, der die Möglichkeit einer Wahl in Betracht zieht? Ganz sicherlich in dem Moment, in dem es die Chance hat, ein Selbstbewußtsein und die Überzeugung, Talent und Intelligenz zu besitzen, zu entwickeln. Ich hatte einen recht unbekümmerten Glauben – ohne Beweise von Genie zu liefern –, daß ich für höhere Dinge bestimmt war. Vielleicht war in meine Gene ganz einfach der sorglose Mut einer umstürzlerischen Geisteshaltung und ein kritisches Sehvermögen einprogrammiert. Selbst meine pubertäre Unsicherheit und lange Identitätsjagd schienen mir nie ganz den Sinn für Wahrheit genommen zu haben.

Obwohl mein Vater mich günstigerweise in meinem Vorhaben, nicht den Mund zu halten und auf einer Meinung zu bestehen, theoretisch bestärkte, wurde ich schnell zum schwarzen Schaf der Familie und handelte mir für mein sprödes, trotziges, unbiegsames Verhalten viel lieb- und verständnislose Behandlung von meinen Eltern ein. Die mit vorausschaubarer Häufigkeit eintretenden Bemerkungen von Verwandten und Bekannten meiner Eltern, die mir jedesmal versicherten, wenn ich ihre Perlen der Weisheit für mich nicht akzeptierte, daß ich erst mal so alt wie sie werden sollte, dann würde ich genauso wie sie denken, erfüllten mich mit Widerspruch und Abscheu.

Es gab nichts, was ich imitieren wollte, ganz besonders nicht die Frauen um mich herum. Ich war von »femininen« Frauen umzingelt. Kein Wunder, denn die fünfziger Jahre waren die Ära der schmalen Taillen, weitschwingenden Röcke, wattierten Büstenhalter, Strapse und engen Pullis. Eine Zeit, in der die einzige »Frauenbewegung« war, die Dauerwellen geradezurücken und die Cocktailschürze abzubinden, bevor Papi an der Haustür klingelte und nach dem Abendessen fragte.

Ich hatte von dem Moment an ein ernstes Problem mit »Weiblichkeit«, als sie von mir verlangt wurde, so um die 14, 15 Jahre. »Sabine hat kein bißchen Charme«, bemerkte mein Vater eines Tages in seiner von keinerlei Feingefühl belasteten Art, und das war anscheinend fürchterlich. Ich fand zuviel »Charme« oder das, was mein Vater dafür hielt, verdächtig und setzte ihn mit Anbiederung, Rückgratlosigkeit und affigem Benehmen gleich.

Mein Vater, ein Charmeur alter Schule, küßte Frauen gern die Hand, was sie mit Entzücken und größter Dankbarkeit über sich ergehen ließen. Meine Mutter war die personifizierte »Weiblichkeit« schlechthin und besaß in großem Überfluß, was man »natürlichen Charme« nannte, den sie täglich und erfolgreich in allen möglichen Situationen einsetzte. Die einzige Situation, in der ihr letztendlich beides nichts nutzte, war in ihrer Ehe und dem lebenslangen Kampf um Unabhängigkeit, in dem sie erst durch die Trennung von meinem Vater als 58jährige endlich eine Runde gewann. Ich sah schon sehr früh, wohin einen zuviel Charme, Weiblichkeit und Fügsamkeit bringen konnte: in die Küche und unter die Fuchtel eines Mannes.

Trotz der Trauer, die man über ihr Schicksal empfinden, und der Enttäuschung, die ein fehlendes Vorbild hervorrufen kann, hat es seinen Vorteil, eine traditionelle, berufslose Mutter zu haben, die um Haushaltsgeld betteln mußte. Durch ihre persönliche Tragik hat meine Mutter mir einen unschätzbaren Dienst erwiesen, denn sie zeigte mir in unermüdlicher, täglicher Wiederholung all das, was ich in meinem Leben vermeiden wollte. Sie war stolz auf ihr schmuckes Heim, ihren ungemein gutaussehenden Ehemann, ihre elegante Garderobe und ihre hübschen, wohlerzogenen Mädchen. Das war alles hauptsächlich ihr Werk. Doch ihre Schätze, die sie vor uns ausbreitete, schienen mir aus blutigen Perlen und billigem Rauschgold zu sein, es waren Prinzessinnenschätze, deren Wert vor einer Ewigkeit festgesetzt worden war. Für Frauengehorsam gibt es Männerbelohnungen, und da war ja auch der falsche Prinz, ein Betrüger zwar, aber eben ein Prinz, hergestellt in jahrhundertelanger geschickter Kleinarbeit, der nach Ansicht meiner Mutter all den Selbstbetrug und den Verzicht auf die eigene Krone wert war.

Ich selber glaubte als junges Mädchen durchaus an Prinzen und »den Richtigen«, auch wenn er in meiner Phantasie ein Schattenmann ohne Gesicht und individuelle Eigenschaften war. Aber selbst diese vage Vorstellung verblaßte von Jahr zu Jahr und Mann zu Mann, bis nur noch ich selber zurückblieb, eine andere Art von Dornröschen, eine mit einer aggressiven

Disposition und dornigen Ideen, die nicht von einem Mann ausgejätet werden konnten. Trotz der Sehnsucht nach einer großen Liebe, die allen Schmerz auslöscht, hatte ich eine dunkle, nicht nur erleichternd stimmende Ahnung, daß es ein Element in mir gab, das sich nicht mit einem weißen Kleid und Schleier beruhigen lassen würde.

Ich erinnere mich noch sehr genau an die erste Hochzeit, an der ich als Erwachsene teilnahm. Ich war 19 Jahre alt und Reporterin bei einer Zeitung, was mich glücklich, aufgeregt und stolz machte, verdiente mein erstes eigenes Geld und wohnte endlich allein. Ich stand vor der Tür einer schillernden, neuen Welt ohne Eltern, durch die ich nur hindurchschreiten mußte – den Türgriff hatte ich schon in der Hand. Die Braut war genauso alt wie ich. Sie kam aus einem neureichen Hause, und man war bemüht, sich dem Diktat der gehobenen Gesellschaft zu beugen. Wie meine Mutter mir mit einem gewissen verschwörerischen Unterton verriet, »mußte« sie heiraten, denn man schrieb 1965, und sie war schwanger.

In frecher, kurzer Kleidung, die hochgezogene Augenbrauen provozierte, und frecher Laune, weil ich nicht die Braut war, ging ich zur Hochzeit und spürte sofort den Hauch des Todes, der mir von der blassen, unglücklichen Braut, ihrem hilflosen, linkischen Bräutigam und den vor falschem Entzücken und heuchlerischer Glückseligkeit bebenden Gästen und Eltern entgegenschlug. Ich hatte das Gefühl, als wohnte ich einer als Hochzeit getarnten Beerdigung oder einem Prozeß bei. Die Braut war eine Gefangene, die in Handschellen abgeführt und zu lebenslangem Ehegefängnis verurteilt wurde, wobei die Kirche der Kläger, die Eltern die Belastungszeugen und die Gäste die schadenfrohen Schöffen waren. Ich war erschrocken, mir tat die Braut leid, und ich fühlte unbändige Erleichterung über meine Freiheit.

Früher fand ich Frauen, die so alt wie meine Mutter waren und keine Kinder hatten, wahnsinnig interessant. In den fünfziger Jahren waren Frauen ohne Kinder etwas sehr Seltsames, ja Anstößiges. Waren sie nicht zu bedauern, diese kinderlosen Kreaturen, die, obwohl zu Hause gefangen wie meine Mutter, nicht einmal Kinder zu bekochen und zu erziehen hatten, sondern lediglich die langsam dahinstreichenden Stunden mit dem Warten auf den Ehemann verbringen mußten? In unserer Bekanntschaft gab es ein paar kinderlose Frauen, und wenn über sie gesprochen wurde, dann mit einem Unterton größten Mitleids. Ich fragte dann natürlich: »Mami, warum hat die keine Kinder?«, was sich so ähnlich anhörte wie: »Warum hat die keine Nase?« Die Antwort war immer: »Sie kann keine kriegen.« Damit gab ich mich zufrieden, denn es handelte sich doch bei Kindern um so etwas wie eine automatische Zuteilung. Den Satz: »Sie wollte keine« hörte ich nie. Das wäre ja gleichbedeutend gewesen mit »sie haßt Kinder« – und man haßte offiziell keine Kinder in diesen gebärfreudigen Jahrzehnten.

Als ich zwölf Jahre alt war, deutete natürlich noch nichts darauf hin, daß ich einmal der traditionellen Frauenrolle entwischen würde. Ich liebte Puppen, Stöckelschuhe und schöne Kleider. Außerdem gehörte ich zu den privilegierten Kindern, die (aufgrund der Tätigkeit meines Vaters beim Axel Springer Verlag) in den Besitz einer der ersten Barbie-Puppen kam. Sie war damals das Maskottchen der »Bild«-Zeitung und wurde »Lilli« genannt. Ihr Busen und ihre knielosen Keulenbeine beeindruckten mich mächtig.

Diese scheußlichen, mißgestalteten Plastikwesen sind leider ein nicht mehr wegzudenkender Mädchenklassiker geworden, der in ihre Köpfe hämmert, daß die Formen die Inhalte des Lebens bestimmen und nicht umgekehrt. Barbie-Puppen sind eine neuere Form der alten Wahrheit, daß der Körper das Universum der Frau ist, mit dem sie lockt und gebärt. Sie benutzt ihn wie ein Werkzeug. Denn es ist ihr Körper und nicht ihr Geist, der ihr all die Dinge im Leben verschafft, die sie sich am meisten wünscht: einen Mann und Kinder. Doch erst einmal leidet sie unter ihm. Mädchen lernen nämlich sehr früh, ihre negativen Gefühle mit dem Körper auszudrücken, wie ebenfalls die Bielefelder Studie zeigt.

Heraus kam, daß Mädchen sich in ihrer Haut weit weniger wohl fühlen als Jungen. Das äußert sich in psychosomatischen Störungen wie Nervosität, Kopfschmerzen und Magenbeschwerden. Dazu kommt ein geringeres Selbstwertgefühl und Selbstbewußtsein, was dazu führt, daß sich Mädchen häufig als »überflüssig« und »unwichtig« empfinden, unzufrieden sind und sich wünschen, »anders« zu sein.

Die Einsamkeit und Hoffnungslosigkeit, die viele junge Mädchen empfinden, ist so überwältigend und stark, daß sie oft nur noch im Suizid, dessen Rate unter Jugendlichen sehr hoch ist, den letzten Ausweg sehen. Es ist ein trauriges Indiz für die Gesellschaft und ein Armutszeugnis für Eltern und Lehrer, weder die Zeichen der Verzweiflung lesen noch die Verhältnisse schaffen zu können, die einem jungen Menschen das Leben als kostbares Geschenk erscheinen lassen. Ein anderes Phänomen, das sich erst in den letzten Jahren entwickelt zu haben scheint, sind Magersucht und Bulimie, eine fast ausschließlich weibliche Ausdrucksform von fehlender Identität und Selbstliebe. In was für einer Gesellschaft leben wir, daß junge Mädchen keine andere Möglichkeit sehen, um vor dem angsteinflößenden »Frausein« zu fliehen, als sich die verräterischen weiblichen Formen wegzuhungern?

Ich kenne eine junge Frau von 19 Jahren, die mir ihr Vertrauen geschenkt hat und der unsere Gespräche dazu verhalfen, wie sie sagt, »Abstand genug zu kriegen, um aus diesem selbstzerstörerischen Kreislauf auszubrechen und die Idiotie dieser Krankheit zu erkennen.« Sie erkannte ihre Magersucht ganz richtig als physischen Ausdruck der von ihr als Mädchen empfundenen »Gewichtlosigkeit«.

»Nur die Erkenntnis der Selbstverantwortung und meine passive Selbstmitleidshaltung und Erwartung, daß mein Umfeld doch bitte genügend Anteil daran nehme, hat mich zu dem Schritt veranlaßt, mit dem Quatsch aufzuhören.« In einem Versuch, »herauszufinden, wer ich bin«, lieferte mir Anna einen einfühlsamen Bericht.

»Ich wollte nie ein Mädchen sein und habe mich auch nie wirklich als eines gefühlt. Außer daß ich Frauen körperlich schöner finde und ihr Sexualempfinden ebenfalls, kann ich meine eigene Person mit dieser ›Gruppe‹ überhaupt nicht identifizieren, denn was mit ihr hauptsächlich zusammenhängt, ist abstoßend, verlogen und frustrierend.

Auf Mauern klettern, Leute ärgern, Hütten bauen, alles nur mit Jungs zusammen, das war meine Kindheit. Ich nahm mir einfach den Raum und kleidete mich, wie ich wollte, kurze Hosen, Sandalen – Hauptsache keine ›Weibchen-Kluft«. In der Schule fiel ich ständig aus der Rolle und begriff, daß ich nicht wirklich dazugehören konnte, sosehr ich mich auch darum bemühte. Irgend etwas stand zwischen mir und meinen Mitschülerinnen, unbenennbar, nicht greifbar... Mütter verboten den Umgang mit mir.

Das Reiten rettete mich. Ich konnte wieder dazugehören, war gesellschaftlich anerkannt und konnte mich wieder sorglos kleiden, auspowern, rumschreien, ohne daß es besonders auffiel. Erst ab einem bestimmten Alter, so ab elf Jahren, veränderte sich diese Sorglosigkeit unter uns Pferdenärrinnen auf komische Weise. Statt der gewohnten Solidarität trat ein Wetteifern um die Gunst irgendeines Mädchens (entweder wegen ihrer Schönheit, ihres eigenen Pferdes oder ihrer Wortgewalt) ein und spaltete das Lager, und Falschheit und Konkurrenzdenken wurden zur Tagesordnung. Noch schlimmer wurde es, als Jungs aktuell wurden.

Ich wurde immer mehr zur Einzelgängerin, weil ich nicht mehr mitmischen wollte. Parallel zu diesen Ereignissen trat mein erster ›Mann‹ auf. Ich liebte ihn abgöttisch, platonisch natürlich, denn für Sex fand ich mich zu unreif, und außerdem war die Beziehung zu edel und zu rein, Sexualität würde sie nur zerstören. Der Junge verlor das Interesse an mir, und ich trauerte und hoffte ganze vier Monate. Eins wußte ich: es war nicht falsch gewesen, daß ich so gehandelt hatte, denn ich hatte es nach meinem Gefühl getan.

Ich sehe jetzt, daß meine Magersucht ein Versuch war, mich mit den von der Gesellschaft auferlegten Vorstellungen von

›Weiblichkeit‹ (zerbrechlich, dünn) zu vergewaltigen. Ich wollte kein ›Gewicht‹ haben, unsichtbar werden. Doch es klappte nicht. Ich wurde keine ›echte‹ Frau, sondern ein Neutrum. Da wußte ich, ich bin in diesem Leben nicht dazu bestimmt, mich mit dem ›legitimen‹ Frausein abzufinden, sondern meinen eigenen Weg zu gehen.«

Verglichen mit der heutigen Welt der Teenager, waren die späten fünfziger und frühen sechziger Jahre eine lebenswerte und liebenswürdige Idylle ohne Drogen, Gewalt und Aids und ohne Bulimie, Magersucht und Musikvideos. Ich war Teenager, als es sich noch lohnte, denn Teenager als Gruppe waren aufsehenerregend neu, amerikanisch und laut. Wir hatten Hula-Hoop-Reifen, Kofferradios, Schallplatten, Petticoats, Audrey-Hepburn-Kopftücher und Ballerinaschuhe. Wir wurden besungen (»Teen Angel«, »Just a lonely Teenager«, »Why must I be a Teenager in Love?«), gefürchtet und mißtrauisch beobachtet.

Die Teenager und ihr spezielles Leiden – Unverstandenheit in den Augen der Teenager, Ungehorsam in den Augen der Erwachsenen – wurden besonders durch die amerikanische Pop-Kultur in den späten fünfziger Jahren zu einem vieldiskutierten, internationalen Sozialphänomen, dessen sich auch der deutsche Durchschnittsbürger nicht erwehren konnte. Als ein Haufen wilder, gefährlicher, unmoralischer Gestalten wurden »junge Leute« dämonisiert und als eine Art Plage angesehen, die nach Nazi-Manier mit aller Gewalt geradegebogen und diszipliniert oder aber ausgerottet werden mußte.

Angetan in enge, aufgekrempelte Nietenhosen, karierte Hemden, die Mädchen mit Pferdeschwanz-, die Jungen mit Entenschwanzfrisur, lebten wir »Banausen« scheinbar nur für Rock 'n' Roll bzw. Affenmusik, eine kopfschmerzerzeugende Tonfolge, die den häßlichen Anzugmenschen Schweiß aus den verstopften Poren trieb. Dieser amerikanische Gott – eher ein Teufel in blauen Wildlederschuhen – mit den unanständig sinnlich gekurvten Lippen und dem aufreizend sexuellen Hüftschwung sang, schrie und stöhnte so ungehemmt, daß sich die Vatis vor

Empörung am Bier verschluckten und die Muttis, bei Musik nicht ganz so streng, nicht wußten, ob sie mitschwingen oder mitschimpfen sollten.

Es ging (und geht) natürlich um Autorität bei dem alten Kampf zwischen den Jungen und den Alten – und um Neid. Der Autoritätsanspruch der Erwachsenen ist so uneindämmbar, weil sie die Ungebrochenheit der jungen Menschen nicht ertragen können, da diese sie an ihr eigenes kurzes Leben vor dem Tod durch Anpassung erinnern. Wer im Kino der fünfziger Jahre den Kampf zwischen Anpassung und Rebellion gewann, ist daher klar. Die Helden – Heldinnen gab's kaum, nur Mitläuferinnen – von solchen Kultfilmen wie »Der Wilde« mit Marlon Brando, »Denn sie wissen nicht, was sie tun« mit James Dean, »West Side Story« und dem deutschen »Die Halbstarken« mit Horst Buchholz und Karin Baal, wurden durch harsche Lektionen bis hin zum Tod von ihrem Freiheitsstreben und ungesunden Ungestüm geheilt. Das Fazit war: Wer nicht schnell genug erwachsen und angepaßt werden will, den straft das Leben mit latenten kriminellen Neigungen und die Gesellschaft mit Verachtung und emotionaler Lynchjustiz.

Ich war Teenager aus Leidenschaft und spürte eine starke Zugehörigkeit zu allen Teenagern der Welt, und meiner Meinung nach hätte man alle Menschen über 30 auf den Mond schießen können, ohne daß sich auf irgendeinem Gebiet Verluste bemerkbar gemacht hätten. Mich interessierten außer Büchern nur Filme und Musik, und ich hatte großes Glück, daß meine beiden Eltern Popmusik und Filme schätzten und mir nicht zu viele Schwierigkeiten machten, wenn ich mich als 13jährige gleich nach der Schule einschloß und den ganzen Nachmittag Elvis Presley und die Everly Brothers, und als 17jährige Bob Dylan, die Rolling Stones und die Beatles hörte.

In den großen, anonymen Kinopalästen der fünfziger Jahre vergaß ich »Nappo«-kauend bei »Fox tönender Wochenschau«, bei Zeichentrick-, Kultur- und Hauptfilm, daß ich in einem deprimierenden Vorort aufwuchs, in dem tagsüber nur Frauen mit Einkaufstaschen und Kinderwagen durch die Gegend zogen.

Rückblickend waren Rock 'n' Roll, das Tragen von Jeans und unhöfliches Benehmen gegenüber älteren Herrschaften ein charmanter, harmloser Protest, verglichen mit der Aggressivität, die Heranwachsende heute an den Tag legen müssen, um bemerkt zu werden und sich abzugrenzen.

Gelangweilte, unmotivierte weibliche Teenager werden zumindest in Amerika immer gewalttätiger, und auch in Deutschland hört man mehr von aggressivem, »unweiblichem« Verhalten in gewissen sozialen Gruppen. (Ich las mit eisigem Entsetzen über weibliche Neo-Nazis, die Hetzreden über Ausländer führen, nach Hitlers Rückkehr verlangen und mit großer Begeisterung ihre prügelnden Faschisten-Freunde unterstützen. Siehe außerdem die zahlreichen Mädchen-Gangs von Los Angeles.)

Das ist die neue »Emanzipation«. Was die Jungen können, können wir auch. Ich erinnere mich an den Fall, der eine Woche lang die New Yorker empörte, nicht so sehr wegen des gewalttätigen Aspekts der Vorfälle – da gibt's tausendmal Brutaleres –, sondern wegen des Umstandes, daß Mädchen involviert waren.

Wie zu lesen war, schwärmten mehrere schwarze Teenager zwischen elf und 15 Jahren eines Tages auf der Columbus Avenue aus, pirschten sich an ausschließlich weiße Frauen heran und stießen ihnen Glasscherben und Sicherheitsnadeln in irgendeinen Körperteil und rannten schnell weg.

Nun hat ein wichtiger Teil dieser seltsamen Attacke mit dem eskalierenden Rassenkonflikt der Stadt zu tun, der andere Teil aber zeigt Wut, Rat- und Orientierungslosigkeit, und widerlegt ein bißchen die These von den »friedfertigen« Mädchen. Adoleszenz ist ein deliranter Zustand, der mit Rache- und Panikgefühlen durchsetzt ist. Sich selbst überlassen, aus dysfunktionalen Familien kommend und ohne elterliche und schulische Führung, entwickelten diese Mädchen ihren Sinn für die Gesetze der Straße und des Überlebens, und nicht für den weiblichen Beschützerinstinkt.

Bemerkenswert auch, daß sich ihre Wut oder ihr Haß gegen Frauen richtete. Ich habe oft festgestellt, auch bei mir selber, daß ich als junges Mädchen starke Enttäuschungsgefühle Frauen gegenüber hatte, mich von ihnen im Stich gelassen fühlte, weil sie sich mir nicht als Vorbilder anboten. Das Gefühl von der eigenen Unwichtigkeit und Zukunftslosigkeit kann sehr wohl dazu führen, sich durch aggressive, »männliche«, sprich brutale Aktionen Aufmerksamkeit zu verschaffen – außerdem haben sich die Mädchen an die generelle Brutalisierung der Gesellschaft angepaßt. Für sie macht Gewalt Sinn, weil sie sehen, wie sich Männer damit erfolgreich behaupten.

Sicherlich sind solche Mädchen (noch) Ausnahmen. Doch was ist nur aus den heutigen 18- bis 20jährigen Mädchen geworden? Sie müßten doch Mütter haben, die entweder den Samen für die Verbesserung der Frauensituation in Gesellschaft, Politik und am Arbeitsplatz gepflanzt haben oder die zumindest von den Resultaten der Frauenbewegung beeinflußt worden sind? Obschon, sie wirken selbständig und selbstsicher, aber keineswegs so, als ob sie sich auf dem Wege der Befreiung oder Emanzipation befänden. Im Gegenteil.

Wenn ich junge Mädchen in einer Runde zusammensitzen sehe, fällt mir der Druck auf, dem sie bereits zu unterliegen scheinen. Ihre Mienen sind unruhig, ja bedrückt, sie rauchen hastig und heftig, ihre Blicke irren umher, sie zerren an einem Kleidungsstück, werfen das Haar hin und her, untersuchen pausenlos ihre Haarspitzen, als würden sich dort die Antworten auf ihre sie quälenden Fragen befinden. Sie sind sich nicht genug, das merkt man. Sie warten, lauern, sind bereit, möchten auf irgend etwas zustürmen, den Tatendrang, die Energie, die Neugierde einsetzen, mitmachen, mitbestimmen. Aber da ist der Mann – die Möglichkeit, der Wunsch, die Bedrohung, immer noch Märchenprinz, allerdings ohne gleißendes Licht, immer noch derjenige, der das Frauenschicksal vollkommen macht. Für ihn müssen sie bereit sein, die Zeichen lesen können, wenn er des Weges kommt, auf alles verzichten, damit sie durch ihn Wichtigkeit und Existenzberechtigung erhalten.

Deshalb sind die jungen Mädchen so nervös, auf dem Sprung, unschlüssig. »Nee«, sagen sie, »erst mal will ich 'ne Ausbildung haben.« Das ist für sie Freiheit, die Möglichkeit, den Lebensunterhalt zu verdienen, wenn's mal nicht klappt mit der Ehe. Das ist die wirkliche Revolution des 20. Jahrhunderts: der Zugang der Frauen zu fast allen Berufen.

Aber andererseits: wozu sollen Mädchen eine eigene Philosophie und politische Überzeugungen entwickeln, wenn sie sowieso nicht wissen, mit welcher Art Mann sie einmal leben werden, was der für Eigenschaften in einer Frau sucht und für sich gebrauchen kann, denn es ist wahrscheinlich, daß sie sich an sein gesamtes Lebenskonzept anpassen werden. Daher das diffuse Nichtwissen, die lähmende Passivität, das Scheintote, das erst mit dem Erreichen eines Mannes in eine Art Halbleben umgewandelt wird. In der Zwischenzeit kann es in keinem Fall falsch sein, etwas Sprachen zu lernen, vielleicht ein Semester Kunst oder Medizin zu studieren oder Computerkurse mitzumachen, vielleicht auch einen nie falschen Beruf wie Lehrerin, Verkäuferin, Graphikerin zu ergreifen.

Studien zeigen, daß Mädchen immer noch frauenorientierte Berufe wählen. Selbst wenn sie z. B. Tierärztin werden wollen, dann deshalb, weil sie schwachen, kranken Tieren helfen wollen. Die Jungen wollen Tierarzt werden, weil sie nicht an Menschen herumschnippeln, sondern Geld verdienen und eine eigene Praxis haben möchten.

Mädchen haben die Doppelbelastung bereits voll in ihre Zukunftswünsche integriert. Sie sind fest entschlossen, alles zu werden und alles unter einen Hut zu kriegen, Mutterschaft, Beruf, Ehe. Nichts deutet darauf hin, daß sie mit der Idee spielen würden, eines davon zu lassen oder sich irgendwelchen Reformen zu verschreiben, die die Bewältigung dieser Last vereinfachen könnte.

Die Vorstellung, ein so arbeitsreiches, zerrissenes Leben vor sich zu haben, kann einer Frau schon Magenschmerzen, Ängste und Depressionen verursachen. Dazu der große Zweifel: Schaff' ich das? Werde ich gut genug, stark genug sein, »feminin« genug bleiben?

Wenn man die Einsamkeit und den Verlust seines kämpferischen Selbst, die Unbestechlichkeit und Kühnheit einer Heranwachsenden vergessen hat, muß man Anne Franks Tagebuch lesen, und die Erinnerungen werden zurückkommen. Es ist eine bittere Ironie, daß die Aufzeichnungen des berühmtesten Teenagers der Welt (der zweitberühmteste dürfte Holden Caulfield aus Salingers Roman *Der Fänger im Roggen* sein), die ein nobles Herz und einen unverbogenen Geist widerspiegeln, gleichzeitig ein grausamer Todes- und Zerstörungsbericht sind.

Anne erhält ihr Tagebuch an ihrem 13. Geburtstag, nennt es »Kitty« und schreibt gleich: »Der Grund für den Beginn eines Tagebuches ist: ich habe keine wirklichen Freunde. Keiner will glauben, daß sich ein 13jähriges Mädchen völlig allein in der Welt fühlt.« Der Satz »For in its innermost depth youth is lonelier than old age« (Denn in ihrer innersten Tiefe ist die Jugend einsamer als das Alter), den sie einmal gelesen hat, geht ihr nicht aus dem Kopf. Sie möchte alle die Dinge herausbringen, die tief vergraben in ihrem Herzen liegen. Das Tagebuch selbst ist ja ein weibliches Überlebenswerkzeug, dient seit Ewigkeiten als stummer Zeuge adoleszenter Ausbrüche und erfüllt den lebensrettenden Wunsch, sich jemandem anzuvertrauen, der dieses Vertrauen nicht mißbraucht.

Ein witziges, frühreifes Mädchen mit einem unbestechlichen Verstand, einem frechen Mundwerk, einer genauen Beobachtungsgabe und einem großzügigen Verständnis für die Schwächen der Menschen, wird sie schnell der Mittelpunkt dieser Gruppe von acht eingesperrten Menschen.

»Es ist nicht einfach, die ›schlecht erzogene‹, zentralste Figur einer hyperkritischen Familie, die im Versteck ist, zu sein«, bemerkt sie trocken. Sie ist der Clown, der Störenfried, das schwarze Schaf, die Wahrheitssagerin, die mühelos die kleinkarierten, egoistischen Zänkereien um Macht, Kompetenz und Positionen der Erwachsenen durchschaut. Ihre Eltern, auch ihr geliebter Vater, haben wenig Verständnis für ihre Lebhaftigkeit. Doch sie will sich nicht mundtot machen lassen, hat immer das letzte Wort und besteht auf ihren Gefühlen.

»Nichts an mir paßt ihnen – meine Manieren, mein Charakter, mein Aussehen. Ich werd's ihnen zeigen, das laß ich mir nicht gefallen, ich werde sie überraschen. Ich werde noch mal platzen«, schreibt sie wütend. Sie verliebt sich in Peter, den 18jährigen Sohn der anderen Familie, doch der kann ihr nur begrenzt ein Trost sein, er ist viel schwächer als sie.

Sie beschreibt den Kampf, ihre wahre Person – weich und gerecht – aus dem Müll der aufgezwungenen Eigenschaften und Gewohnheiten zu retten. Sie hofft nicht nur auf Rettung vor den Nazis, sondern auch auf Rettung vor der Mittelmäßigkeit, vor den Kämpfen und Lügen und der Korrumpiertheit der Erwachsenen, in denen sie keine Vorbilder sieht.

Für zwei Jahre ist sie in dem Haus in der Prinsengracht gefangen. Am Ende sind das Versteck und das Gefängnis, in dem sie sich befindet, perfekte Metaphern für das Leben eines weiblichen Teenagers. Anne ist Zeugin der Ausradierung eines Volkes durch ein wahnsinniges System – wir, die Leser, sind außerdem Zeugen von der unbewußt versuchten Zerstörung eines jungen, sehr besonderen Mädchens durch das Unverständnis und die Blindheit der Erwachsenen. Hätte Anne überlebt, daran habe ich keinen Zweifel, sie wäre die kämpferische, ehrliche, stolze Anne geblieben.

Ich glaube, daß wir alle einmal sehr heroische kleine und größere Mädchen waren so wie Anne – vor langer Zeit. Ich weiß, daß es Augenblicke gibt, in denen uns Tränen in die Augen schießen, so wie mir, wenn ich plötzlich den linkischen, scheuen Teenager im Nickipulli und Dufflecoat, der ich einmal war, geistig vor mir sehe. Eine unverstandene, einsame Gestalt, innen wild und außen stumm, wissend, daß die Sterntaler nicht nur vom Himmel gepflückt, sondern auch selber hergestellt werden müssen.

Was hätte ich darum gegeben, wenn mich einer gesehen, berührt und geleitet, mich gelobt und bestätigt hätte. Wir können das junge Mädchen, das wir einmal waren, nachträglich in unserem Herzen umarmen und lieben, auch wenn die späte Liebe nicht mehr die frühe Trauer wegzaubern kann. Als erwachsene

Frauen, Mütter und Freundinnen sollten wir dasjenige stumme Mädchen umarmen, das gerade neben uns steht und nie, nie vergessen, daß wir es auch selber sind. Machen wir sie alle zu unseren Töchtern. Geben wir ihnen zurück, was man uns hat stehlen wollen, aber was wie durch ein Wunder immer noch irgendwo ganz tief drinnen überlebt hat.

Das fatale Duo

»I don't like you but I love you« –
THE BEATLES

Männer und Frauen stoßen sich gegenseitig genauso stark ab, wie sie sich anziehen. Beides geschieht mit großer emotionaler Turbulenz und glühender Leidenschaft, über die sie keine Kontrolle haben. Diese zermürbende Ambivalenz gehört zu beider Natur, und das wird immer so bleiben. Dazwischen liegen Begehren und Widerwille, Identitätsverlustängste und Verschmelzungswünsche, Unterwerfungslust und Herrscherphantasien, Liebe und Haß. Eine explosive Mischung, die dem Geschlechter-Drama eine mißtrauische, feindliche und gewalttätige Note verleiht.

Was gesucht, oder besser, dem nachgejagt wird, ist ein Phantom, das nie gefangen, ein archetypischer Traum, der nie erfüllt werden wird: Harmonie. Wir fühlen uns am meisten zu dem hingezogen, wovor wir am meisten Angst haben. Wir suchen die Liebe, die uns den Boden unter den Füßen wegzieht, die wie ein Vulkan ausbricht, uns für einen Moment selige Blindheit und die Erlösung von unserem gefesselten Selbst verspricht. Trotz des Wissens um die Unerfüllbarkeit wird die zehrende Sehnsucht nicht geringer, sie scheint wie ein nie versiegender Quell, der betrübt und erfrischt und der die meisten Menschen dazu treibt, mit verzweifeltem Eifer jemanden zu finden, mit dem man gegenseitige Freiheitsberaubung ausüben kann. Den Zustand nennt man dann Ehe. Nietzsche, immer ein wenig barsch in seinen Verurteilungen, ächtete die Ehe gar als den »Schmutz der Seele zu Zweien«.

Einer der Hauptgründe dafür, warum die Ehe und das Zusammenleben von Mann und Frau eine permanente psychische Belastung darstellen, sind die überhöhten Ansprüche, die eigentlich nichts weiter sind als Kompensation für die unglaublich vorbehaltlose und vereinnahmende Investition, die eine Ehe fordert. Das Bedürfnis nach Kompensation ist beim genauen Hinsehen gar nicht so überhöht, wenn man bedenkt, daß der Preis, den man dafür entrichtet, mit einem Menschen auf einer täglichen Basis alles teilen und aushalten zu müssen, obendrein noch der Verlust von Autonomie und Individualität ist. Ibsens Ehehölle in »Nora« ist bekannt und auch Albees in »Wer hat Angst vor Virginia Woolf?«

Ich habe die Ehe immer als eine der Fallen angesehen, die für Frauen ausgelegt werden, um sie von faszinierenden, sehr viel wichtigeren Entdeckungen und Lebensformen fernzuhalten. Ich sah wohl ein, daß ich die Falle nicht verändern konnte, sondern mich ganz einfach von ihr fernhalten mußte, um die einmal gewonnene Freiheit und Energie auf etwas von größerem Bestand zu verwenden. Letztendlich war es nicht allzu schwierig, denn ich fand schließlich des Rätsels Lösung – eine nicht unschmerzliche, doch letztendlich befreiende Entdeckung: Frauen und Männer passen nicht ohne weiteres zusammen und sind nur in begrenzten Bereichen füreinander bestimmt.

In eine Ehe einzutreten heißt, sich mit einer staatlichen Urkunde vorsätzlich in eine Konfliktsituation zu begeben, die mit nicht geringer Wahrscheinlichkeit (jede dritte Ehe wird in Deutschland geschieden) voller Wut und Bitterkeit in einer Scheidung enden wird, was eindeutig den enttäuschenden Fakt reflektiert, daß scheinbar in der Ehe das ersehnte Glück nicht zu finden ist. Nun ist die Unbeständigkeit in Liebesdingen hinreichend bekannt und es gibt eindeutige Warnsignale ohne Beschönigungen und Verzierungen. Jede einigermaßen vernünftige und rechtschaffene Person müßte eigentlich spätestens bei einem so unsinnigen Treueeid wie »...bis daß der Tod Euch scheidet« merken, daß sie hier eine offene Lüge ausspricht, denn niemand denkt wirklich daran, dieses Versprechen um jeden Preis einzuhalten. Doch ewige Liebe und Treue wird pausenlos geschworen. Wider besseres Wissen, und das kommt daher, daß der

Wunsch nach Heirat nichts mit dem Wunsch nach dem Menschen, sondern der Institution zu tun hat. Jede Lebensgemeinschaft, in dem der Partner »Vati«, »Mutti«, »meine Olle«, »mein Oller«, »meine alte Dame«, »mein Drachen« oder »meine bessere Hälfte« usw. ohne Ironie genannt wird, bedarf sorgfältiger Prüfung.

Egal, wie sehr wir uns die Macht der Wünsche und die Möglichkeit von Veränderungen einreden, wir wissen, daß Männer von uns Frauen erwarten, daß wir zurückstecken, gehorchen, gebären und den Haushalt führen. Auch hier finden wir das Prinzip des »Haben« und »Sein«. Der Mann will etwas haben – Besitz, eine Frau, Status, Macht, er will den Herrscher spielen. Die Frau möchte sein und fühlen, sich gesehen, geschätzt und verstanden wissen. Er kriegt meistens, was er will, sie nicht. Sogenannte »Herzensdinge« – Heiratswünsche gehören ja dazu – leben nun mal von Sentimentalität, Trivialität und davon, daß sie mit bloßer Vernunft nicht faßbar sind. Mythos und Naivität verschleiern die schnöde Wahrheit, daß die Ehe ein Deal ist, in dem posiert, verdrängt, geschauspielert, gelogen, betrogen, unterdrückt, manipuliert und intrigiert wird – meist zum Nachteil der Frau.

In allen Ehen wird Krieg geführt, alle Ehen sind Kampf. Ehe ist die Augenbinde, damit die Angst, die beide voreinander haben, nicht wahrgenommen werden muß. Ehe ist wie Valium, denn ohne Tranquilizer würden ständig lebensgefährliche Explosionen zwischen den Geschlechtern stattfinden. Martin Walser meint schlicht und einfach: »Die Ehe ist eine Operation. Zwei Chirurgen operieren einander andauernd, ohne Narkose.« Nur in einer so zivilisierten, gezähmten Form wie der Ehe können sich Männer und Frauen gegenseitig unter einem Dach ertragen. Deshalb ist Ehe als Institution immer noch gefragt, deshalb wird sie immer wieder probiert. Es ist bekannt, daß fast überall in der Welt am »Tatort Heim« die meisten Gewaltverbrechen passieren. Manchmal auch draußen. Eine besorgniserregende Begebenheit wurde jüngst von einer Zeitung gemeldet. Sie demonstriert anschaulich, daß bereinigende Gespräche und herzliche Zuneigung doch stark einer unverstellten Aggressivität gewichen sind. Ein Japaner wollte nach einem Ehestreit seine Frau an Haie verfüttern. Er fesselte sie in einem Netz und zog sie für Stunden durch eine südjapanische Bucht. Kein Hai biß an, die Frau überlebte, der Mann wurde verhaftet.

Ich hatte Gelegenheit, mehr als mir lieb war, mich von der zersetzenden Qualität einer Ehe zu überzeugen. Meine Eltern führten die Art von Ehe, wie sie im Krieg so oft hastig geschlossen wurde, und die in den Nachkriegsjahren viel von ihrer Dringlichkeit und Attraktion verlor. Sie zankten sich deshalb ständig. Meine größte Angst war, so wie meine gehorsame Mutter zu enden – total unterdrückt, mit Haushaltsgeld, ohne Beruf und Identität, ihrem Ehemann hilflos ausgeliefert. Zu einer unterwürfigen Mutter gehört auch immer ein despotischer Vater, und ich hatte natürlich einen. Dieses sehr negative Image vom Mann, dessen Stärke lediglich durch die ungerechte Aufteilung der Machtverhältnisse zementiert war, komplizierte meine späteren Freundschaften mit Männern erheblich. Der traurige Umstand, einen emotional unerreichbaren, egozentrischen Vater zu haben, verhalf mir zu einer durchaus nötigen Distanz, aber leider auch zu einem schier unüberwindlichen Mißtrauen und einer noch größeren Zwiespältigkeit Männern gegenüber.

Ich glaubte damals, diesem Horror, den meine Eltern mir vorlebten, dadurch entgehen zu können, indem ich mir immer nur Männer aussuchte, die mir unterlegen waren – was das einfachste von der Welt zu sein schien –, um der Gefahr des Beherrschtwerdens zu entgehen. Ich wollte keinerlei Behinderung, keine Kämpfe, keine Erklärungen für meine Wünsche und Handlungen abgeben müssen. So waren die Männer dann intelligent und liebenswert, mir aber an Eigenwillen und Durchsetzungskraft nicht gewachsen. Daß ich mir mit meiner Überlegenheit ihre Aggressionen zuzog, ist nicht verwunderlich, denn ich hatte den Spieß umgedreht: ich war die Herrscherin geworden. Ich tat, was ich wollte, wann ich es wollte, und machte es ihnen dadurch unmöglich, sich als Zentrum des Geschehens zu empfinden und sich langsam auf ihre Rolle als zukünftiges Familienoberhaupt einzustellen.

Bürgerlichkeit versetzte mich in Panik. Manche Frauen wollen Bausparverträge, Babys und Billionäre. Ich wollte immer »the bad girl« sein. Ich konnte nichts dafür, ich war schon als Kind filmverrückt und habe später als junge Frau zu viele alte Hollywood-Filme gesehen. In dem amerikanischen »film noir« der vierziger Jahre gab es einen Frauentyp, den man »the bad girl« nannte, von denen Bette Davis, Rita Hayworth, Barbara Stanwyck, Marlene Dietrich und Joan Crawford in ihrer köstlichen Schlechtigkeit herausragten. Im Gegensatz zu den »good girls« wie Ingrid Bergman, Jean Arthur und Joan Fontaine, die durch Anschmiegsamkeit, Anständigkeit und Liebenswürdigkeit bezauberten, die gelehrig und einsichtig waren und ihre aufflackernde Lust nach Selbstbestimmung in den Wind bliesen, wenn der richtige Mann daherkam, waren die »bad girls« der Skandal der Stadt. Sie wurden von den adretten Ehefrauen beneidet, gehaßt und gefürchtet, denn sie waren selten verheiratet. Sie rauchten, bestellten Martinis und schüttelten herausfordernd ihre beachtlich aufgetürmten Frisuren, drapierten eine Silberfuchsstola über ihre gepolsterten Schultern und glitten auf Plateausohlen vom Barhocker.

Verführerisch und unabhängig, waren sie der Ruin jedes Mannes. Sie wollten keinen netten Ehemann, sondern einen Liebhaber, keine Kinder und keine Schürze, sie wollten das Abenteuer, die Erfahrung, den Kitzel des Neuen, und dazu griffen sie schon mal zur Pistole oder zu schwarzem Satin. Was mich ärgerte, war, daß Hollywoods »bad girls« für ihren Eigensinn entweder bestraft wurden, sich am Ende besannen, durch Liebe von ihrem ungesunden Haß auf bürgerliche Werte geheilt wurden, oder aber sterben mußten.

Nun rauchte ich zwar nicht und schoß auch selten auf Männer, wenn es sich vermeiden ließ, aber ich liebte es, unangenehm aufzufallen und trompetete gern hinaus, daß ich mich niemals unterwerfen und keiner mich je als bürgerliche, unelegante Ehefrau mit Lockenwicklern, Schrubber und quengelnden Kindern sehen würde. Ich zankte mich, seit ich nachdenken kann, sowieso immer mit Männern, weil mir das meiste an ihnen nicht paßte. Aber was mir damals am deutlichsten auf der Stirn geschrieben stand, war der Satz »Ich bin für niemanden zu haben«, denn ich wollte mir allein gehören. Ich konnte vielleicht mit meiner Genehmigung ausgeliehen werden, aber die Eigentümerin meiner Seele blieb ich.

Nun gibt es nichts Erfrischenderes, als bei gewissen Männern unbeliebt zu sein, doch ich fühlte mich nicht immer wohl bei dem Gedanken, diese Art des unangepaßten Lebens zu führen. Wenn man jung ist, die Welt und sich selber noch nicht kennt, machen einem bestimmte Gefühle, die ganz plötzlich mit aller Schärfe eine physische Gegenwart erhalten, angst. Es sind die Momente, in denen man die Wahrheit über sich erkennt und damit auch die Zukunft, der von dieser Wahrheit der Weg gewiesen wird – und nicht umgekehrt. »Ich werde nie zu jemandem gehören«, dachte ich oft, »alles, was ich wünsche, werde ich mir selber erfüllen, denn was ich will, wird mir niemand geben können – und wollen.« Vielleicht meinte ich damals mein Selbst, ganz sicher meinte ich Freiheit.

Doch was genau war Freiheit? Ich nahm mir das heraus, was sich sonst nur Männer herausnehmen: ich wollte mich nach meiner Fasson ausleben. Ich wollte leben wie ein Mann, ohne einer sein zu müssen, wollte all die Stärken haben, die einem Mann erlaubt werden, und all die Chancen, die ihm offenstehen, denn dann brauchte ich keinen zu heiraten. Ich bewunderte Männer im täglichen Leben ganz und gar nicht. Ich beneidete sie um ihre Freiheit, sonst nichts. Durchschnittsmänner waren, so weit ich sehen konnte, eine uninspirierende Gruppe von kleinen grauen Marschierern mit Stechuhrhirnen, sie hatten wenig Anziehendes bis auf den Umstand, daß sie alles machen konnten – wenn sie wollten.

Glücklicherweise hat in den letzten Jahren das Bedürfnis, einen Mann zwecks Heirat mit krampfhaften, artistischen Selbstverleugnungsakten zu verzaubern, etwas nachgelassen. Frauen verdienen selber Geld, werden am Arbeitsplatz geachtet, haben Freunde, eigene Ideen über ihre Lebensform. Was trotzdem geblieben ist, ist das Bedürfnis, permanent Männer auf sie aufmerksam zu machen, um ihnen entweder ein Eheversprechen oder irgendein Gütesiegel für einwandfreie Qualität abzutrotzen, ohne welches Frauen scheinbar nicht an sich glauben mögen.

Sicherlich hat sich vieles in der Ehe geändert. Die Frau wird nicht mehr von den Eltern an den Meistbietenden verkauft, sondern wählt ihn selber. Sie heiratet später, hält eine Karriere für denkbar und einen Arbeitsplatz für selbstverständlich. Sie bestimmt, welche Anschaffungen gemacht werden, wie die Wohnung eingerichtet wird, in welche Schule das Kind kommt, wohin gereist wird und welche Farbe das neue Auto haben soll. Trotzdem bleibt sie die »Ehehälfte«, die bisher immer seinen Namen annahm (vielleicht werden wir ja bald verschont von Doppelnamen wie Silke-Anja Schnarrenhausen-Doeblinger).

Es gibt wenig innerhalb der Ehe und ihrer Struktur, was zur Bereicherung beiträgt, denn Ehe ist kein natürlicher Zustand, sondern ein Vertrag, bei dem die Emotionalität die geschäftliche Seite verbergen soll. Es geht bei der Ehe um Politik, Geld, Macht und Abhängigkeit, die durch den Staat reglementiert werden und als Begrenzung gedacht sind, nicht als Aufforderung zu persönlicher Entwicklung, zu Selbstfindung und Freiheit. Das, was Menschen suchen, verhindert die Ehe. In dem Moment, in dem etwas gesucht wird wie Erfüllung, Partnerschaft, ein echter Austausch; in dem Moment, in dem Frauen etwas wollen, geht's mit der Ehe bergab. Die absolute Gleichstellung der Partner in einer Ehe würde selbige nämlich überflüssig machen, denn in ihrer ungerechten Unausgewogenheit liegt ihre Stärke und ihr Sinn.

Nichts ist dem Staat zweckdienlicher als die Ehe, die er schrankenlos unterstützt, denn er braucht die Kinder und ein Klima, das die Frauen ans Haus kettet und ihnen von vornherein keine zu aktive Beteiligung an Weltangelegenheiten erlaubt. Ehe hat letztendlich mit Liebe, Leidenschaft, Mut, Individualität und

Identitätsfindung nichts zu tun. Schon allein die Tatsache, daß es noch in einigen Kreisen als ehemindernd und eheunvereinbar angesehen wird, wenn eine Frau außerhalb der Ehe nach einem Beruf oder einer individuellen Erfüllung sucht, zeigt, daß die Ehe für die Frau als vollkommen ausreichender Beruf angesehen wird.

Das Thema Ehe bleibt nach wie vor ein Sammelplatz widersprüchlichster Mitteilungen. Über die Jahrzehnte wird mehr oder weniger triumphierend vermeldet: »Es wird wieder geheiratet« oder auch »Man heiratet nicht mehr soviel«. Meistens werden diese effektlosen Nachrichten mit Zahlen und den letzten Meinungsumfragen belegt, an denen abzulesen ist, daß mindestens über die Hälfte der weiblichen Wesen zweischen 16 und 25 Jahren »unbedingt« heiraten wollen, wobei wie immer nachvollziehbare Motive im dunkeln bleiben. (Später läßt der Marktwert ständig nach. Die Chance für eine 42jährige Frau, unter die Haube zu kommen, ist angeblich geringer als Trapezkünstlerin im Zirkus zu werden.)

Ehe und Mutterschaft ähneln sich übrigens darin, daß ihre absolute Notwendigkeit kaum erklärt werden kann. Beide Zustände beziehen ihre Popularität aus einer Mischung aus Ignoranz den nachdenklich stimmenden Faktoren gegenüber und dem störrischen Glauben, daß man selber natürlich nicht in die Kategorie gehört, die scheitert, sondern auf magische Weise dazu ausersehen ist, alles ganz anders machen zu können. Worauf genau diese Annahme gegründet ist, gehört zu den großen Mysterien der Menschheitsgeschichte, denn was wir um uns herum beobachten können, sieht nicht vielversprechend aus.

So wie die Frauen sich entwickelt haben – gereizt, ungeduldig, überarbeitet und verbittert –, sind sie als Partnerin des Mannes ziemlich unattraktiv geworden. Die Männer sind gleichermaßen, wie sie auf die Freiheitsbestrebungen der Frauen reagiert und sich ihrerseits entwickelt haben, als Partner unattraktiv für Frauen geworden. Nichts scheint uns mehr zu verbinden. Was uns früher einmal verband, waren unsere Gefängnisse und die Anpassung an die jeweiligen Rollen. In der Tat, was uns heute am meisten verbindet, ist die Verbindungslosigkeit zwischen Mann und Frau, die sich auf Sprache, Interessen, Gefühle, Meinungen, Erwartungen und Lebensphilosophie stützt. Frauen haben genug von Männern (bleiben aber trotzdem oft bei ihnen), Männer verstehen Frauen nicht (sie haben sie vorher auch nicht verstanden, nur fiel das nicht so auf). Die Idee des friedlichen, harmonischen, lang andauernden Zusammenlebens zwischen den Geschlechtern hat sich als eine Utopie erwiesen.

War das nicht eigentlich immer so? Das öffentliche Bild des Paares in Kultur und Gesellschaft ist ähnlich zwiespältig und untermauert den Verdacht, daß keine zwei Welten verschiedener sein können als die der Männer und der Frauen. So sind berühmte, »perfekte« Paare meist nur auf dem Papier, auf Gemälden, der Kinoleinwand, bei Tanzwettbewerben und beim Schlittschuhlaufen zu finden. Professionelle Duos, Paare und Partner, die Sex, Harmonie, Romantik und Perfektion ausstrahlen sollen wie Fred Astaire und Ginger Rogers, Lauren Bacall und Humphrey Bogart, Willy Fritsch und Lilian Harvey, Blondie und Dankwart, Daisy und Donald Duck sind in Wirklichkeit zusammen, um ihre Unvereinbarkeit zu demonstrieren. Sie haben sich nicht aus Freude am Gegenseitigen zusammengefunden, sondern weil der Mann die Frau wegen ihrer Formen und Fähigkeiten, die ihm fehlen, engagiert hat. Er ist immer der tragende Hauptteil, die Essenz, der Kopf, dafür ist sie die piesackende Provokation und auch hingebungsvolle Dekoration, die Ergänzung, das spielerische oder auch unangenehm nörgelnde Element – unberechenbar, charmant, etwas dusselig und verdorben. Die sogenannte Zusammengehörigkeit des Paares ist oft nichts anderes als das stete Scheitern ihrer friedlichen Vereinigung, und es ist der latente Haß auf das jeweils andere Geschlecht, der die belebende Spannung erzeugt.

Jeder kennt es: das Paar, bei dem man sich wundert, wie eine attraktive, intelligente, selbstbewußt wirkende Frau mit einem offensichtlich fürchterlichen, unsympathischen Mann zusammensein kann. Da gibt es erstaunliche Kombinationen: Künstlerin und Bürokrat, Professorin und Werbemensch, leitende Angestellte und arbeitsloser Don Juan. Oft ist er langweilig und unsensibel, dumm und herrisch und ihr keineswegs gewogen. Ganz besonders schwer ist zu ertragen, wenn man Frauen erlebt, deren Freund oder Mann sie mit für alle sichtbarer Herablassung, Bevormundung, Zynismus, Ridikül und verbalen Brutalitäten traktiert, ohne daß sie sich wehren. Was ist das Geheimnis solcher unverständlichen Vereinigungen? Welcher unausgesprochene Deal verbirgt sich dahinter? Wo genau sitzt die Schwäche der Frau, was ist ihre Achillesferse, daß der Mann immer noch so große Macht über sie hat? Was will sie von ihm, was braucht sie so dringend, daß sie sich Herabwürdigung und Haß gefallen läßt, die man sich unter anderen Umständen verbitten oder denen man sich normalerweise ganz einfach entziehen würde?

Der Ausreden für die Duldung unzumutbarer Behandlung durch Partner sind viele: er habe eine nette Familie, er sei reizend mit den Kindern, ein guter Versorger, prügele sie nicht usw. Die Wahrheit ist wenig schmeichelhaft. Männer werden immer und überall genommen, geheiratet, geduldet, verehrt, hofiert, akzeptiert, weil und wenn sie Macht und Geld haben. Das macht den Teil der Frauen, der dafür verantwortlich ist, zu abgebrühten Prostituierten, nichtigen Speichelleckerinnen und – eine spezielle Variante – ausbeuterischen Raffzähnen.

Diejenigen, die in den berühmten »Hafen der Ehe« gelangt sind, in das eigene Heim, stellen bald Leere und Unzufriedenheit fest, denn die Ehe schützt vor Liebe, ist praktisch ein Panzer gegen Romantik und Gefühl. Sicherlich gibt es auch funktionierende Ehen, doch das Durchschnittsfamilienbild ist eher erdrükkend, von Überdruß, schlechter Laune und Haßgefühlen geprägt. Ehe ist das Gefängnis, das noch das letzte Aufbäumen von Leben, Gefühlen und schöpferischen Impulsen brutal ausmerzt. Man wird zurechtgestutzt, gequetscht, verformt, entmündigt.

Dreißig Jahre Ehe schaffen es meist, aus blühenden jungen Frauen mit Träumen, Witz und wachen Augen plump dominierende, putzende Hausfrauen zu machen, mit schwerfälligem Geist und verkniffenen Lippen, die aus sich das letzte bißchen

Würde und Leben herausgedienert und -geschrubbt haben. Sie haben sich totserviert, dummgekocht, ein Leben mit Fegern und Pfannen, Spüle und Bügelbrettern zugebracht, sie sind flach und rauh geworden wie Fußmatten. Und dazu immer dieselbe Geräuschkulisse, die wie eine ausgeleierte Platte klingt: »Gib! Mach! Richte her! Was, noch nicht fertig?« Und sie tut alles, die Frau mit der Kellnerinnenmentalität, geschäftig, gefällig, servil. Als Trinkgeld kriegt sie ein paar flüchtige Küsse, einen Knuff in die Seite und einen Nelkenstrauß zum Muttertag.

Gleich nach der Heirat beginnt sie sich zu verwandeln. Sie fängt an, nach Hausfrau zu riechen und strömt eine Sicherheit aus, der sich jedes stumpfe Parkett, jedes staubige Bücherbord, jeder verschmutzte Hemdkragen und jeder fettige Teller in Ehrfurcht unterwirft. Da ist er – der Feldwebel der Küche, die Kriegerin, die immer siegt. Die Löffel stehen stramm, die Töpfe haben die Henkel an die Naht gelegt. Hier ist der Bereich ohne Niederlage. Sie ist die Siegerin über Soßen, der Champion der fusselfreien Teppichböden und die Königin der Klobrillen.

Und ein paar Jahrzehnte später sitzen sie da, wenn sie genug gegeben, geweint und gewienert haben, die Nachmittagsfrauen mit ihrem erbärmlichen Rest Leben, der in der Handtasche mit Schnallenschließe verstaut ist. Aufgereiht vor Tortenstücken, jetzt die Gabel statt des Schrubbers als Waffe; vertilgt werden muß die süße, weiche, weiße Masse, die die Seele polstert. Hineinknien in Nuß- und Schwarzwälderkirschtorte, dort nach dem Leben suchen, unter den Mandelsplittern, der Zuckerglasur, der Marzipandecke, der Krokantschicht, dem Kakaostaub, sie einverleiben, besitzen. Die Sahne wird übergezogen wie eine Schutzschicht gegen die tötenden gleichgültigen Blicke der anderen. Nur nicht die Gier zeigen – gegessen wird manierlich, mit gespreizten Fingern und angehaltenem Atem, mit sorgsam gezügelter Lust. Nach jedem Bissen wird sich zurückgelehnt, zufrieden, triumphierend, die Tortengabel wie zum Dolchstoß haltend – und die Augen leuchten auf in den erloschenen Zügen.

Das ist ihre Welt, der Kuchentresen, das Tortenbuffett, süße Träume hinter Glas. Hier ist Lust erschwinglich, hat einen reellen Preis. Tortenstücke als Gigolos, die einfach vernascht werden, spurenlos, bis auf eine zuckergepuderte Oberlippe hier und einen Mokkacreme-Mundwinkel dort. Im Unterrock sollten sie zwischen den Torten und Kaffeetassen sitzen, nicht im seriösen Kostüm, mit keckem Hütchen, denn die Schlacht mit den Kuchen ist wie die Schlacht im Schlafzimmer: Es geht um Einverleibung getarnt als Liebe.

Frauen können ihre Ehemänner im Grunde nicht ausstehen, deshalb loben sie sie dauernd. »Meiner tut das« oder »meiner kann das« sind oft geäußerte Meinungen von Frauen, die ihre Männer als dressierte Haustiere halten und nicht weil sie sie lieben, achten und ehren. Von jeher berühmt ist der Mann, der unterm Pantoffel seiner Frau steht. Es sind meistens die nicht mehr jungen Kneipenhelden und Skatbrüder, die »Ausgang« haben, ihr Geld zu Hause abgeben, ihre Frau »Mutti« nennen, eine große Lippe bei den Arbeitskollegen riskieren, aber vor Angst zitternd nach Mitternacht nach Hause kommen, wo die Frau mit dem Nudelholz hinter der Tür wartet. Da sind die Frauen dann die »Big Mamas«, die ihre Jungs nie loslassen. Sie wissen alles besser, lassen den Mann nicht zu Wort kommen, machen ihn lächerlich, schreien ihn nieder. »She cut off his balls«, ist ein amerikanischer Ausdruck, der besagt, daß sie ihm die Eier abgeschnitten hat, was sich weniger hübsch anhört, aber den Kern trifft: Er ist unter ihrer Fuchtel. Er hat zwar die Hosen an, aber sie zieht sie ihm aus, weil sie ihm die bügelt.

Es ist eine neue Generation emanzipierter Frauen nachgewachsen, die ihre Männer auf subtilere Weise erzieht, quält und gängelt, mit geschickt formulierter (und sicherlich berechtigter) Kritik über ihren Machocharakter und (meist unberechtigten) Schuldzuweisungen wegen der schlechten Qualität der Beziehung.

Kein Wunder eigentlich, daß sich Männer und Frauen fremd bis feindlich gegenüberstehen und heimlich darüber nachsinnen, wie sie sich dem anderen entziehen können, ohne daß der es merkt. Jeder macht es so, wie er es kann und gelernt hat. Die

Männer, mit denen sie leben, sind für Frauen meist Randfiguren, was nicht ausschließt, daß sie gleichzeitig überlegene Sokkelhelden sind, vor denen sie sich fürchten, aber die sie auch hofieren und denen sie sich willig unterwerfen.

Der Mann wird von der Frau draußengehalten. Sie gewährt ihm keinen Zugang zu ihrer Welt und ihrer Intimität, nicht zu ihrem »Haus«, ihren Bereichen, denn sie hat sich diese ja extra geschaffen, um sich von ihm abzugrenzen, weil sie auch ein eigenes Terrain haben möchte. Sie zieht immer die Grenzen, hält ihn mit ihren Ver- und Geboten auf Distanz. »Ihr müßt draußenbleiben« ist nicht nur ein Schild für Hunde vor dem Schlachterladen. Durch die Hausverbote der Frau hat der herumstreunende Mann auch etwas von einem »herrenlosen« Hund bekommen, doch es ist Frauchen, das ihm fehlt.

Männer sind tief drinnen im Herzen Exilanten, Treibgut, Wanderer, abhängig von der Wärme und Gastfreundschaft der Frau. Sie ist die Wirtin, und er ist der Gast, dessen Zuhause mehr symbolisch als real ist. Männer bewohnen ihr Haus selten wirklich. Sie kaufen sich als Brötchenverdiener dort ein, um es benutzen zu dürfen und bewahren dort lediglich ihre Kleidung, ihre Kinder und ihre Frau auf. Sie verlassen ihre Arbeitsstätte jeden Tag als angesehene Angestellte und werden auf dem Heimweg zu Vagabunden, zu treibenden Blättern im Wind, heimatlos und ohne Hafen, es sei denn, sie haben ein starkes Selbst und sind künstlerisch oder anderweitig unabhängig kreativ tätig und daher mit einem reichen Innenleben gesegnet.

Der Mann kann zu Hause nicht machen, was er will und fühlt sich unruhig – er ist der ewige Schwellenmensch, der rausgescheucht wird, wenn es die Hausfrau will. Was ihm letztendlich an Heimatgefühl und Identität bleibt, ist sein erstes »Ur-Zuhause« – seine Mutter. Kein Wunder, daß er an ihr hängt, sich nach ihrer Fürsorge sehnt. Eine klassische Geschichte, die öfter passiert als man denkt, ist die von dem Mann, der zum Zigarettenholen aus dem Hause geht und nach zwanzig Jahren aus Sansibar zurückkehrt. Und zurückkehren tut er oft, denn er kommt alleine nicht gut zurecht.

Männer sind Frauen oft im Weg, weil es nichts gibt, was ihre Anwesenheit im Hause, außer leichten Reparaturarbeiten, wirklich erfordert. Wer kennt nicht das Bild der Hausfrau mit Schürze, die ihrem mit Aktentasche und Hut bewaffneten Ehemann nachwinkt, um dann mit einem Seufzer der Erleichterung die Tür zu schließen. »So, den wären wir los, endlich habe ich meine Ruhe. Jetzt werd ich erst mal gemütlich frühstücken.«

Mein Vater war das, was man »ungemütlich« nennt, er störte uns, wenn er längere Zeit zu Hause war. Meine Schwester und ich lungerten gerne im Wohnzimmer herum, sahen fern und hörten gleichzeitig Radio, blätterten in Teenagermagazinen, malten uns die Fußnägel an und probierten neue Frisuren aus, während meine Mutter in der Küche war und ein paar Noten der neuesten Motown-Hits mitsang – und die Welt schien in Ordnung. Abends um Viertel vor sechs Uhr klingelte es an der Tür. ER kam nach Hause, und ein Schatten fiel auf die unbeschwerte Fröhlichkeit. Nicht, daß wir uns nicht auch freuten, wenn mein Vater nach Hause kam, aber er irrte im Haus herum, suchte immer etwas, brachte eingefahrene Ordnungsstrategien durcheinander, mischte sich in eine Welt ein, zu der er nur als Besucher nach Büroschluß Zugang hatte. Er hatte kein eigenes Zimmer, keinen eigenen Bereich, bloß einen Schreibtisch, der im Wohnzimmer als Dekoration stand.

Die Wochenenden waren delikate Angelegenheiten, die sorgsam ausbalanciert werden mußten. Wir »Weiber« (wie er uns nannte) hatten eine schwierige Aufgabe zu bewältigen, die gewisser charmanter Überredungskünste und Listen bedurfte: wie kriegen wir meinen Vater für längere Zeit aus dem Haus? Wir hatten es mit einem ernsten Fall zu tun. Er ging nicht gerne spazieren, hatte keine Freunde, die er besuchen wollte, spielte nicht Skat, saß nicht in Kneipen herum und hatte kein Hobby, das ihn verstummen ließ oder in den Keller verbannte. Ja, er war Angler, das war sehr schön im Sommer, weil wir ein kleines Haus am See hatten. Schön still mußte er dann sein, wir waren den Fischen dankbar, daß sie keinerlei Lärm mochten, aber im Winter hatten wir das Problem: wohin mit dem überflüssigen Vater? Da blieb nur noch Fußball. Aber wie oft spielte schon sein Lieblingsverein »Concordia«? Nicht jeden Sonntag.

Ganz früher gab es Kriege, die den Männerüberschuß auf natürliche Weise abbauten. Heute hat die Scheidung die Kriege so gut wie verdrängt. Nur ein Stück Papier, wenig aufregend, wenig glorreich, in der Tat eine Niederlage, weil man zugeben muß, daß man das Soll der Ehe nicht hat erfüllen können. Für die Frau bringt das Scheitern der Ehe allerdings Vorteile.

Denn trotz alledem: daß Ehe den Männern nützt und den Frauen schadet, haben nicht erst Studien in Amerika über die Jahre gezeigt. Verheiratete Männer leben länger, haben weniger Depressionen, während es sich bei Frauen genau umgekehrt verhält. Gut versorgt, verwöhnt und respektiert, ist es kein Wunder, daß Männer ihrem Paschadasein nicht unbedingt ein Ende setzen wollen, selbst wenn sie nicht verrückt nach ihren Ehefrauen sind und daher weniger die Scheidung einreichen als Frauen. Die sind es nämlich, die in den letzten 15 Jahren die Scheidung eingereicht haben und rund zwei Drittel von ihnen geben an, daß sich ihr Leben nach der Scheidung auf jeder Ebene verbessert hat und sie keinerlei Bedauern über eine Trennung verspüren. Männer wiederum stehen den Freiheitsbestrebungen ihrer Frauen ratlos und tief verwirrt gegenüber und kommen schwerer über Trennungen hinweg, ihre Lebenssituation verbessert sich seltener, und sie reagieren oft mit psychischen Erkrankungen.

Auch wenn sich Pflicht-Sex und kommentarloses Saubermachen bei der Frau immer geringerer Beliebtheit erfreuen, kommt sie aus der traditionellen Rolle schlecht heraus. Sie muß alles für ihn sein – Mutter, Geliebte, Ehefrau, Haushaltsvorstand, Trösterin, Geldverdienerin, dazu verläßlich, patent, humorvoll, verständnisvoll, charmant, anpassungsfähig und vergebend. Als »gute« Ehefrau – ein Fabelwesen mit artistischen und hellseherischen Fähigkeiten – befindet sie sich immer auf einer Teststrecke nahe am Abgrund, in den sie stürzt, falls sie sich zu ungebührlichem Verhalten hinreißen läßt, das heißt, zu einem Verhalten, das von ihren eigenen Interessen und Bedürfnissen gelenkt wird.

Wie schon die unverheiratete Schauspielerin Katherine Hepburn sagte: »Wer sich für sich selber interessiert, sollte nicht heiraten.«

Einerseits darf sie seine Freiheit nicht beschneiden, andererseits soll sie aber doch in jeder Lebenslage verfügbar sein, ohne sich in den Vordergrund zu spielen. Ohne ihn mit Kleinigkeiten zu belästigen, muß sie ihm das Leben so angenehm wie möglich machen. Sein körperliches Wohlbefinden liegt in ihrer Hand – zu seiner Psyche hat sie keinen Zugang. Auch moderne Ehefrauen können immer noch mit dem lächerlichen Vorwurf »Du sorgst schlecht für mich« in schamvolle Bestürzung – nicht etwa in herzliches Lachen – versetzt werden.

Das erfolgreichste Rezept, das sich eine Frau für eine Ehe ausdenken kann, ist ein naturgetreues Ebenbild von seinem Zuhause und seiner Mutti zu schaffen, so daß er nur Vertrautes vorfindet. Gleichzeitig ist das natürlich auch genau das, was er am meisten fürchtet, verachtet, wogegen er sich wehrt, was ihn hindert, erdrückt und traumatisiert. Ich kenne keinen Mann, der nicht ein ausgeprägtes Problem mit seiner Mutter hat, etwas, das die Partnerin und Frau früher oder später kräftig zu spüren bekommt. Die Männer hassen in uns das, was sie sich gewünscht haben, wonach sie ständig suchen und was sie uns als höchstes Streben aufgezwungen haben. Camille Paglia, eine amerikanische Feministin, die mit ihrem provozierenden und schillernden Buch »Die verschiedenen Masken der Sexualität« Empörung und Begeisterung hervorrief, schreibt: »Der Mann, der seine wahre Frau gefunden hat, hat seine Mutter gefunden.«

Die überaus höflichen, liebenswürdigen Männer, die gehorsam, angepaßt und problemlos sind und Frauen hofieren, die erklären, wie sehr sie diese mögen und ihre Gesellschaft der von Männern vorziehen – das sind die gefährlichsten. Der Gehorsam ist immer der Gehorsam des Sohnes, nicht des Mannes, und wird daher mit ziemlicher Sicherheit eines Tages in offene Ablehnung und Aggression gegen die Frau und Freundin umschlagen, stellvertretend für die Mutter. Egal, wie intensiv der Konflikt und der Haß sind – gegen die Mutter wird nie gewettert werden, denn die Macht der Mutter bleibt unangetastet wie ein Totem und Tabu.

Wenn man sich vor Augen hält, welche Form der Persönlichkeitsvergewaltigung die Durchschnittsehefrau über sich ergehen lassen muß, ist es ein Wunder, daß sie manchmal noch fähig ist, den Eindruck eines selbständig denkenden, lebendigen Menschen zu erwecken. Die Frau muß ständig ihren Wert, ihre Existenzberechtigung und ihre Nützlichkeit beweisen – der Mann ist sich selbst genug und bedarf keinerlei Beweisführung für sein wichtiges Leben. Er kann sich fallenlassen, sich seinen Einfällen widmen und ganz nach seiner Fasson leben, ohne daß sich ihm familiäre Behinderungen in den Weg stellen; selbst störende Charakterfehler sind keine selbstverschuldeten Schwächen, sondern werden großzügig mit einem Achselzucken und dem Satz »Männer sind nun mal so« entschuldigt, denn die Manneswürde muß in jedem Fall geschützt werden, während die Frauen, offenbar Wesen ohne Würde, ihre Unterwerfungsmanie pflegen.

Die Verpflichtungen des Mannes gegenüber seiner Ehefrau sind auch kein leichtes Los – er muß für sie arbeiten, sie versorgen, ihr das Luxusleben, das die meisten Hausfrauen führen, ermöglichen. Wenn man so will, kann sich die Frau in der konventionellen Ehe mehr verwirklichen als der Mann, er finanziert die Erfüllung ihrer Wünsche. Man kann sich vorstellen, wieviel Bitterkeit und Aggressionen entstehen müssen, wenn der Mann nicht wirklich von seiner Ehe überzeugt ist und heimlich die immer wiederkehrenden Kinderwünsche seiner Frau ablehnt. Als Belohnung für sein Joch hat er dafür die besseren Fluchtmöglichkeiten, und die sind in einer längeren Ehe zum Überleben sehr wichtig. Ungebunden und sich von vielen Verantwortungen wie z. B. Mutter- und Hausfrauenpflichten befreit glaubend, kann er ein Leben außerhalb der Ehe führen, ohne daß es besonders auffällt oder scharfe Kritik hervorruft (bis auf die seiner Frau, aber die zählt nicht).

Da er seine Anerkennung und seine Identität ohnehin fast ausschließlich aus seinen Tätigkeiten außerhalb des Hauses bezieht, kann er den Wunsch nach Zerstreuung, die ihn seinem Heim und den Bedürfnissen seiner Frau fernhält, immer glaubhaft erklären. Zwar wird ihm ein offensichtliches Desinteresse an ihrer Arbeitswelt, sei es zu Hause oder in einem Job, von seiten der Ehefrau angekreidet, aber letztendlich doch als selbstverständliches Resultat seiner Autonomie hingenommen. Sie spürt ihre Machtlosigkeit dieser Situation gegenüber und verfällt einer der Todsünden für ein harmonisches Zusammenleben: sie beklagt sich, fängt an zu jammern und zu fordern. Doch selbst wenn sie ihre Frustration hinausschreit, verliert sie selten die passive Duldermiene eines geprügelten Hundes, denn sie braucht ihn und möchte weiter versorgt bleiben und kann sich wahre Akte der Rebellion daher nicht erlauben. Also schluckt sie und versucht neues Leben in eine tote Sache zu hauchen.

Naive Ehefrauen versuchen gerne, mit einem Kind ihre Ehe zu kitten, da sie meinen, mit einer schnell eingeschobenen Schwangerschaft den Mann an sich zu binden. Der Trugschluß ist, daß ein Kind das intimste Bindeglied sei, dem sich kein Mann – schon aus Erzeugerstolz – entziehen könne. Das ist aber ganz selten der Fall. Männer fühlen sich offenbar durch Kinder nicht liebevoll an die Ehefrau gebunden, sondern eher gegen ihren Willen an sie angekettet, denn Schwangerschaft und Ehe vertragen sich weniger gut als allgemein angenommen wird. Der Mann, von dem erwartet wird, daß er mit Begeisterung an dem »freudigen Ereignis« teilnimmt, ist keineswegs immer freudig gestimmt, denn es gibt wohl kein Thema zwischen Mann und Frau, das mehr von der nie diskutierten Ambivalenz der Gefühle lebt als die Gründung einer Familie. Wie sollte der Mann auch anders fühlen, da eine beginnende Schwangerschaft meist Entfremdung, nicht Vereinigung bedeutet, denn Frauen kriegen ja Kinder zur Abgrenzung vom Mann, nicht zur Vereinigung mit ihm.

Er ist plötzlich entthront, nicht mehr Mittelpunkt. Die Verstellung und Komödie, die die Frau gespielt hat, hat ein Ende. Jetzt kann sie sich ganz legitim einem hilflosen Wesen widmen, ohne vom Mann der groben Vernachlässigung bezichtigt zu werden, und ganz in der weiblichen Welt der Gefühle, Beobachtungen und passiven Spielereien aufgehen. Sie ist da angelangt, wo sie ursprünglich hinwollte, und zeigt, was sie wirklich will: ein Kind, keinen Mann. Sie hat ihre Stellung gefunden und eine ehrwürdige Bezeichnung errungen, die sie ihr Leben lang behält: Mutter.

Mutterschaft ist natürlich auch nicht dazu angetan, Erotik und sexuelle Anziehung zu produzieren und zu erhalten, sondern eher, wenn sie überhaupt vorhanden ist, zu entmachten und ihrer Spannung zu entheben. Die Frau und Geliebte, die zur Mutter wird, verliert ihre sexuelle Kraft für den Mann, und nicht selten ein für allemal. Männer benehmen sich ihren Frauen gegenüber anders, wenn sie Mütter geworden sind. Vor das Bild der sexuell anziehenden Geliebten und Partnerin schiebt sich das Bild der Mutter – unglücklicherweise meistens das der eigenen. »Die Mutter meiner Kinder« ist ein Ausspruch, der ganz klar die Trennung zwischen einem sexuell begehrenswerten Wesen und einer zu respektierenden, wenn auch distanzierten Figur zeigt, die dem Mann zur gesellschaftlich anerkannten Position im »normalen« Leben verholfen hat. Den Part als Liebhaber ist er damit los, und er fängt an, Ablehnung und das Gefühl, in Ketten gelegt zu sein, zu spüren.

Günstig ist allerdings, daß ein Kind der Frau für eine Zeit ihre Unzufriedenheit und Ziellosigkeit nimmt. Der Mann weiß sie abgelenkt – damit gewinnt er vor allem wieder ein Stück Freiheit, entzieht sich den bettelnden, nach Zustimmung heischenden Augen seiner Frau, kann wieder Luftholen, ist nicht ihren infantilen Ansprüchen ausgeliefert. Und auch die Ergebenheit der Frau dem Kinde gegenüber kommt daher sehr vielen Männern nicht ungelegen, denn sie können die Zeit gut dazu benutzen, um sich unauffällig innerlich zu lösen.

Nichts könnte mehr dazu geeignet sein, der Erotik entgegenzuwirken als ein Säugling an der Brust und das verliebte Minenspiel zwischen Mutter und Kind (auch wenn es ein natürliches und wichtiges ist). Die Frau erfüllt sich mit dem verfügbaren Kind – denn sie ist hier die Beherrscherin und endlich nicht mehr die Beherrschte – den Traum einer gewissen aggressiven Erotik. Es ist nicht sehr schwer zu verstehen, warum Mütter sich zusammenreißen müssen, um sich nicht an diesen herrlichen, weichen, unschuldigen, prallen, perfekten Wesen zu vergreifen, sie abzuküssen, mit den Körperteilen zu spielen, sie abzulecken, zu beschnüffeln, mit den Lippen die Konturen der Ohren, Nase, Mund, Schultern, Popo nachzuzeichnen, an den Fingerchen zu lutschen, ihre dicken Backen zu zwicken. Babys sind konkurrenzlos als zauberhafte, erotische Verführung – wer das nicht versteht, weiß nicht um die Stärke des animalischen, kannibalischen Elements von Sexualität. Die fehlende Erotik, die nun auf das Kind übertragen wird, bringt gewisse Ehemänner dazu, anderen Frauen nachzuträumen und sich, vielleicht zum erstenmal in ihrer Ehe, einem Verhältnis hinzugeben.

Die Wandlung von Liebespaar zu Ehepaar, von Ehepaar zu Eltern ist drastisch und irreversibel. Kaum je wird aus der gesetzten Ehefrau noch einmal die atemlose Geliebte oder aus der Mutter noch einmal die junge, selige Ehefrau. Auch hier wird wieder die Gefühlswelt der Frau (und sicher auch die des Mannes) von Verlust und dem Fluch der Unwiederbringlichkeit geprägt. Aber dieses neue Stadium wird nicht als Chance für Veränderung gesehen, es geht nicht nach vorne, so wie es in einem freien, kreativen Leben der Fall sein könnte, sondern es setzt der Stillstand ein, eine sich langsam verstärkende Stummheit und Resignation, unter deren weichen Wellen von scheinbarer Ausgeglichenheit sich ein stürmisches Meer von Wut und Aufschreien verbirgt.

Männer fühlen sich von weiblichen Reizen und Emotionen überschwemmt und machen den Eindruck, als drohten sie daran zu ersticken. Sie glauben, sich immer wehren und panzern zu müssen gegen die Gefahr der Einverleibung. Zu Recht. Frauen wachen über Männer so gut es geht, und dazu bedienen sie sich des täglichen Einerlei. Eine Szene, die ich am Strand beobachtete, ist typisch. Ein junges Paar. Er liegt auf dem Rücken, stillschweigend entspannt, die Augen wohlig geschlossen. Sie aber beobachtet ihn, ihre Blicke gleiten stolz über sein Gesicht und seine Schultern. Sie hebt den Arm und streicht ihm das Haar aus der Stirn und steckt ihren Zeigefinger in sein Ohr, um etwas Sand daraus zu entfernen. Er zieht seinen Kopf weg und wendet sich knurrend ab. Sie greift entschieden seinen Kopf mit beiden Händen, dreht ihn herum und fängt an, an einem Pickel zu drücken. Er schlägt ihr unwillig auf die Hand – er ist doch kein Baby oder irgendein Objekt.

Sie sieht ihn gar nicht. Er gehört ihr, sie ist zuständig für sein Äußeres (an ungepflegten Männern haben immer die Frauen schuld). Er lächelt gequält, ihre Augen haften besitzergreifend auf seiner Gestalt. Die Leute, die sie beobachten, sind gerührt, ja fast neidisch. Ist das nicht lieb, wie sie für ihn sorgt? Ja, so sind die Frauen, fürsorglich, liebend, mütterlich. Ihnen entgeht nichts, weil sie alle ihre Interessen nach außen gerichtet haben, weg von sich selber. Er aber fühlt einen Strick um den Hals. Trotzdem wird er sie heiraten, eine Familie gründen, für sie arbeiten gehen, sie zum Teufel wünschen, sich seine Träume verkneifen (genau wie sie) und langsam zu einem Mann ohne Eigenschaften werden, und sie wird ihm dabei helfen.

Doch das muß nicht so sein. In dem Moment, wo die Frau eine echte Handlungsfreiheit hat, die Gesellschaft beeinflussen kann und Wege zur Selbstverwirklichung findet, verliert sie ihr Interesse an einer symbiotischen Partnerschaft, in der sie sonst die Bestätigung ihrer Werte sucht. Sie braucht sie nicht mehr als Manifest ihrer Wichtigkeit und Identität. Frauen haben nichts aufzugeben außer der Rolle der Untertanin, aber auch die der heimlichen Herrscherin.

Männer und Frauen haben nicht das gleiche Ziel und die gleichen Chancen, wie können sie also friedlich zusammen denselben Weg gehen? Es gibt ein paar generelle Übereinstimmungen zwischen ihnen, die allen Menschen gemeinsam sind, aber das sind nur bestimmte Seitenstraßen auf einem verzweigten Lebensweg. Der Moment einer der schmerzlichsten Entdeckungen ist vielleicht der, wenn man zum erstenmal spürt, daß Männer und Frauen nicht eins werden können, sondern zur Isolation verdammt sind. Da aber jeder ein geschlechtsspezifisches Bündel zu tragen hat und jeder des anderen Last spürt, kann es auch Mitgefühl, Liebe und Verständnis für den Schmerz geben. Das ist eine Chance.

Die Welt hängt an der Nabelschnur

»Nicht der Kräftigere ist der potentielle Unterdrücker, sondern der Hilflosere, nicht der Begehrende ist der potentielle Herrscher, sondern der Begehrte.«
SIMONE DE BEAUVOIR

Wenn der Mann sich mit großer Ausdauer die Frau nach seinen Wünschen zusammengebastelt hat und sie zur Ausführung seiner Phantasien zwingt, dann hat sich die Frau in Kleinarbeit den Mann aus Rache an der Menschheit so erzogen, daß er die Welt ruiniert. Es stimmt, die Frauen werden immer noch niedergemacht, angefeindet und diskriminiert, und es ist ein schwerer, zermürbender Kampf, dagegen anzugehen. Aber diese Welt und ihre Struktur ist nicht aus dem Nichts entstanden. Wenn man die Frauen hört, möchte man meinen, Männer werden mit kleinen Anzügen und Schlipsen geboren, mit Aktentaschen und großen Egos, mit Frauenhaß und Machthunger, Omnipotenz- und Casanovaneurosen.

In Wahrheit sind es die vielen Frau Frankensteins, die in ihren Heimlaboren gehirnoperierte, tumbe, stolpernde, unartikulierte Monster erschaffen und sie raus in die Welt schicken, damit sie andere erschrecken. Auch das Weib hat das männliche Biest gemacht – und es ist sicher kein Zufall, daß eine Frau, nämlich Mary Wollstonecraft, den Roman »Frankenstein« geschrieben hat. Er ist nicht so sehr eine Fabel darüber, daß »Mann« sich nicht als Schöpfer aufspielen soll, sondern daß wir unsere Monster in Eigenarbeit selber herstellen. Der »verrückte Forscher« ist für mich auch eine Metapher für die Frau und Mutter; ihr Produkt ist der Mann auf den eisernen Plateausohlen, so schwerfällig wie ein Bär, so unnatürlich hoch, daß er andere überragt, aber in Wirklichkeit ein unbeweglicher Krüppel, der nach einer helfenden Hand, nach Liebe und Menschlichkeit sucht. Er kann nicht sprechen, sondern nur grunzen, er ist ein Urviech – hilflos, dumm, brutal, aber unschuldig, denn er kann nichts für seine artifizielle Natur. Er tötet seinen Erfinder, und er selbst muß auch sterben.

Entmachtete Menschen blicken oft zu ihren Unterdrückern auf, aber tief in ihrem Innern hassen sie sie. So ist es auch mit Frauen und Männern. Beide hassen sich und den anderen dafür, was sie aus sich und dem anderen gemacht haben und aus sich selber haben machen lassen: ungleiche, daher unfreie Menschen, die den Schlüssel zu des anderen Gefängnis in der Hand halten und ihn benutzen könnten, nachdem sie die eigene Zellentür erst einmal aufgeschlossen haben.

Frauen zerstückeln Männer, wo sie nur können, auch wenn sie ihr Image als das liebende, gebende Geschlecht bevorzugen. Die Feministinnen haben diese Dualität völlig verdrängt, als sie all die Göttinnen auskramten, auf ihrem Emanzipations-Altar aufbauten und sie bequemerweise ihrer Doppelbödigkeit und moralischen Ambivalenz beraubten.

Kratze an der gefälligen Oberfläche einer Frau, und darunter kommt fast immer eine bittere, enttäuschte, verletzte, wütende, unzufriedene Person hervor. Natürlich existiert Männerhaß – warum auch nicht? Es gibt genug Hassenswertes am Männergeschlecht. Doch die Frau vertuscht ihren Haß, lügt weiter, verstrickt sich in ihre Scheinwelt, nimmt weiter seine Befehle entgegen, während sie gleichzeitig mit mörderischen Gedanken im Kopf stumm dagegen meutert. Sie zahlt ihm mit doppelter Wut heim und nutzt als Strafe und aus Rache ihre Abhängigkeit, die gleichzeitig auch ihre Macht ist, schamlos aus, indem sie ihn in seiner Rolle hält und für sich arbeiten läßt – als Ernährer, Familienoberhaupt und Teilzeitsklaven, während sie weiterhin an ihrer wirkungsvollen Legende als Opfer strickt. Nicht der Kräftigere ist der potentielle Unterdrücker, sondern der Hilflosere, nicht der Begehrende ist der potentielle Herrscher, sondern der Begehrte.

Das größte Machtpotential der Frauen befindet sich zwischen ihren Beinen, nicht den Ohren. Die Welt hängt an einer Nabelschnur und wird nach dem Willen der Frauen hin und hergeschwenkt wie ein Spielzeug und gekickt wie die aufgeblasene Erdkugel in Charlie Chaplins »Der Diktator«. Ab und zu peitscht sie den Mann damit oder legt sie ihm wie eine Leine um den Hals. Die allereinfachste Rache der Frau am Mann ist sehr wirkungsvoll. Sie kann mit ihrer fruchtbaren Gebärmutter strafen, erschrecken, erpressen, manipulieren und, obwohl sie Leben gibt, auch Leben zerstören.

Die Mutter als Gebärende und Erzieherin ist die mächtigste und einflußreichste Person in der Welt, denn sie ist diejenige, die Werte und Wissen vermittelt, die lenkt, leitet, Beispiele setzt und die die späteren psychischen Leiden der ihr anvertrauten Kinder genauso anlegen oder unterstützen kann wie deren glücksbringende Stärken. Doch gerade auf diesem Gebiet erweist sich ihre Macht als fatal: das als positiv gerühmte »Selbstlose« der Frau, besonders der Mutter, »die nicht an sich denkt«, ist ein bedrückender Beitrag zur Welt.

Was haben solche identitätslosen Wesen zu geben? Und was für Menschen können schon entstehen, die von Frauen erzogen und beeinflußt werden, die kein Selbst haben? Offensichtlich wäre es für Kinder optimal, eine Mutter zu haben, die kein verstümmelter Mensch ist, sondern sich als vollendete, wichtige, selbstbewußte Frau sieht, mit der Fähigkeit, auch allein glücklich zu sein. Warum läßt man Menschen, die tief drinnen von ihrem minderen Wert und der Berechtigung ihrer untergeordneten Rolle überzeugt sind, andere Menschen und die Zukunft formen? Und, noch wichtiger, warum hindert man Frauen daran, und warum lassen sie sich daran hindern, eigenständige Persönlichkeiten zu werden?

Es erscheint bei genauem Nachdenken widersprüchlich, daß Frauen immer noch viele leitende Positionen im Beruf verweigert werden, während man ihr die wichtigste und verantwortungsreichste Rolle der Welt sorglos anvertraut, ohne auf ihre Qualifizierung zu achten. Doch Vernunft spielt hier keine große

Rolle. Es wird automatisch angenommen, daß Reproduktionsorgane zugleich Talent zur Mutterschaft mitliefern. Doch nur weil man zwei Füße hat, wird man nicht automatisch Primaballerina.

Für jeden verantwortungsvollen Posten muß man eine Eignung und eine Fachausbildung haben. Niemand erwartet angeborenes Spezialwissen von irgendeinem oder findet es unwöhnlich, wenn Menschen, die sich für ein gewisses Gebiet interessieren, sich dieses durch ein Studium und praktische Erfahrungen aneignen. Doch ich bin überzeugt davon, daß 99 Prozent der Frauen es als unzumutbar und Verstoß gegen die freie Entfaltung des einzelnen ansehen würden, gäbe es ein Gesetz, das besagt, daß Frauen, die Mütter werden wollen, sich irgendwie darauf vorbereiten müssen.

Objektiv gesehen haben sich Frauen wenig um eine Verbesserung der Welt und den Versuch der Umstrukturierung der Machtverhältnisse verdient gemacht. Mit ihrer Passivität, ihrem Desinteresse und ihrer pathologischen Liebessehnsucht, die sie Männern intellektuell und sexuell unterlegen und daher gefügig macht, haben sie als öffentliche Zuschauerinnen und private Drahtzieherinnen auch alle globalen negativen Entwicklungen mitverschuldet und mitunterstützt.

Wenn man den Stand der Welt betrachtet, die seelischen Krankheiten, die Kriege (die ja auch seelische Krankheiten sind), Rassismus, Kindesmißhandlung, Gewaltverbrechen, Diskriminierung, Hunger, die ökologischen Verwüstungen, Drogenmißbrauch, die Verzweiflung und Isolation, die aus allem spricht, dann liegt die Vermutung nahe, daß wenige Eltern aus ihren Kindern gesunde, engagierte, selbstbewußte und gerechte Menschen mit Freude am Leben gemacht haben. Ganz offensichtlich liebt und achtet sich ein großer Teil der Menschheit nicht, was auch damit zu tun haben muß, daß es ihnen nicht beigebracht wurde. Wer aber hat sie Verachtung und Erbarmungslosigkeit gelehrt? Wer hat ihnen jede Form von Mitgefühl und Mitverantwortung genommen, sie aus ihnen herausgeprügelt, herausgequält? Zuallererst diejenige, mit deren Gesicht und Körpersprache jedes Leben anfängt – die Mutter, dann der Vater und dann die Umwelt. Da sehr viele Menschen angeben, von ihrer Mutter am meisten beeinflußt worden zu sein, muß irgend etwas an dem »Frausein« sowie dem Beruf Mutterschaft und dessen Ausführung tragisch falsch sein.

Eine entscheidend falsche Sache ist die, daß Mädchen autoritärer als Jungen erzogen werden, sich also noch mehr unterordnen müssen ohne die Möglichkeit auszubrechen. Sie üben sich dadurch in autoritäre Charakterstrukturen ein, oft für den Rest ihres Lebens. Was die Essenz eines autoritären Charakters ausmacht, sagt Erich Fromm: der autoritäre Charakter hat das Bedürfnis, sich unterzuordnen, aber gleichzeitig auch zu dominieren, ganz im Gegensatz zum demokratischen Charakter, der sich immer weigern wird, zu dominieren oder sich dominieren zu lassen.

Kein Wunder, daß Frauen die Meisterinnen der Manipulation sind und Herrschsucht, Machtgelüste und Dominanzbestreben – alle total unterdrückt – eine so große Rolle in ihrem Leben spielen. Wer ohne Kontrolle über sein Leben und seine Bedürfnisse aufwachsen muß, für niemanden eine Autorität darstellt, sich aber ständig einer unterwerfen muß, hat ein starkes Nachholbedürfnis und muß geradezu nach Kontrolle und Dominanz dürsten. Die Mehrzahl der Frauen und Mütter sind wohl meistens ärgerliche, frustrierte Frauen, die wissen, daß ihr Einfluß und ihre Macht außerhalb des privaten Bereiches relativ klein ist. Aber da Frauen Angst haben, Formen von Macht – ganz im Gegensatz zu Männern – innerhalb einer Arbeitssituation und außerhalb ihrer sicheren vier Wände auszuüben, herrschen sie um so schamloser dort, wo sie sich sicher fühlen, im Hause, bei ihren hilflosen, abhängigen Kindern. Natürlich ist diese Form der Macht unwürdig und zersetzend und wird später wiederum Machtgelüste bei den Kindern produzieren. Aggressives Autoritätsgehabe bei Jungen und Passivität und Unterwerfung bei Mädchen sind die unausbleibliche Folge.

Weil Frauen solches Machtpotential haben, könnten sie ihr

Schicksal wie kein anderes Lebewesen selber bestimmen, sich selbst zum Glück verhelfen und die Gesellschaft nach ihren Vorstellungen formen. Doch sie haben sich die wirkliche, positive Macht, die sie als verantwortliche Menschen, nicht als Sexualobjekte oder Gebärfähige, besitzen, stehlen lassen. Was ihnen geblieben ist, ist die entstellte, verdrängte und daher letztendlich machtlose Macht einer Unterdrückten und Ausgebeuteten, eine Macht, die gar nicht anders kann, als sich im Gewande der Feigheit zu zeigen.

Der Begriff »Macht« hat – ganz besonders für Frauen – eine negative Bedeutung, weil er meistens nur mit Unterdrückung und Willkür in Verbindung gebracht wird. Deshalb leugnen die meisten Menschen auch die Existenz von und das Bedürfnis nach Macht in sich selbst. Menschen mit Macht werden gefürchtet, weil die Gefahr des Mißbrauchs besteht, während »machtlose« Menschen irrigerweise als sympathisch und ungefährlich eingestuft werden. Doch es gibt keine machtlosen Menschen. Macht ist ein wertvolles Geburtsgeschenk und eine Gabe, die jeder Mensch schon aufgrund seiner Existenz besitzt, und es ist nur natürlich, daß man seine Macht benutzen möchte und sollte. Doch sie muß sich frei entfalten dürfen, denn dann erst zeigt sie sich als positive Kraft, als Kampfgeist, Gerechtigkeitssinn, Nächstenliebe, Mitgefühl und Inspiration. Darf sie das nicht, dann wird daraus Unterdrückung, Kontrolle, Manipulation, letztendlich Depression und Zerstörung.

Wenn man über Frauen, Macht und auch Manipulation spricht, dann muß man eine ganz besonders komplizierte Form von beidem ansprechen, nämlich diejenige, die eine Frau mit einem Kind über den Mann ausüben kann. Die Gebärmacht der Frauen hat notgedrungen die Hilflosigkeit der Männer zum Gegensatz, und man muß sagen, daß die Frauen das ungehindert und kühl kalkulierend ausnutzen.

Was passiert, wenn Frauen Kinder möchten, Männer aber nicht, oder umgekehrt? Jede sexuelle Begegnung mit einer Frau birgt für den Mann die Gefahr, unerwünschterweise zum Vater gemacht zu werden und für einen großen Teil seines Lebens unter die Fuchtel finanzieller und psychischer Verpflichtungen zu geraten.

Frauen haben bei dem Erpressungs- und Machtmittel Kind eine besondere Position, denn Frauen können Männern alles, was sie wollen über Schwangerschaft, Geburt und das Märchen, daß die einzige Erfüllung der Frau im Gebären liegt, erzählen, ohne daß die Männer eigene Erfahrungen dagegensetzen können.

Das klassische Szenario fängt häufig mit einem sprachlichen wie auch geistigen Mißverständnis an. Sie fragt ihn: »Willst du ein Kind?«, während sie eigentlich meint: »Ich langweile mich, ich habe nichts Gescheites zu tun, ich fühle mich nicht ausgefüllt.« Er versteht, daß sie nur ihr eigenes Bedürfnis anspricht, wieviel ihr daran liegt und antwortet daher pflichtbewußt: »Ja, sicher, wenn du willst. Ich liebe Kinder.« Was sie wiederum mißversteht als seine freudige Zusage zur Verpflichtung, ihr so zur Seite zu stehen, wie sie sich das vorstellt und fordern wird.

Die Beschwerde von Frauen, daß ihre Männer bei der Kindererziehung sowie deren Versorgung nicht die Art von Begeisterung und Engagement zeigen, die sie, die Frauen, für angebracht und selbstverständlich halten, hat daher oft einen relativ einfachen Grund. Männer wünschen sich sehr viel weniger als Frauen Kinder und lehnen daher – manchmal auch zu Recht – die volle bzw. halbe Verantwortung für etwas ab, das sie nicht immer unbedingt wollen und brauchen, um seelisch zu überleben und sich ihrer Identität versichert zu fühlen. Warum muß ein Mann seine Selbstverwirklichung aufgeben, damit er einer Frau zu der ihren verhelfen kann? Davon mal abgesehen, daß es kaum eine Form der männlichen Selbstverwirklichung gibt, die derartig dramatisch, langwierig, erschöpfend, schwierig und in ihren Wirkungen unvorausschaubar ist wie das Gebären und Aufziehen von Kindern.

Ein Mann hat genauso wie die Frau das Recht, kein Kind zu wollen, aber er kommt mit der Rolle des verneinenden Vaters heute nicht so leicht weg. Abwesende Väter rufen Empörung hervor. Man spricht zwar im Volksmund von Frauen, »denen ein Kind angedreht wird«, und bevor es Zugang zu Verhütungsmitteln und sexuelle Aufklärung gab, war da sicherlich etwas Wahres dran. Ich habe aber auch Männer kennengelernt, denen das Kind angedreht wurde – gegen ihren Willen – und deren Leben zeitweise stark belastet wurde, weil aus einer flüchtigen Liebesbeziehung ein Kind entstand. Die Väter wurden zur Kasse gebeten und konnten wegen der finanziellen Belastungen gewisse Lebens- und Berufswünsche für lange Zeit nicht durchsetzen.

Eine Mutter muß zwar hart arbeiten, aber für die Liebe ihrer Kinder, besonders wenn sie klein sind, braucht sie nichts Außergewöhnliches zu leisten. Jede noch so miserable Mutter hat immer einen Bewunderer und einen Verteidiger: ihr Kind, das nicht weglaufen und sich keine Kritik erlauben kann.

Das Schlimmste für eine Mutter ist daher, ihr Kind aus ihrem eisernen Griff sich lösen zu sehen, weil es etwas Luft und Freiheit schnuppern will. Mütter klagen viel und mit Recht darüber, daß sie sich alleingelassen fühlen in ihrer isolierten Welt, doch in der Realität sind die durchschnittlichen Mutter-Kind-Beziehungen von extremen Besitzgefühlen und Verlustängsten geprägt, die wenig Anregung von draußen hereinlassen.

Niemand darf ihrem Kind zu nahe kommen. Laufen sie jauchzend in Omas Arme, küssen eine Kindergärtnerin, krabbeln einer Freundin auf den Schoß, erfüllt sie das keineswegs nur mit Freude, sondern ebenso mit Panik. »Komm her, komm zu Mami!« Wer kennt nicht diesen Satz, diesen Tonfall, der Ärger, Angst und Eifersucht verrät, wenn kleine Kinder es wagen, sich von ihrer Mutter zu entfernen. Gequältes Lächeln macht sich auf Müttergesichtern breit, wenn das Kind immerzu freundliche Fremde anlächelt oder mit Freude plappert. Sofort wird ein Grund gesucht – getarnt als Fürsorge – und gefunden, denn es gibt immer etwas zu zupfen, reinzustecken, zu glätten und zu säubern, um den sich anbahnenden Kontakt zwischen einem neugierigen Kind und einem neuen Wesen zu unterbrechen.

»Es ist meins«, sagen die von Besitzerstolz blitzenden Mutterblicke, »es will zu mir, gehört zu mir, und ist es nicht willig, so brauch ich Gewalt.« (Man kennt die Aussage: »Ich möchte jemanden ganz für mich alleine«, die, so abgegriffen sie auch klingt, noch heute in vieler Frauen Köpfe spukt.) Sie ist die Ablenkerin, die Begrenzerin, die All-Anwesende, die sich in entscheidenden Momenten immer wieder geschickt als Hauptperson in jedes beliebige Szenario drängt. Sie versucht es ihr Leben lang, oft mit durchschlagendem Erfolg. Dabei wäre es von größtem Glück, wenn Kinder so häufig wie möglich dem Machtbereich der Mutter entzogen und die Aufmerksamkeit von Personen erleben würden, die zu ihnen ein ungestörteres Verhältnis haben.

Das Kind selber hat nämlich keineswegs einen Vorteil von all den überwältigenden Gefühlen seiner Mutter. Viele Frauen hindern ihre Kinder an wichtigen Entwicklungen, eben weil sie egoistisch denken und nicht über ihren kleinen Frauenhorizont gucken können. Dominierend, drohend, aggressiv und launisch fahren die Mütter wie Furien durch das Leben der ihnen Anvertrauten. Sie machen ihre wunderbaren, lebensfrohen Kinder zu kleinen, nichtigen Wesen. Sie treiben ihnen Würde, Stolz und Sinn für Gerechtigkeit aus. Selber an Durchschnittlichkeiten gewöhnt, verwandeln sie alles Inspirierende in etwas Mittelmäßiges, jedes Talent, jede Kraft, jede Schönheit in ein Nichts und ihre Kinder in Vampire, die bedürftig, fordernd und tyrannisch sind. Ich las einmal in einer Kolumne über die Rolle der Ehefrau und Mutter eine folgenschwere Wahrheit: »Ich dachte, daß ich meinen Stempel auf der Welt hinterlassen würde, aber es sieht mehr so aus, als würde ich ihn auf meinen Kindern hinterlassen.«

Es gibt ziemlich viele bedrückende Bilder der mütterlichen Erziehungsvollmacht im täglichen Leben. Wenn man einen Tag lang Mütter aus allen Schichten mit ihren drei- bis fünfjährigen Kindern in einer Großstadt aufmerksam beobachtet – in den öffentlichen Verkehrsmitteln, im Park, auf dem Spielplatz, im Supermarkt, im Kaufhaus, im Restaurant, beim Spazierengehen –, kann man nur wütend und ziemlich entsetzt seine Schlüsse ziehen. Mitleid und Trauer überwiegen allerdings.

Wie ist man nur darauf gekommen, Müttern generell die Gabe der schrankenlosen Fürsorge, Liebe und Großmut gegenüber Kindern zuzusprechen? Wer hat den Wahnsinn verbreitet, daß sie diejenigen sind, die von Natur aus nicht anders können als Zärtlichkeit zu spenden und Wunden zu heilen? Wie grausam, ein ganzes Geschlecht mit einer so individuell zugeschnittenen Rolle zu belasten.

Ich habe selten ruppigere, unbeherrschtere, unsensiblere und ungerechtere Menschen erlebt als Mütter. Das tägliche kleine Unglück widerfährt Kindern in allen Situationen. Egal, was sie machen – Kinder, wie es scheint, werden ohne Pause von ihren Müttern manipuliert, eingeschüchtert, herabgesetzt und lächerlich gemacht. Ich kann nicht die Mütter zählen, die mit ärgerlichem Gesicht Kinder am Arm zerren, anbrüllen, ihnen ständig drohen, sie erbarmungslos für Nichtigkeiten bestrafen und achtlos ihre Wünsche übersehen.

Sind diese Mütter die Menschen, unter deren uninspirierter Anleitung und negativem Einfluß neue Generationen, neue Weltbürger, neue Partner, neue Politiker, neue Väter und Mütter entstehen? Und wissen sie nicht, bei ihrer angeblichen Sensibilität und schutzspendenden Disposition, daß sie in ihrer permanenten Wut und Trauer über ihre Bürde und fehlende Identität eine Zumutung für jedes schutzlose, formbare, empfindliche Wesen sind?

Frauen beziehen sich ja gerne auf ihre »Intuition«, die für sie zum Handwerkszeug gehört. Da sie Rationalität ablehnen und oft keinen soliden, geistigen Unterbau haben, müssen sie natürlich darauf achten, daß ihre Sinne für Berechnung, nonverbale Signale und das Einschätzen einer Situation (hauptsächlich für ihren Vorteil) aufs beste entwickelt sind.

Für die Menschen, die ihnen ausgeliefert sind, haben sie allerdings oft wenig Intuition, denn diese werden gnadenlos je nach Geschlecht über den Löffel balbiert und in verkrüppelnde Rollen gezwungen, egal, was für individuelle Bedürfnisse sie haben mögen. Die Seele ihrer Kinder können Mütter scheinbar nicht einmal erahnen. Sie sind sich einmal so nahe gewesen, neun Monate haben sie den Nachwuchs in sich herumgetragen, aber die Menschen, die aus ihrem Bauch herausgekommen sind, sind ihnen ein Rätsel, das zu lösen sie sich nicht die Mühe machen.

Mütter sehen ihre Kinder nicht ständig mit liebenden und erst recht nicht mit verstehenden Augen an. Sie sind Fremde für sie, die sie überwachen und versorgen und an denen sie Dinge geraderücken können. Ansonsten ist die Psyche der Kinder den Müttern verschlossen, denn sie haben nichts gemeinsam mit ihnen. Spontan, unerschrocken, neugierig und anarchistisch, wollen Kinder genau das, was ihre Mütter, für die Verbote und Einschränkungen normal sind, ihnen verbieten. Das ist keine gute Grundlage für eine nicht-autoritäre, interessante Beziehung.

Es gibt erschreckend viele entwurzelte, unglückliche Jugendliche, die drogenabhängig, ziellos, selbstmörderisch, ohne einen Funken Selbstliebe sich die Zeit bis zum Tode vertreiben. Doch Mütter (und auch Väter) scheinen selten echte Betroffenheit oder sogar Schuld dafür zu empfinden, was aus ihren Kindern geworden ist und was diese dann wiederum aus der Welt machen. Arrogant und eitel, preisen sich Eltern lieber für ganz bestimmte Leistungen ihrer Kinder, mit denen sie nichts zu tun haben. Besonders Mütter sind skrupellos und selbstherrlich von ihrer Unfehlbarkeit überzeugt. Für sie gilt keine Regel, kein Tabu, kein Verbot, kein Gesetz, kein moralischer Grundsatz. Sie sehen nie das Leid, das sie anrichten – nicht während sie es verursachen, nicht während es sich vor ihren Augen entfaltet, nicht nach zehn, zwanzig, dreißig Jahren. Sie schaffen es sogar, vor einem zerbrochenen, seelisch entstellten Menschen zu stehen, ihrer Tochter oder ihrem Sohn, die einmal als unschuldige Wesen in ihrer Obhut waren, und ohne Gefühle von Schuld oder Scham zu behaupten, daß sie »alles getan und gegeben haben«.

Man hört die Mütter von Massenmördern oder sadistischen Vergewaltigern völlig überrascht jammern: »Ich weiß gar nicht, was mit ihm los ist, er war immer so ein braver Junge.« Nicht, daß Mütter oder Eltern für ewige Zeiten die alleinige Verantwortung für die Entwicklung ihrer Kinder haben. Aber was das Verhältnis der Frau zur Welt und zu ihrem Kind betrifft, so zeichnet sich dieses durch Blindheit und Ignoranz aus.

Was kann sie ihren Kindern wirklich anbieten? Sie hat ja meist nicht einmal ein Selbst zum Weitergeben. Dem Jungen gibt sie mit, sich eine Frau zu suchen wie sie es ist, und dem Mädchen, eine solche zu werden. Der Junge wird die Identitätslosigkeit von Frauen nicht merken, teils, weil es ihm egal ist, was sie fühlen und was ihnen fehlt, teils, weil er nie mit den Konflikten des Frauseins konfrontiert werden wird. Das Mädchen wird rasch ihre aufkeimende Rebellion beruhigen, ihre ambivalenten Gefühle der Mutter und dem Mann gegenüber schlucken und sich einfügen in das Unabwendbare, das keinerlei Herausforderung und Abenteuer verspricht.

Ein besonderes Opfer der mütterlichen Herrschsucht und Manipulation ist natürlich immer die Tochter, von der die »selbstlose« Mutter einen hohen Preis fordert. Sie will entschädigt werden für ihre Selbstaufgabe, für ihr langweiliges Leben und das Fehlen von Zielen. All die Opfer, die Mütter bringen und brachten, werden gemildert durch das Wissen (oder Hoffen), daß sie Töchter haben, die einmal genauso Opfer werden – Hausfrauen, Muttertiere, enttäuschte und überarbeitete Ehefrauen –, genauso bitter klagen und ihrerseits wieder Töchter zu Opfern machen werden. Sie tun alles dafür, daß sie würdige Nachfolgerinnen haben, denn geteiltes Leid ist halbes Leid. Eine Tochter, die sich abwendet, ist eine schlechte, weil freiheitssuchende Tochter. Unbelastet von Verständnis oder Mitgefühl für die taumelnden Töchter, beobachten sie sie mit Stolz und mit der Vorfreude auf die Imitation ihrer selbst, die sich ohne Zweifel vor ihren billigenden Augen entfalten wird. (Die Väter haben längst abgeschaltet, ihnen sind diese saftigen, sprießenden Knospen unheimlich und gefährlich. Sie schieben sie von sich, verweisen sie auf die Mütter.)

Gewinnen kann die Tochter meist sowieso nicht in den Augen der kritischen Mutter. So scheint es vielen Müttern nicht zu genügen, wenn ihre Tochter einen Beruf hat, der sie fordert und beglückt, wenn sie nicht gleichzeitig auch eine »frauliche« Tätigkeit oder einen Erfolg dagegensetzen kann. Mutterbelohnungen kriegt man für: einen Mann zu kapern und zu halten, für glänzende Parkettböden, gepflegtes Äußeres und Anpassung. Klappt es in einer Ehe oder Freundschaft nicht, kriegt man von ihr einen Tip, wie man sich zu verhalten hat, damit der Mann einen wieder »attraktiv« findet und nicht wegläuft, und nicht wie man als Mensch wächst und sich aus der Situation heraus begreift. Fragen Männer ihre Väter auch nach Tips, wie sie für Frauen »attraktiv« bleiben? Mütter sind oft nicht wirklich auf der Seite der Tochter, und das ist nicht, weil sie Männer lieber mögen: Männer sind nur wichtiger.

Wenn man Mütter mit kleinen Töchtern beobachtet, ist man für einen Moment Augenzeuge bei der Formung eines weiblichen Wesens. In einem Zug beobachte ich eine Mutter mit ihrer fünfjährigen Tochter. Die ist herausgeputzt in einem hellen, unpraktischen Kleidchen, trägt weiße, makellose Söckchen und hat goldenes Haar, das hinten mit einer Schleife zusammengebunden ist. Die Mutter, eine ebenso makellos zurechtgemachte Frau um die Dreißig, beobachtet ununterbrochen ihren Besitz mit liebevollen Augen, die gleichzeitig den unnachgiebigen Blick einer Gefängniswärterin haben. Sie ist Fehlern auf der Spur, unmädchenhaftem, weil unkontrolliertem Verhalten, dem Feind von Gefälligkeit, Artigkeit und Zierde. Wie zum Beispiel laute, spontane Ausrufe, rauflustige Bewegungen und schmutzigmachende Berührungen von Gegenständen.

Die zwei sind bereits miteinander verkettet, d. h., sie haben sich nie getrennt. Das Mädchen klettert auf den Schoß der Mutter, schmiegt sich an sie, legt sich gemütlich in ihren Arm. Dann blickt sie der Mama in die Augen, tätschelt ihr zart die Wange, und einen Augenblick lang sehen sie sich an wie zwei Verliebte. Dann rutscht das Mädchen gelöst vom Schoß herunter. Der Platz ist immer für sie da, mit der Sicherheit wird sie leben, um ihn braucht sie nie zu bangen. Selbst wenn ihr als 30jährige nochmal danach zumute sein sollte, könnte sie diesem Begehren nach dem Schoß der Mutter nachgeben, ohne sich besonderer Lächerlichkeit preiszugeben. Dem Jungen ist der Schoß für den Rest seines Lebens verwehrt, wenn er nicht als Neurotiker gelten will.

Die Mutter beobachtet weiter ihren Besitz, allein ihre Augen und Gesten haben die Kraft, einer Tochter ein Selbst zu geben oder es ihr zu rauben. Alle paar Minuten wird das Kleidchen zurechtgeschoben, die Schleife wird gebunden, eine Beschäftigung unterbrochen. Das Mädchen hält geduldig still, obwohl ihr das ewige Gefummel nicht paßt. Es weiß bereits, daß Mädchen nicht protestieren, daß sie pastellfarbene Dinge um sich herumgebunden haben müssen, die sich manchmal aufzulösen drohen, und daß das Glätten, Streichen und Zupfen, ausgeführt von sicherer Mutterhand, genauso zum Leben gehören wie ein Tadel bei stürmischem Verhalten.

Das Mädchen ist sicherlich eine eifrige Puppenspielerin, die aber gar nicht so liebevoll, wie immer angenommen wird, mit Puppen spielt, um sich auf ihre spätere Rolle als Herrscherin über lebendige Puppen vorzubereiten. Die Verstellung, für die sie später so gelobt wird, hat bereits ihre Wirkung getan, denn hinter der Imitation der Mutter, dargestellt durch scheinbar arglose Spiele mit leb- und machtlosen Puppen, versteckt sich der verbliebene natürliche Zorn über die eigene Situation der Einengung und Machtlosigkeit.

Ich bin nicht der Meinung, daß Mädchen an Puppen interessiert sind, weil sie schon so früh mütterliche Gefühle hegen und sich für ihre zukünftige Rolle präparieren. Vielmehr inszenieren sie mit Puppen die Gegenwart und zeigen lediglich, was sie fühlen, aber selber nicht ausdrücken können. Ich selber habe mich sehr intensiv mit Puppen beschäftigt, und es war nicht so sehr, weil ich sie liebte. Ich brauchte sie. Sie waren meine Stütze und meine Stimme. Insofern sind Puppen für Mädchen Lebensretter, die die Jungen nicht haben, denn auf Lokomotiven und Autos läßt sich der kindliche Schmerz des Unverstandenseins schlechter projizieren.

Übrigens einer der Hauptgründe, warum die Pippi-Langstrumpf-Bücher einen so durchschlagenden Erfolg bei Mädchen haben, ist der, daß Pippi nicht nur die schrägsten Phantasien eines jeden Kindes ausleben darf, sondern daß sie den Argusaugen, der ständigen Überwachung und den unwillkommenen Übergriffen auf ihre Freiheit durch die Mutter entkommen war. Ohne die kontrollierende Mutterinstanz konnte Pippi aggressiv, lustig, originell und frei sein, anziehen, was sie wollte, und ungehindert die verrücktesten Abenteuer bestehen. Es ist im wirklichen Leben nicht unbedingt ein wünschenswertes Schicksal, mutterlos zu sein, aber im Fall von Pippi Langstrumpf macht die fehlende Mutter aus einem kleinen Mädchen eine hinreißend interessante Abenteurerin.

Vielleicht vergibt man später Müttern ihre Dominanz mehr, weil man um ihr arbeitsreiches und oft bemitleidenswertes Leben weiß, während ein Vater in einer besseren Position war und seine Unzulänglichkeiten daher weniger verständlich erscheinen. Als Tochter erkennt man natürlich erst einmal den Unterdrücker Mann besser, als ein Sohn es kann. Die Unterdrückerin Mutter wird länger beschützt, weil sie ihre Macht und Manipulationen besser hinter Fürsorge verstecken kann.

Leider war auch meiner eigenen Mutter das Dr. Jekyll-und-Mr. Hyde-Syndrom nicht unbekannt, und daß Außenstehende lediglich ihren bezaubernden Charme und ihre Hingabe an ihre Kinder beobachten konnten, stürzte mich als Teenager in Konflikte und entfachte große Wut, denn ich kannte sehr gut die anderen Seiten von ihr. Doch nie im Leben kommt man als Kind gegen den Glorienschein und die Engelsflügel einer Mutter an, man ist dazu verdammt, mit befremdeten Blicken und Kopfschütteln bedacht zu werden, sobald man versucht, ihr dieses Mutter-Markenzeichen wegzunehmen.

Anne Frank, des Vaters Lieblingstochter, hatte ein großes Problem mit ihrer kontrollierenden Mutter. Interessanterweise wurde ihr Tagebuch von den damaligen Lektoren zensiert, weil ihnen einige Passagen, die Annes Enttäuschung und Wut über ihre »schlampige, sarkastische, unwirsche Mutter« in eindeutiger Sprache aufzeigten, zu skandalös in ihrer Offenheit und Schärfe erschienen. Es paßte nicht zum Muttermythos, daß eine

Mutter in einem so herrlichen Buch so schlecht wegkam, und auch nicht, daß sich ein so nobles Mädchen erlaubte, ihre Mutter anzufeinden. So beklagte Anne unter anderem: »Sie ist keine gute Mutter, ich muß meine eigene sein«, und: »Ich habe ein Bild davon, wie eine perfekte Mutter sein müßte, aber in der Person, die ich ›Mutter‹ nennen muß, finde ich keine Spur davon.«

Besonders herrschsüchtige und unintellektuelle Mütter kühlen in ihrer Fürsorge und Begeisterung ihren Kindern gegenüber sehr ab, wenn diese nicht mehr wie Puppen behandelt werden können. Ich habe das selber sehr stark empfunden. Ich wurde von meiner Mutter ziemlich fallengelassen, als ich zu zweifeln, zu beobachten, zu beurteilen und »nein« zu sagen begann. Auch sonst paßte meine Mutter leider genau in das Klischee der Frau, die keinen Beruf hatte und daher immer nach Gelegenheiten suchte, in denen sie Überlegenheit beweisen konnte. Obwohl eine liebe, lustige und warmherzige Mutter, war sie trotzdem so kontrollierend, daß sie uns nie aus den Augen ließ. Sie öffnete an mich gerichtete Briefe, als ich Teenager war, und spionierte mir schamlos hinterher, genauso wie hinter meinem Vater, der sicherlich mehr Anlaß zu Verdächtigungen gab als ich.

Meine Mutter war außerdem sehr launisch – bezaubernd, liebreizend, großzügig die eine Minute, herrisch, streng, ungerecht die nächste. Man wußte nie, woran man bei ihr war. Sie wußte es selber nicht, denn sie hatte sich nie die Mühe gemacht, sich selber kennenzulernen. Sie schlug uns auch hin und wieder, und es war bezeichnend, wofür wir Prügel bezogen. Es ging um Autorität, Kontrolle und Macht.

Einen Fall werde ich nie vergessen. Meine Schwester und ich spielten öfter »Verkleiden«, ein typisch weibliches Spiel, aber es war uns allerstrengstens verboten, die elegante Garderobe meiner Mutter (sie war eine sehr gute Schneiderin) zum Spaß anzuziehen. Natürlich taten wir es trotzdem, wenn sie aus dem Hause war.

Einmal erwischte sie mich in dem rosa Spitzenabendkleid aus Amerika, das ich nicht schnell genug ausziehen konnte, und so versteckte ich mich im Schrank. Sie roch geradezu den Braten, und ich wurde angeschrien, als hätte ich das Haus in Brand gesteckt, und obendrein ordentlich verdroschen. Warum, ahne ich erst heute. Ich hatte nichts moralisch Verwerfliches getan – es ging um Kleidung, weibliche Identität, Rollenspiel und Eifersucht. Es war ihre Rolle die Abendkleider zu tragen, doch ihre Teenagertöchter waren ihr auf der Ferse als Konkurrenz – schockierend!

Mütter, die schlechte, unbefriedigende Ehen haben und kein ausgefülltes Berufsleben, sind naturgemäß bitterer und fühlen sich ausgenutzter als andere. Meine Mutter war trotz ihrer positiven, sonnigen Disposition eine solche Frau. Sie kriegte nichts zurück (außer zwei sie anhimmelnde Kleinkinder) für ihre unermüdlichen Dienste als Hausfrau, Mutter und Ehefrau. Kinder sind natürlich schamlos gierig, fordernd, respektlos, wollen nur haben, die Mutter aussaugen, ihr die Energie wegnehmen. Wenn sie gefüllt und satt sind, hüpfen sie munter weg und wenden sich interessanteren Dingen zu. Kein Wunder, daß die Mutter die Macht der Zuteilung und der Verweigerung ausüben möchte und sie sogar genießt. Es war wahrscheinlich lebensnotwendig für meine Mutter, uns Kindern etwas vorenthalten und verbieten zu können. Sie mußte sich gegen uns behaupten und brauchte einen Bereich, der ihr ganz allein gehörte, unantastbar für uns Kinder. Ihre schönen Kleider waren ihre Identität, ihre Haut, ihr Besitz, ihre Abgrenzung, ihr Schutz – auch vor uns. Ich hatte nie verstanden, warum meine sonst so großzügige Mutter uns nie etwas von sich anziehen ließ. Ich glaube, sie fand, daß sie genug gegeben hatte – und sie hatte völlig recht.

Der Schaden, den Männer anrichten, besteht darin, Dinge zu tun. Der Schaden, den Frauen anrichten, besteht darin, daß sie Dinge unterlassen. Viel Großartiges ist über die Mutter als Beschützerin ihrer Kinder Jahrzehnte hindurch geschrieben und erzählt worden, und auch viel Mitleidiges über ihre Machtlosigkeit. Weniger Material dagegen findet man über ihre Schuld, die in ihrer Duldung liegt und sie zur Partnerin all der Verbrechen macht, die im Schatten ihrer Protektion geschehen. Frauen schwelgen gern in der Annahme, zu sehr zu lieben. Das mag ihr Unglück, ihre Hemmung und ihre seelische Spaltung sein, es ist aber auch ihre liebste Ausrede.

Die Integrität der Liebe einer Mutter, einer Frau, eines Menschen besteht darin, sich nicht zum stummen Zeugen und Komplizen zu machen. Was Frauen tun – aber noch mehr, was sie zu- oder unterlassen –, sprengt oft jede Toleranzgrenze und jedes Verständnis. Es ist unmöglich geworden, die beliebte Rolle der Frau als Opfer, das für seine Handlungen bzw. Nichthandlungen nicht verantwortlich ist, zu akzeptieren, wenn man zwei Phänomene aus jüngster Zeit betrachtet: Kindesmißhandlung und sexuellen Mißbrauch von Kindern.

Die Berichte von diesen gewalttätigen Delikten an Kindern sind grauenvoll, alarmierend, und die Zahlen steigen immer weiter an. Nach Schätzungen des Bundeskriminalamtes werden jährlich mindestens 300000 Kinder, vorwiegend Mädchen, sexuell mißbraucht. Andere Instanzen schätzen sogar, daß jedes dritte Mädchen und jeder siebte bis zehnte Junge in Europa und den Vereinigten Staaten mißbraucht werden. 99 Prozent der Täter sind Männer – Väter, Stiefväter, Verwandte, Bekannte. Die Mittäterinnen sind diejenigen Mütter, Ehefrauen und Freundinnen, die um diese Vorkommnisse wissen oder gar unter einem Dach mit Opfer und Täter leben und es vorziehen, wegzusehen, wegzuhören oder wegzugehen, während ihre Töchter zwischen einem und 16 Jahren benutzt, beschädigt, vergewaltigt und brutalisiert und für ihr Leben gezeichnet werden. Mütter wollen scheinbar auch nicht merken, wenn ihr Kind seltsame Verletzungen am Körper hat und verschreckt und depressiv ist. In Fällen vor Gericht hört man dann öfter als Entschuldigung, daß die Frau »nicht den Mann verlieren wollte« und deshalb schwieg.

Dieselbe Abhängigkeitssituation Kind-Frau-Mann findet man auch bei der Kindesmißhandlung, oft mit Todesfolge, die ebenfalls in Deutschland und den USA stark angestiegen ist. Allerdings wird hier manchmal jede damenhafte Zurückhaltung fallengelassen; die Frauen schlagen und quälen kräftig mit. Keine

Brutalität ist zu sadistisch – Kinder werden eingesperrt, gefesselt und ausgehungert, mit kochendem Wasser verbrüht, mit Gürteln, Stöcken und scharfen Gegenständen bearbeitet, ihnen werden Zähne ausgeschlagen und Knochen gebrochen, Haare ausgerissen und mit Zigaretten Löcher in die Haut gebrannt. Ist die Frau nicht aktiv an der Mißhandlung beteiligt, dann duldet sie oft über Jahre die systematische Zerstörung ihres Kindes oder sogar mehrerer Kinder. Einerseits, weil der Mann oder Freund sie auch schlägt, andererseits, weil auch sie sich durch das Kind gestört fühlt, das sie nicht haben wollte.

Sind soziale Mißstände, vielleicht eine fehlende Berufsausbildung, eine brutale Kindheit und Angst vor dem Mann wirklich eine hinreichende Entschuldigung? Wie soll man das einordnen, wenn Frauen sich von einem Mann schwängern lassen oder einen neuen Freund unter ihrem Dach leben lassen, obwohl sie wissen, daß er ein jähzorniger Prügler ist? Wo ist die Weigerung, die Macht des Handelns, die nichts mit Bildungsstand und Frausein, sondern mit Mut zur Entscheidung zu tun haben?

Auch im täglichen Leben, das in ruhigen, bürgerlichen Bahnen zu verlaufen scheint, sind Frauen voller Widersprüche, doppelter Moral und halben Wahrheiten. Es besteht nicht unbedingt ein Widerspruch zwischen glücklichen und strahlenden Müttern und dem Leid eines Kindes. Die Schizophrenie des Mutter- und Frauenverhaltens besteht darin, daß sie die unterschiedlichsten und gegensätzlichsten Handlungsweisen ausübt oder zuläßt. Frauen scheint ganz ohne Übergang das Hegen und Nähren genauso nahe zu liegen wie das Quälen und Hassen, auch wenn dies nicht mit dem geforderten Bild von Güte und Perfektion unter einen Hut gebracht werden kann.

Was sich früher unter dem Deckmantel wohlanständiger Bürgerlichkeit an Horror für Kinder abspielte, hat auch mein Vater in seiner Kindheit erfahren müssen, und es hat ihn für den Rest seines Lebens geprägt.

Meine Großmutter war der Inbegriff der reinen, religiösen höheren Tochter mit einer freundlichen und mildtätigen Disposition. Ihr Mann war ein unbeherrschter, grantiger Despot, der eifersüchtig auf seinen ältesten Sohn – meinen Vater – war, weil dieser sich der absoluten Vergötterung durch seine Mama erfreute.

Ihr »Heini«, 1912 geboren, war ein Wunderkind, das sie überall mit Entzücken pries. Alte Fotos zeigen eine hübsche, sehr junge, wilhelminische Mutter, die beglückt einen pfiffig aussehenden Jungen an sich gedrückt hält. Doch Bilder lügen genauso wie liebende Mutteraugen. Die Mutter ließ zu, daß ihr geliebter Sohn von seinem wütenden, rigiden Vater schon als sehr kleines Kind verprügelt wurde, eine sadistische Maßnahme für absolute Nichtigkeiten, die mein Großvater durchzuziehen versuchte, bis mein Vater 18 Jahre alt war. Damals nannte man das preußische Erziehungsmethoden – heute nennt man das Kindesmißhandlung. Ist sie nicht ebenso schuldig, die Mutter, die danebensteht, wenn ein Vater oder Liebhaber seine Wut auf einen hilflosen Kinderkörper hinuntersausen läßt? Wo bleibt da die große, grenzenlose Kinderliebe, das »Für-meine-Kinder-tue-ich-alles«, das »Eine-Mutter-liebt-ihre-Kinder-mehr-als-ihr-Leben«? das bei jeder Gelegenheit pathetisch von Müttern zum besten gegeben wird?

Da Frauen außer im abgegrenzten häuslichen Familienkreis selten Gewalt und Herrschaft ausüben können, unterstützen sie unbemerkt die, die es auf Grund ihres Geschlechts dürfen – die Männer. Die Macht der Frau als Erzieherin verhilft anderen zur Gewalt. Ob Frauen wohl eines Tages verstehen werden, daß sie die Disposition und den Nährboden für Kriege, Zerstörung und Tod schon in der Wiege, im Sandkasten im Kindergarten, ja durch ihre Blicke, Körpersprache, Gesten und Launen, Streicheleien, Belohnungen und Bestrafungen in ihrer Entstehung verhindern, aber auch anlegen können?

Obwohl es seit den 50er Jahren eine Friedensbewegung gibt, in der Frauen eine prominente Rolle spielen, muß man trotzdem festhalten, daß Frauen zu allen Zeiten Kriegsunterstützerinnen gewesen sind. Frauen können daher sehr wohl die Mitlenkerinnen der Gewalt sein, wenn sie die Werte, Traditionen und gesellschaftlichen Normen unterstützen, die z. B. Kriege und Kriegsbegeisterung möglich machen. Das harmlose Mitläuferinnen-Märchen und das von den von Natur aus friedfertigen Frauen ist dazu angetan, das Gerücht ihrer verbrieften menschlichen Milde und jeglichen Fehlens von Aggressionen zu erhalten. So haben sich beide Geschlechter Wege und Mittel erkämpft, ertrotzt, erschlichen, erbeutet und erbettelt, die ihrer angeblichen »Natur« entsprechen, um in den Genuß von Macht zu kommen.

Frauen sind sicherlich weniger aggressiv, brutal und blutrünstig als Männer, oder zumindest sind sie es nicht so stark, daß sie alles daransetzen, diese Triebe auszuagieren. An kämpferischer Kriegsmacht und physischer Gewalt sind sie größtenteils immer gehindert worden. (Siehe Frauen im Golfkrieg von 1991. Auch hier waren sie nicht die Kämpferinnen, sondern die Angestellten, die zwar die Bomben bringen, sie aber nicht abschießen durften.) Teils, weil sie physisch schwächer gebaut sind, teils, damit das liebende, häusliche, harmonische Geschlecht möglichst wenig Gelegenheit haben soll, seine weniger weichen Seiten zu zeigen, die ja Männer bekanntlich stören.

Frauen haben wohl auch kein Interesse und keinen Spaß an der Aufstellung von Kriegsheeren sowie an Strategien, Bombengeschwadern und Panzerkolonnen. Sie guckten sich zu allen Zeiten nur gerne die strammen Soldaten an, liebten Marschierer, winkten sie in den Krieg, verabschiedeten sich mit sehnsüchtigen Kriegsküssen – »Töte man schön, aber komm heil wieder«. Frauen sind die Drahtzieherinnen hinter der Weltbühne, versteckt hinterm Vorhang, die den letzten Schliff anlegen, die zurückbleiben und die, wenn alles zerstört ist, den Dreck wegmachen und alles wiederaufbauen. Sie sind die, die alles, was sie verdammen, bemäkeln und verachten, selber zulassen.

Man kann, wenn man Deutsche ist, nicht über Frauen, Macht und Verantwortung sprechen, ohne an das Dritte Reich, die Nazis und die besondere Rolle, die die Frauen in der erfolgreichen Ausführung einer mörderischen Diktatur gespielt haben, zu denken. Natürlich ist das Thema noch unbeliebter als die Nazivergangenheit generell, denn das Bild der passiven, schuldlosen

Frau, die einfach nur da ist, unfähig, eine Maus zu töten, verträgt sich schlecht mit den überwältigend zahlreichen und häßlichen Horden von Nazi-Anhängerinnen, die tagtäglich durch Erziehung und Duldung Nazi-Ideale verbreiteten und unterstützten.

Immer wenn ich altes Material von den Transporten in die Gaskammern sehe, in dem kleine Kinder mit großen Augen verstört in die Kamera gucken, denke ich an die Ehefrauen und Freundinnen der Männer, die das Töten, Schießen und Quälen mit großer Akribie und kleinen Gewissensbissen ausführten. Niemand häufte zu große Aufmerksamkeit auf Frau Eichmann, Frau Mengele oder Frau Höss, und natürlich erst recht nicht auf die anderen »besseren Hälften« der namenlosen Mörder, die beim KZ um die Ecke, in netten Häuschen mit gestärkten Gardinen und Dienstpersonal in gestreifter Kleidung ihre Tage mit Kochen und Putzen verbrachten, bis Vati vom Töten nach Hause kam.

Keiner einzigen von diesen Ehefrauen, die jahrelang von dem Gehalt eines KZ-Schergen gelebt hat, wurde je der Prozeß gemacht. Frauen halten sich nicht für Schreibtischtäterinnen, sondern für Pazifistinnen, Unschuldsengel oder Opfer. Wie sehr interessiert nun Frauen das Leid ihrer und anderer Kinder zu Kriegszeiten? Um der Kinder willen werden keine Kriege, keine Gewalt und keine Unterdrückung vermieden.

Frauen untereinander phantasieren gerne mal darüber, was wäre, wenn sie an die Macht kämen und die Welt ändern könnten. Die Entdeckung ihrer bisherigen Machtlosigkeit dürfte alt sein und hätte von daher eigentlich bei Frauen längst zu einem viel stärkeren Rebellionsbegehren und einem radikalen Änderungswillen führen müssen. Doch für eine Machtübernahme müßten sie notgedrungen etwas aufgeben, nämlich ihre Körpermacht und die Idee der romantischen Liebeserfüllung, und sich dafür etwas aneignen, nämlich Aggressivität und Rationalität. Sie müßten sichere, souveräne, in sich ruhende Menschen werden, um die Verantwortung für die Welt auf ihren Schultern tragen zu können.

Doch die Gebärmacht gegen die Männermacht einzutauschen, ist ein zu unsicherer Tausch ohne Garantie, als daß Frauen sich darauf einlassen würden. Von so einem überwältigenden, machtstrotzenden Mythos wie Sex-Göttin und Mutter Abschied zu nehmen, wäre ein ebenso revolutionärer wie evolutionärer Schritt, der ein beträchtliches Ausmaß an Trauma, Drama und Angst auslösen würde. Und dem wären nur die Allerstärksten und Allermutigsten gewachsen, also die Minderheit. Außerdem wissen Frauen sowieso nicht, was sie lieber lenken wollen, das Weltgeschehen oder einen Kinderwagen.

Ich hätte etwas Angst vor einem Matriarchat – mir würde schon Gleichberechtigung genügen –, nicht weil ich Zweifel habe, daß Frauen alles genausogut oder schlecht können wie Männer, sondern weil ich nicht weiß, ob sie es besser können. Ich hätte Angst vor Rachegelüsten, Machtorgien, Ungerechtigkeiten und dem Mangel an Erfahrung. Machtausübung, die über den begrenzten Horizont des privaten Bereichs hinausgeht, will gelernt sein. Würden Frauen wirklich nicht ihre Macht mißbrauchen? Und warum nicht?

Was machen sich Frauen eigentlich vor? Wenn sie noch nicht mal ihren Mann und die Kinder dazu kriegen können, die Verantwortung für den reibungslosen Ablauf eines Haushalts mit all seinen unkomplizierten Aufgaben mit zu übernehmen, warum sollten sie mühelos Direktoren und Diktatoren, Staatsmännern und Präsidenten komplizierte Belange der Welt erklären und sie für die Durchsetzung neuer, frauenfreundlicher und menschlicher Konditionen umstimmen können? Vielleicht wäre es eine gute Idee, ganz bescheiden und zu Hause mit dem Abtragen von schädlichem Gedankenmüll anzufangen. Was Frauen zu jeder Zeit haben können, ist die individuelle Macht eines Menschen, der wirklich denkt, abwägt und entscheidet. Die Erkenntnis, daß ein freigewähltes Selbst große Macht bedeutet, würde automatisch zu einem neuen Selbstbewußtsein führen, bei dem Unterordnung aus Angst und Machtmißbrauch aus Schwäche keine Faszination ausüben könnten.

Die größte Macht der Frau kann in ihrer Weigerung bestehen.

Zum Beispiel der Weigerung, Sklavendienste zu verrichten, Unterwürfigkeit zu praktizieren, Männer zu vergöttern, den Mund zu halten, Ungerechtigkeiten hinzunehmen, Gewalt zu unterstützen, ihre Töchter als weniger und ihre Söhne als mehr anzusehen. Der Rest kommt dann von ganz alleine.

...und ewig quasseln die Frauen

»Diamonds are a girl's best friend.«
MARILYN MONROE

Es ist ein Irrtum anzunehmen, daß die Gefühle der Frauen von Natur aus stärker als die der Männer sind, nur weil sie unkontrollierter zur Schau gestellt werden. Wenn man ganz ehrlich ist, sind die angeblich typischen Gefühlsausbrüche von Frauen oft nicht mehr als dramatisch dargebotene Plappereien. Sie haben nicht so sehr mit ihrer »offenen, sensibleren« Art zu tun, die es ihnen unmöglich macht, den Mund zu halten, sondern damit, daß es Frauen nicht peinlich ist, mit großer Lautstärke jeden nur erdenklichen, unwichtigen Blödsinn und jede Banalität von sich zu geben.

Wer an diese geschwätzige, geistlose und aufdringliche Seite der Frauen nicht glauben mag, der muß sich nur einmal in die Hochburgen von Frauenansammlungen begeben, um von gewissen Hoffnungen auf Emanzipation kuriert zu werden. Warenhäuser, Cafés, Boutiquen, Kantinen, Vorzimmer, Kinderspielplätze, »gemütliche« Frauenabende usw. können einen das Gruseln lehren. Entweder wird geklagt oder geklatscht. Im Gegensatz zu Männern, die für Geschwätz und Klatsch geringes Interesse und wenig Zeit haben, nehmen sich Frauen immer Zeit dafür und lassen scheinbar für jeden Austausch-Plausch etwas potentiell Geistreiches oder Anregendes sausen. Ihre Zunge ist ihr Herz, sie ist ihr Werkzeug und ihre Waffe. Frauen sind denn auch die größten Kommentatorinnen, Klatschspaltenspezialistinnen, Ratschlaggeberinnen und Zungenkriegerinnen. Das exzessive Reden hat natürlich einen alten Grund – amputierte Lippen und Tausende Jahre Einsamkeit, mentale Isolation, Redeverbot, Geheimniskrämerei und Flüstern hinter verschlossenen Türen.

Frauen reden, um sich ihrer Existenz zu vergewissern. Wenn sie schon nichts zu sagen haben, dann wollen sie wenigstens gehört werden, so daß sie nicht ganz hinter den Männern verschwinden. Der Alltag, die Familie, die Arbeit im Hause oder im Job sind ihr Leben, darum ranken sich meist ihre Themen. So haben sie für alles eine Erklärung, für jeden einen Tip oder eine praktische Hausfrauenweisheit parat, mit der sorglos jede wirkliche Problematik entschärft wird. Mit Weisheitsperlen wie »So ist das nun mal«, Aufmunterungen wie »Ach, das wird sich schon geben«, auftrumpfendem Trotz wie »Das würde ich mir nicht gefallen lassen« und leutseliger Verschwörung wie »Wir Frauen müssen doch zusammenhalten«, sind sie in der Tat die Champions der nutzlosen Allgemeinplätze.

Frauen treten viel in Gruppen auf und strömen Lebhaftigkeit und Einigkeit aus. Die Hauptquelle für ihre Intimität, Wärme und trostspendende Kraft untereinander ist das gemeinsame Schicksal. Sie gehen aufeinander zu, weil ihr Geschlecht sie verbindet, ihr Haushalt, ihr Ärger mit dem Mann, ihre Frustration, ihre Sehnsüchte, aber auch ihre Ziellosigkeit und Begrenztheit.

Man trifft sich nicht in seinem Selbstverständnis als Frau und Mensch, die im Vollbesitz ihrer Kraft und Kreativität ist. Man trifft sich als Leidensgenossinnen, oder mehr Gefängnisinsassinnen, die über ihre Fesseln sprechen, sogar darüber scherzen, sie aber durchaus nicht abschütteln wollen oder können, weil sie ein Teil ihrer Identität geworden sind. Diese Duldsamkeit, wieder eine der klassischen, anerzogenen »weiblichen« Eigenschaften, ist eine der permanenten Behinderungen, die für viele Frauen zur zweiten Natur geworden ist.

Sie können stundenlang über sich selber sprechen, werden zu Verschwörerinnen, halten feurige Reden, machen ihrer Wut und Unverstandenheit Luft und haben oft einen überraschend präzisen Einblick in ihre Situation, deren Unzumutbarkeit ihnen nicht verborgen ist. Doch diese lebhaften Unterredungen sind nicht als Ideenaustausch mit dem Plan oder auch nur der Möglichkeit einer ernsthaften Veränderung gemeint, und ihre Ergebnisse führen selten zu etwas Konkretem. Es sind mehr träumerische Utopien und Abenteurergespräche, die in den Wohnzimmern zu schillernden Fabeln werden. Sie fangen mit: »Was wäre, wenn... (wir wirkliche Wesen wären und die Power von Männern hätten?)« an.

Es sind wieder die passiven Prinzessinnen, die versammelt sind und ihr bescheidenes feministisches Märchen für ein paar Stunden mit ihren Gefährtinnen erleben dürfen, bevor es im Angestellten-, Gattinnen- und Mutteralltag verpufft. Wie eine herrliche Kostümierung wird alles wieder abgelegt, in die Traum- und Schatzkästchen gesteckt, in denen auch die anderen zersplitterten Reste der starken Pionierrollen, die nie in die Wirklichkeit umgesetzt wurden, langsam verbleichen.

Es ist tatsächlich eine Art Scheinwelt oder Frauensandkasten, in dem diese Sitzungen stattfinden. Der FKK (Frauen Klage Klub) ist wohl die größte Beschwerdeorganisation der Welt. Männer kommen häufig in den Unterhaltungen vor, aber sie kommen nicht gut weg. Sie werden beschimpft, lächerlich gemacht, und vor allem wird ihre Wichtigkeit heruntergespielt. Nichts wird verschont: ihre Potenzprahlerei, ihre Herrschsucht, ihre generelle Verständnislosigkeit, ihr Fehlen von Wärme und ihr widerlicher Egoismus. Aber die Frauen gehen zu diesen Monstern in Menschengestalt nach Hause, pünktlich, damit sie ihnen das Essen anrichten können und so einer Rüge entgehen.

Diese dauernden Treffen der Frauen-Schwatzstaffel erwecken leicht den Eindruck, als würde es sich um echte Zuneigung unter den Teilnehmerinnen, um Kameradschaft und Toleranz handeln. Da ist natürlich auch etwas dran. Frauen gehen tatsächlich aufeinander zu, lachen sich herzlich an, drücken und umarmen sich schnell und spontan, können weinen und sehr mitfühlend sein, wenn man das gemeinsame »Leid« zum Mittelpunkt macht. Doch Frauen untereinander haben den Zwang, um jeden Preis eine »Verschwesterung« zu erzielen, was einer Form von Diktatur gleichkommt. Wer nicht eifrig mitnickt, ist gegen die »Bewegung«. Frauen arbeiten immer an der Anlehnung an ihr Geschlecht, nicht an ihrer Individualität. Sie versuchen zu verschmelzen, sich unsichtbar zu machen, im fraulichen Raum der

Blässe, Weichheit und Stachellosigkeit zu verschwinden. Sie suchen die Nähe, das Verbindende, die Gleichheit und Anerkennung.

Frauen sind es gewohnt, in der Männerwelt als Halbwesen ohne festen Kern und ohne eine distinguierte Persönlichkeit angesehen zu werden. Sie verzehren sich daher nach Identität. Die Identität ist immer die Frau neben ihr. »Ich bin eine von ihnen«, denkt eine Frau von der anderen und hat erst einmal keine Berührungsängste (und vielleicht auch keinen Respekt). Sofort fühlen sie sich aufgehoben, die Biologie, die Fortpflanzungsorgane sind die Schicksalsfäden, durch die man miteinander verknüpft ist. Ohne großes Federlesen fangen sie an zu reden, sich auszusprechen, sich anzuvertrauen, zu klagen, zu vergleichen. Frauen vergleichen sofort. Sie vergleichen aber nicht ihre beruflichen Leistungen, ihre Karrieren oder ihre Geisteshaltung und Philosophie (meist haben sie keine), sondern ihre Situation. Eine Frau hat meist kein unabhängiges intellektuelles Leben, über das sie länger sprechen könnte, sondern sie ist immer in einer bestimmten Lage, über die sie Auskunft geben möchte. Die Lage der Frau bietet immer Gesprächsstoff, denn sie ist eine Niederlage.

Frauen treffen und empfinden sich nicht als geschlossene Persönlichkeiten, die kennenzulernen faszinierend, erbaulich oder anregend sein könnte, sondern als Menschen, von denen man rauskriegen möchte, wie sie mit ihrer Lage fertigwerden, wo sie stehen, wie sie dahin gekommen sind und was sie dazu meinen. Statt Austausch gibt es Lageberichte, die gleichzeitig Lagerberichte oder auch Gefängnisprotokolle sind.

Wer mehr im Sinn hat, als nur in einen Chor miteinzustimmen, wer wirklich frei von der Leber weg sprechen möchte, eine eigenwillige, kompromißlose Art an den Tag legt und furchtlos zu neuen Ufern streben will, grübelt besser allein am Schreibtisch und macht sich mit der Rolle der einsamen, angefeindeten Kämpferin vertraut. Frauen können nämlich Nonkonformistinnen, starken Widerspruch und entgegengesetzte Meinungen von anderen Frauen nur schwer ertragen. Die von einer Frau unausgesprochene wie auch ausgesprochene Botschaft »Ich bin nicht so wie ihr« wird unter Frauen als Provokation und Anmaßung empfunden.

Man merkt schnell, daß intellektuelle Frauen, sprich Frauen, deren Leben auf politischer, geistiger, künstlerischer und menschlicher Weiterentwicklung aufgebaut ist, bedrohlich sind und gleichzeitig Aggression, Neid und starke Ablehnung erwekken. Die heftige Reaktion ist nicht so erstaunlich, wenn man bedenkt, wie hoch der Preis der Anpassung für die Neiderinnen ist. Rebellische Frauen, die sich nicht in den meckernden Frauenklub der zänkischen Herzen einzwängen lassen wollen, werden daher auch mit Schmähung und Wut bestraft. Es wird nur schwer ertragen, wenn eine Geschlechtsgenossin aus der genormten, erdrükkenden Mittelmäßigkeit des Durchschnitts-Frauendaseins tatsächlich ausbricht, denn das beweist, daß es tatsächlich möglich ist.

Männer vermuten hinter der unkonventionellen geistigen Meinung einer Frau immerhin noch die Andersartigkeit des Geschlechts und sind deshalb vielleicht amüsiert oder sogar inspiriert. Frauen sind jedoch auf Symbiose gedrillt und müssen emotionale Kontinuität und komfortable Konformität haben, so wie sie sie auch als Mutter mit ihren Kindern haben müssen. Frauen verhalten sich denn auch anderen Frauen gegenüber oft wie Mütter: erdrückend, nach Verschmelzung, Gleichheit, Bestätigung und Harmonie suchend. Da bekommt die vielgerühmte Intimität zwischen Frauen gleichzeitig einen Ausschließlichkeits- und Würgecharakter, der keine individuellen Bedürfnisse zuläßt, wenn diese auf mehr Freiheit ausgerichtet sind. Die Bande der Geschlechtsgenossinnen, die einen umschließen, sind aus Stahl.

Weil man als Frau quasi automatisch zu einem Kartell gehört, dessen Regeln so unverrückbar und originell wie die eines Skatvereins sind, wird einem nach einer Regelverletzung die wohlige Wärme entzogen. Ist man nicht eine von ihnen, verweigert man sich der Leidensanerkennung und Identifikation, ist man schnell aus dem intimen Zirkel ausgeschlossen; man ist eine Verräterin an der »eigenen Sache« und wird so als Aussätzige behandelt. Dort kommen dann ganz überraschend die Kälte und Erbarmungslosigkeit, die genüßliche Schadenfreude und das Kleinbürgerliche von Frauen heraus.

Eine andere Todsünde, die eine Frau auf die Abschußliste bringt, ist die sogenannte Arroganz von der Sorte »die denkt, die ist was Besseres«. Frauen versichern anderen Frauen immerzu, daß sie selber kein bißchen besser dran sind, nicht talentierter, schöner, glücklicher, zufriedener sind und keine beneidenswertere Stellung haben. Eine gefällige Persönlichkeit, nicht zu ambitioniert, nicht zu intellektuell, nicht zu schön und nicht zu originell, dabei unaggressiv, kooperationssüchtig und mit einer fließenden, unobstruktiven, vergebenden Art, die niemandem unangenehme Gefühle einflößt – das ist das beste Rüstzeug für ein Frauenleben unter Frauen. Hört sich irgendwie familiär an? Wollten wir nicht gerade diesen ermüdenden, oppressiven Bildern entfliehen? In der Tat unterscheidet sich dieses Frauenbild nicht sehr kraß von demjenigen, das Männer sich von Frauen machen. Haben sich auch die Frauen gegenseitig in Zwangsjacken gesteckt?

Was sich Frauen durch ihre Oberflächlichkeit und fehlende Neugierde gegenüber anderen Frauen versagen, indem sie sich lediglich als Spiegelbild gebrauchen, liegt auf der Hand. Frauen werden von Frauen nicht wirklich in ihrer Persönlichkeit, in ihren Fehlern, ihren Stärken, in ihrer Widersprüchlichkeit und ihrer Individualität gesehen. Menschen, die man nicht wirklich kennenlernt, läßt man auch leichter fallen. Eine, wie es scheint, durch und durch weibliche Eigenart. Sie wird von vielen Frauen, die Opfer solcher »verräterischen« Akte von Freundinnen geworden sind, beklagt.

Jeder, der es wagt, Frauen öffentlich zu kritisieren, muß mit Beleidigungen, Schimpf und Drohungen rechnen. Ich erinnere an das provokative Esther-Vilar-Buch »Der dressierte Mann«. Frau Vilar bekam so viel Haßpost von Frauen, daß sie es vorzog, nach England auszuwandern. Ich selber machte eine unangenehme Erfahrung mit einem zwar polemischen, doch gut fundierten Artikel über Amerika und die Autorin Betty Mahmoody (»Nicht ohne meine Tochter«), weil ich dieses Märtyrerinnen-Machwerk aus der Feder einer pathologisch-patriotischen amerikanischen Mom als eindimensional herausstellte. Der Satz, daß bei der »mürrischen Vorortshausfrau die Gebärmutter und nicht das Hirn zum Denken benutzt wurde«, aktivierte bei vielen Leserinnen ein anderes, gutbekanntes Organ – die Giftdrüse. Sie schrieben einen Haufen Leserbriefe an die »Süddeutsche Zeitung«, die eine verblüffende Ähnlichkeit miteinander aufwiesen.

Eine Leserin, stellvertretend für den Großteil der Briefe, wußte sofort um meine fragwürdige Persönlichkeit: »Ich stelle mir Frau Reichel als eine arrogante, humorlose, unsympathische 68er Emanze vor, die immer noch keine Tochter hat.« Außerdem empfand sie den einfach zu verstehenden Artikel als eine »superintellektuelle, superprogressive Ausgeburt eines frustrierten Hirns.« Eine Psychiaterin erkannte außer meiner psychischen Beschädigung auch gleich meine »Gemeinheit«. Sie schrieb: »Solche Äußerungen über Frauen sind aus der Feder einer Frau viel vernichtender und schädlicher als es die gleiche niveaulose Beleidigung aus dem Munde eines Mannes wäre.« Wieso?

Ebenso bezeichnend war, daß mir außer Gemeinheit nur noch ein einziges anderes Motiv unterstellt wurde: Neid auf Betty Mahmoody. Es erscheint unvorstellbar für manche Frauen, deren Leben auf Vergleichen mit anderen aufgebaut ist, daß es andere Motive außer Neid gibt, die eine Schriftstellerin kontroverse Themen in Angriff nehmen lassen. Hätte ich eine bissige Glosse über Männer geschrieben und ihnen unterstellt, daß sie mit dem Penis denken (durchaus auch der Wahrheit entsprechend), hätte ich begeisterte Briefe von Frauen gekriegt – und wahrscheinlich keinen von Männern. Die Wut und die Beschimpfungen, die ich auslöste, zeigen vielmehr, wie fehlgeleitet, weil unterdrückt, die Aggressionen von Frauen sind und wie diktatorisch ihre Konformität.

Weil Frauen sich nicht wirklich kritisieren und ihnen eine gewisse Dimension der intellektuellen Auseinandersetzung fehlt, sind sie selten radikal oder progressiv. Sie bleiben immer sie selber – Menschen, die manchmal rebellisch agitieren, aber meist konventionell handeln und nicht ihre eigene Thematik von der eines anderen Menschen trennen mögen, besonders wenn dieser auch eine Frau ist. Immer geben sie auch ihre eigenen Projektionen wieder, daher sind ihre Ratschläge und Urteile verformt und von ihren eigenen Frustrationen und Enttäuschungen durchzogen.

Und so reden sie sich nach dem Mund, die besten Freundinnen, schütteln zustimmend mit dem Kopf, werfen hier und da ihre eigenen Erfahrungen mit ein, trösten, bestätigen und werden so zum lindernden Trostpflaster. Frauen wirken so verletzt, so verletzlich und so wenig belastbar, daß es sehr schwer ist, ihnen ohne Schonung die Wahrheit zu sagen. So wird dann im Gespräch ihre Situation gemildert, abgeschliffen, als nicht so schlimm hingestellt. Wichtig ist für Frauen immer zu wissen, daß sie nicht allein sind. Die Vorstellung, mit ungewöhnlichen Gefühlen und Konflikten konfrontiert zu werden, die Durchschnittsfrauen nicht widerfahren können, versetzt sie in Panik.

Am Ende werden dann die Tränen getrocknet und die Stimmung ist wieder hergestellt. Die Situation ist zwar nicht verbessert und der Konflikt nicht gelöst worden, doch die Freundin geht nach Hause – gestärkt, getröstet, aufgehoben, verstanden, akzeptiert. »Siehst du, was ich fühle ist gar nicht so verrückt und abwegig, andere fühlen genauso«, denkt sie. Und das meiste wird so weitergehen wie bisher, bis zum nächsten Mal. Es ist keineswegs immer böse Absicht, wenn Frauen ihren Freundinnen von interessanten Veränderungen, Abenteuern und Herausforderungen abraten, die ein größeres Risiko einschließen. Sie können nicht anders. Sie wollen einfach ihre Geschlechtsgenossinnen in ihrem Kreis und ihrer Obhut behalten.

Wenn Männer Freundschaften schließen, geschieht das aus einem Gefühl der Gleichberechtigung heraus. Ihr Selbstverständnis darüber, daß sie alle Menschen mit Einfluß sind, deren Ambitionen und Träume ohne große Behinderungen in Erfüllung gehen können, wenn sie es richtig anstellen, macht ihnen eine zwanglose Verbindung untereinander ohne Tiefgänge leicht. Wenn Männer sich zusammentun, dann geht es um die

Sache, nicht um die Seele. Sie können stundenlang zusammensitzen und über Politik, Sport, Zukunftspläne, sogar intellektuelle Themen (wenn sie keine Idioten sind) sprechen ohne das Gefühl, daß sie etwas Entscheidendes ausgelassen haben oder ihre Emotionen unberührt geblieben sind.

Sie wollen sich nicht dauernd mitteilen, sich öffnen, miteinander verschmelzen, sich verbinden und Seelenausgrabungen machen, sondern die Geschehnisse in ihrer Welt besprechen und kommentieren. Sie sind Freunde, Kumpels, Kollegen; Frauen sind Geschlechtsgenossinnen, die allein durch ihr Frausein immer etwas miteinander verbindet, egal ob sie arm oder reich, jung oder alt, klug oder ungebildet sind. Der männliche Freund ist in sich selber genug, seine Existenz und Gegenwart ist eine Bereicherung, die gerne angenommen und geschätzt wird. Seine Abwesenheit wird bemerkt, man vermißt ihn, aber sie reißt keine Löcher in die Seelenstruktur und hinterläßt kein Sehnen und keine Anflüge von Panik oder Identitätsverlust. Männer träumen nicht zusammen, sie machen Pläne, die sie auszuführen gedenken, da keine unvorhergesehenen, hemmenden Zwischenfälle, die aus dem Bereich der Ehe, dem Haushalt und der Kinder kommen, für sie störend genug sind, um diese durchkreuzen zu können.

Trotz aller Gleichmacherei unterscheiden sich natürlich Frauen untereinander. Was sie trennt, sind allerdings nicht ihre individuellen Fähigkeiten und beruflichen Leistungen, sondern welches Leben sie gewählt haben. Große Auswahl ist da nicht. Eigentlich haben Frauen ein genormtes Leben und eine Lemming-Mentalität, deshalb kennen Frauen alles über andere Frauen, ohne sie je vorher getroffen zu haben. Das macht Unterhaltungen mit ihnen auch oft so langweilig und eindimensional. Die Frau ist immer in, vor oder nach einer Ehe, Partnerschaft, Liebesaffäre, das ist schon mal der entscheidende Unterbau für jede Unterhaltung.

In jedem dieser Stadien mit all den eingebauten Krisen und Katastrophen steckt genug Gesprächsstoff für Jahre. Sie ist eben kein vollständiger, unabhängiger Mensch, sondern Teil einer Situation, in der sich garantiert jede der Anwesenden schon einmal befand oder gerade befindet. Hat sie zum Beispiel keine Kinder, fühlt sie sich wegen ihres schlechten Gewissens dazu verpflichtet, endlos darüber zu sprechen, warum sie sich zu dieser schwierigen Entscheidung durchgerungen hat, denn jemand wird dabeisitzen, der entweder welche hat oder demnächst welche haben möchte und sich auf die Füße getreten fühlt. Hat sie Kinder, ist das Thema noch etwas ausgeweiteter, denn dann erzählt sie so überzeugend wie möglich, warum Mutter zu sein letztendlich doch das Beste war, das ihr hat passieren können. Es ist erstaunlich, daß trotz der Feinfühligkeit der Frauen nur wenige Mütter zu wissen scheinen, daß es niemand länger als zehn Minuten aushält, ihren Erzählungen über die originellen Verhaltensweisen ihres Kindes mit angehaltenem Atem zu lauschen.

Übrigens verzeihen Frauen es einer anderen Frau genauso wenig wie Männer, wenn man dem Ehe- und Mutternetz entschlüpft ist und damit anzudeuten scheint, daß man smarter als sie alle ist und Höhenflüge vorhat. Darin liegen Arroganz, Kühnheit und Unverschämtheit, die nicht in die frauliche »Opfer-Organisation« passen. »Na, die wird schon sehen, was sie davon hat«, ist nur eine der Dämpfer-Bemerkungen, die Frauen parat haben.

Und doch, man kann sich des Eindrucks nicht erwehren, daß das viele Reden der Frauen auch eine Barriere, eine Ablenkung, eine Verdeckung und eine Verzerrung der dunklen Seiten ist, die ihnen Angst einflößen. Wut, Neid, Haß, Rachegefühle, Schadenfreude werden nicht ohne Widerstand herausgelassen, denn Frauen sehen sich gerne als helle, heilende Lichtgestalten mit friedfertigen Gemütern und helfenden Händen. Die Turbulenzen in unserem Herzen, den Zwiespalt, den Schmerz, die Enttäuschung halten wir vor unseren Freundinnen versteckt.

Das Verhältnis, das unter all der Herzlichkeit zu anderen Frauen verborgen ist, ähnelt oft demjenigen, das wir als kleine Mädchen untereinander hatten. Damals spielten wir uns gegeneinander aus, intrigierten, klatschten hinterm Rücken, mieden gewisse Mädchen und ließen andere ohne Erklärung fallen. Frauen haben ganz einfach gemischte Gefühle zueinander, aber sie unterdrücken sie – müssen sie unterdrücken, weil kein Platz ist für Ambivalenz und Konkurrenz. Wir sind »gute« Mädchen, das hat uns unsere Mutter täglich suggeriert. Bevor wir uns öffnen, vergewissern wir uns, ob unsere Gefühle zumutbar sind und die Freundin nicht entfremden oder schockieren. Wir haben solange das guterzogene, nette Mädchen gespielt, daß wir gar nicht wissen, wie man Konflikten Ausdruck geben kann, ohne daß das zerstört, verletzt und uns unliebenswert macht.

Wenn Freundinnen sich zanken, gibt es immer Tränen, heftige Gefühlsausbrüche, Anschuldigungen und Empörung über die »Gemeinheit« der Freundin, daß sie einen aus der daunenweichen Symbiose gerissen hat. Kleinigkeiten fühlen sich an wie ein schändlicher Betrug und wie ein Messer im Rücken. Unsachlich, überemotional brechen die zurückgehaltenen Gefühle heraus. So verletzt, so verraten hat uns eigentlich nur eine Person: unsere Mutter, indem sie uns den Vater wegnahm und uns aus ihrer Beziehung zu ihm ausschloß, weil sie ihn keineswegs mit uns teilen wollte.

Diese Erkenntnis, daß unsere Mutter nicht immer die beste Freundin, in deren Armen wir Schutz und unkonditionierte Liebe erfuhren, sondern die Rivalin war, ist so bitter, daß sie oft verdrängt wird. Wir tun so, als fühlten wir uns unter Frauen sicher, als müßten wir uns nicht schützen, abgrenzen, als dürften wir wir selber sein. Natürlich würden uns Frauen nie verletzen, denn sie verstehen uns, sind identisch mit uns, denken wir an der Oberfläche. Irrtum! Wir wissen: Frauen sind Biester, die gnadenlos zuschlagen können. Ihre scharfe Zunge, ihre Hinterhältigkeit und Unehrlichkeit sind legendär. Und wenn man Frauen fragt, von wem sie am meisten verletzt worden sind, dann sind es tatsächlich meistens Freundinnen und die Mutter.

Jede Frau scheint eine schmerzhafte Episode mit einer »besten« Freundin in ihrem Enttäuschungsrepertoire zu haben, die sie ein wenig zynischer gemacht hat. Auffallend ist, daß Frauen von Vierzig an aufwärts ihre Jungmädchen-Illusionen über die

Frauenfreundschaft, die – extrem idealisiert – jede Liebesaffäre in den Schatten stellt, verloren und eine mehr realistische Beurteilung gewonnen haben.

Frauen sind sehr viel enttäuschter voneinander als sie zugeben mögen. Ihre »Freundlichkeit« zueinander maskiert die Enttäuschung, daß Mißtrauen und die Wut über die fehlende Loyalität, die sie sich erhofft hatten. Gespräche mit und Umfragen unter Frauen ergeben immer das gleiche Resultat: Frauen mißtrauen sich und die vielzitierte Solidarität unter Frauen findet nicht statt. Sie hört meist da auf, wo die eigenen Interessen in den Vordergrund treten: bei Männern und bei der Karriere.

Freundin zu sein und Freundinnen zu rekrutieren, ist heute zu einer konsumierenden, trickreichen Aufgabe geworden. Der Anspruch an und das Bedürfnis nach Frauenfreundschaften ist seit dem Durchbruch der Emanzipationsbewegung zu einem zwanghaften Tick geworden. Wie schon erwähnt, bin ich in den fünfziger Jahren großgeworden, und daher stammen auch meine ersten Eindrücke vom Verhalten der Frauen untereinander.

Die Nachkriegszeit war wie maßgeschneidert für schwatzende Frauen jeden Alters, die, wenn sie nicht zur Arbeit mußten, einen guten Teil des Tages damit verbrachten, mit Nachbarinnen (damals kostbaren) Kaffee zu trinken. Man stand überall herum und redete. Beim Wäscheaufhängen im Hof, beim Milchmann und beim Frisör erzählte man sich die banalsten Kleinigkeiten, und der neueste Klatsch wurde von Balkon zu Balkon, Garten zu Garten, über Hecken und Zäune, beim Warten auf die Straßenbahn und beim Bohnern der Treppenhäuser weitergegeben. Wir hatten eine Nachbarin, die jeden Tag zum Kaffee rüberkam und meiner Mutter zwecks Beratung Tapetenbücher vorlegte, sie über Ausverkaufspreise und den täglichen Speiseplan informierte, ihren neuesten Büstenhalter vorführte oder die frischgelegte Dauerwelle begutachten ließ. Spitze Ohren bekam ich nur, wenn es um »intime« Themen ging wie Sex und Männer, aber dann wurde ich immer einkaufen geschickt.

Bei diesen Frauenfreundschaften damals ging es um nichts als sozialen Kontakt, sie waren eine Form des Zeitvertreibs, bis das wirkliche Leben abends nach Büroschluß einzog: der Mann. Frauen untereinander forderten keine Loyalität, Sensibilität oder Intimität, die Unterstützung bestand aus praktischen Gefälligkeiten wie Dinge auszuleihen, manchmal miteinzukaufen oder auf die Kinder mitaufzupassen. Man schätzte sich, brauchte sich als Nachbarinnen, nicht als Kämpferinnen für Gleichberechtigung. Die weibliche Identität war noch kein heißersehntes, vielgejagtes Phantom – man war die Frau eines Mannes und die Mutter seiner Kinder. Selbstdarstellung war ein gutgelunges Make-up und Selbstbewußtsein das Gefühl, daß das Selbst wußte, wo es hingehörte – ins Haus. Ganz ehrlich gesagt, hatten diese altmodisch wirkenden Beziehungen unter Frauen eine liebenswerte Unkompliziertheit, die man heute vergebens sucht – und einen nicht unerheblichen Vorteil: sie waren weniger anstrengend.

Ich erinnere mich, daß meine Mutter in den sechziger Jahren zweimal im Jahr einen eleganten »Ziegentee« (so nannte sie es) machte, zu dem ihre ziemlich schicken und oft auch reichen Freundinnen angestürzt kamen, denn sie war eine exzellente Gastgeberin. Ich mußte die Kanapees mit anrichten, wurde dann aber rausgescheucht, wenn die erste nach »Chanel No. 5« oder »Shalimar« duftende Dame angerauscht kam. Ich saß oben in meinem Zimmer und konnte keine Schularbeiten machen, so laut war es unten im Wohnzimmer. Da wackelten die Troddeln an der Stehlampe, so wurde geschrien, gegackert, gelacht, gejohlt – immer alle auf einmal. Die Sektkorken knallten, und es war so, als hätte man alle Geister, die seit tausend Jahren eingeschlossen waren, aus der Flasche gelassen. Mir war das etwas unheimlich, ich war in dem Alter, in dem man so wenig wie möglich sagte.

Die plötzliche wohltuende Stille, die nach einigen Stunden eintrat, hatte mit meinem Vater zu tun, der natürlich vorgewarnt war. Mit seinem Erscheinen war der Spuk vorbei, ganz wie bei Aschenputtels Ball um Schlag zwölf. Gelöste Haarsträhnen wurden zurück in die Hochfrisuren gesteckt, drückende Pumps schnell wieder angezogen, enge Röcke geradegerückt, Blusen wieder ordentlich zugeknöpft und Puderdosen gezückt. Er begrüßte die Damen mit Galanterie und genoß die Aufmerksamkeit und Bewunderung, die ihm seiner Meinung nach zustand. Seine selbstbewußte Anwesenheit machte das Beisammensein dieser Frauen zu etwas Frivolem, wenig Ernstzunehmendem. So ist das. Frauen plappern untereinander, klatschen, stöhnen über die Last des Haushalts, er aber kommt von draußen und bringt die große Welt herein, auch wenn er vielleicht weniger als sie erlebt hat.

Heute finden Frauen sich viel schneller zusammen als damals. Jede will mit jeder befreundet sein, sich austauschen, reden, eingeladen, gelobt und hofiert werden, doch die Motive dafür bleiben manchmal unklar. Da stellt sich dann die Frage: bin ich gemeint? Werde ich um meiner selbst willen gemocht, oder werde ich nur gebraucht und eingesetzt? Eine berechtigte Frage, denn die Solidarität unter Frauen kann gar nicht immer echt oder frei sein. Sie ist oft nicht mehr als ein Gegengewicht zur erdrükkenden Dominanz der Männer.

Echte Frauenfreundschaften sind ein Bollwerk, kein Zweifel, und jeder, der sie hat, weiß sie zu preisen. Doch für einen nicht kleinen Teil der Frauen geht es nicht so sehr darum, daß sie andere Frauen als die besseren Menschen und wertvolleren Freunde entdeckt haben. Vielmehr haben sie sich in Ermangelung einer reichen, zufriedenstellenden Freundschaft mit einem Mann den Frauen genähert, die nur ein Ersatz sind und deren Freundschaft nicht einmal an die kleinste, unbefriedigendste Affäre mit einem Mann herankommt.

Allzu oft scheinen Frauen für andere Frauen nur Zwischenstadien zu sein – Spielgefährtinnen während der Wartezeit auf den Mann. Sie behandeln ihre Freundinnen so wie sie selber oft behandelt werden, als Menschen zweiter Klasse, die für ganz bestimmte Bedürfnisse herangezogen und benutzt werden. Niemand scheint etwas dabei zu finden, daß einer Freundin in letzter Minute abgesagt wird, »weil mein Freund doch früher nach Hause gekommen ist« oder er »angerufen hat und mich sehen möchte«. Wir haben sie leider alle schon zu oft in Aktion erlebt, die doppelbödigen Gefühlsakrobatinnen, die sich von einer Minute zur nächsten von relativ ernstzunehmenden Frauen in quietschende Minnie-Maus-Karikaturen (sie selber halten sich mehr für Marilyn Monroe) verwandeln, wenn ein Mann die Szene betritt.

In dem Moment, da ein Mann als potentieller Liebhaber oder Versorger eine neue Möglichkeit eröffnet, ist nämlich immer Schluß mit der saumseligen Intimität und Freundschaft. Die Freundinnen werden unsanft wieder in die hinteren Reihen gesetzt, und ihre Anwesenheit ist nur dann wieder interessant, wenn es in der Freundschaft mit dem Mann Probleme gibt.

Die Freundin verliert so gut wie immer gegen den Mann, wobei es traurig genug ist, daß es so eine Konkurrenz überhaupt geben muß. Aber Frauenfreundschaften machen nicht glücklich genug, denn es »fehlt« ja etwas, nicht nur Sex, sondern die Präsenz desjenigen, der die Beziehung adeln würde. Beziehungen unter Freundinnen scheinen nicht so viel wert zu sein wie die Aufmerksamkeiten eines Mannes. Auch wenn er nur ein Drittel des Verständnisses und der Wärme einer Freundin zu bieten hat.

So gibt es dann doch sehr wenig eigenständige Frauenfreundschaften, die in sich selber ruhen, frei und autonom sind und nicht die Abhängigkeit von Männern oder eine Symbiose reflektieren. Und natürlich sind deshalb Frauenfreundschaften oft brüchig, kurz, nicht belastbar und sehr oberflächlich, auch wenn sie oft am Anfang Züge von Schwärmerei und Verliebtheit tragen.

Ganz schwierig ist die Freundschaft zwischen der besten Freundin und dem eigenen Ehemann oder Freund. Die passen nun gar nicht zusammen, es ist fast immer die falsche Konstellation. Ist die Freundin alleinstehend und attraktiv und ist der Mann sehr nett zu ihr, wird die Frau eifersüchtig. Ist die Freundschaft zwischen den beiden Frauen wirklich wertvoll und echt, fühlt sich der Mann bedroht oder ausgeschlossen und beschwert sich lautstark. Keiner kann wirklich gewinnen, und so treffen sich Frauen, die Partner haben, mit ihren Freundinnen nur an speziellen Abenden, an denen sie Ausgeherlaubnis haben oder wenn der Mann nicht da ist.

Ich selber bin schon von Männern aus Haushalten verbannt worden, weil ich einen aufstachelnden Einfluß hatte, der sich störend auf den eingespielten Ablauf der Beziehung auswirkte. Ich bin aber genauso oft von Frauen von Partys, Abendessen und anderen geselligen Treffen ferngehalten worden, wenn sie und ich ohne Freund waren. Bei aller Liebe, gutaussehende Frauen sind zwar auch für Frauen Vorzeigematerial (bitte sehr, ich kann mir schöne Freundinnen erlauben, ich bin selbstbewußt), aber wenn man auf Männerfang geht, läßt man die Konkurrenz lieber zu Hause. Frauen vertrauen anderen Frauen ungefähr so viel wie die Maus einer Katze.

Konkurrenz unter Frauen ist ein brisantes Thema, das sich deswegen einfacher Interpretation entzieht, weil es entweder geleugnet oder minimalisiert wird. Dazu erzogen, Konkurrenzgefühle als etwas Fürchterliches zu sehen, das nur gierige, erfolgssüchtige Menschen ohne Herz (Männer) ausdrücken können, bestehen immer noch viele Frauen darauf, daß ihnen dieses Gefühl fremd ist. Das Konzept, daß Frauen »Damen« sind und sich als solche zu benehmen haben, ist eine der zähesten Standardvorstellungen von Weiblichkeit. Damen kämpfen nicht miteinander, schon gar nicht physisch, das schickt sich nicht, genausowenig wie Trinken, lautes Lachen und Fluchen. Die Waffen einer Frau sind Charme, List und Diplomatie, und wenn es sie fast umbringt.

»Zeige nie deinen Ärger direkt«, lehrt die Mutter ihre Tochter. Zum Sohn sagt sie: »Laß dir nichts gefallen, schlage zurück, sei kein Feigling.« Frauen schlagen nur im Kino zurück, und dann fast nur in Komödien oder »Frauen hinter Gittern«-Filmen aus den fünfziger Jahren, wo sich rauhe, wilde Verbrecherinnen gegenseitig die Kleider zerfetzen und die Haare ausreißen. Das ist das andere Klischee. Wenn Frauen kämpfen, dann sind sie Furien oder mehr Karikaturen, die allergrößte Heiterkeit unter Zuschauern erregen, wie Marlene Dietrich als »Saloon«-Kratzbürste mit Herz in »Der große Bluff«. Einmal befreit vom damenhaften Getue, zeigen die Frauen ihre Wildkatzennatur, da wird gebissen, gespuckt, gekratzt, gekniffen und mit Stöckelschuhen getreten.

Nun kommt man zwar im wirklichen Leben so gut wie nie in den Genuß, zwei physisch miteinander kämpfende Frauen beobachten zu können, doch gekämpft wird allemal. Mit sorgsam gewebten Intrigen und planmäßig eingesetztem Gerede, das es mühelos mit jedem Faustschlag aufs Auge und jedem Tritt unter die Gürtellinie aufnehmen kann.

Egal, ob innerhalb oder außerhalb des Arbeitsbereichs, die Konkurrenz unter Frauen ist eher emotional als professionell und daher von irrationalen Motiven geleitet. Frauen haben relativ wenig und müssen für das Wenige hart kämpfen, daher fühlen sie sich permanent bedroht und betrogen. Sie reagieren daher oft auf die Leistungen anderer, auch wenn es sich um Äußerlichkeiten handelt, die bei Frauen auch als Leistung gelten, mit heftigem Neid und mit Ablehnung. Als Frau muß man erst mal anderen Frauen beweisen, daß man keine falsche Schlange und ihnen zugetan ist und ihnen nicht den Freund oder Ehemann wegnimmt, sollte man sich näher kommen. Die Angst vor dem Stehlen der Stellung kommt – vielleicht zu unrecht – scheinbar seltener vor.

Frauen sind nicht so sehr berufliche Rivalinnen, sondern Lebensrivalinnen, es geht um den Status, darum, welcher Mann geheiratet wurde, um gutes Aussehen, schickes Heim, modische Kleidung, soziale Kontakte. Ich habe sehr selten professionelle Frauen länger als ein paar Minuten über Geld reden hören. Sie fragen einander nicht als erstes »Wieviel verdienst du?«, sondern wollen wissen, wo die smaragdgrünen Wildlederpumps gekauft sind und ob ihr Gegenüber nicht ein paar Pfund zugenommen hat. Geht es tatsächlich um den Beruf, dann wird über Kolleginnen hergezogen oder über das lästige Machogehabe des Vorgesetzten.

Frauen erwarten bedingungslose Solidarität, nicht Professionalität von ihren Mitarbeiterinnen. Selbst bei professionellem

Neid geht es nicht so sehr darum, daß es eine weitergebracht hat, sondern darum, daß sie sich aus der Weiber-Symbiose entfernt und eine Wand aufgebaut hat. Frauen sind so empfindlich, daß sie den Vorteil und das Vorausschreiten einer anderen Frau als persönliche Zurücksetzung ansehen.

Immer daran gewöhnt, daß sie nicht nach dem beurteilt werden, was sie sind, sondern wie sie aussehen und sich benehmen, werden andere Frauen mit den gleichen Kriterien beobachtet. Die ewigen Vergleiche untereinander sind charakteristisch. Die Mutter, die das kleine Mädchen mit prüfenden Blicken traktiert und eingrenzt, setzt ihr bereits einen Dämpfer auf und schützt sie so vor zuviel Selbstvertrauen. Die Kleidung ist das erste, was eingeschätzt wird, da Frauen ihr Leben lang getrimmt werden, zu gefallen und ihre »Vorzüge« zu unterstreichen. Da ist eine andere Frau mit noch überzeugenderer Unterstreichung der Vorzüge eine unwillkommene Gefahr. Frauen kleiden sich für andere Frauen. Das kommt daher, weil Frauen den Wert einer sorgsam zusammengestellten Garderobe viel besser würdigen können als jeder Mann, den das nur begrenzt interessiert. Sie, nicht er, weiß ein Make-up zu schätzen, kann beurteilen, ob es auf dem letzten Stand ist.

Ansonsten interessieren sich Frauen im Berufsleben deshalb nicht besonders für andere Frauen, weil diese oft nicht die Mittel haben, ihnen in ihrer Karriere weiterzuhelfen – oder nicht wollen. Durch die Aufmerksamkeit anderer Frauen fühlt man sich zwar leicht geschmeichelt, aber nicht aufgewertet. Ein Kompliment von einem Mann, hohl wie es sein mag, zaubert oft ein glücklicheres und stolzeres Lächeln hervor als das ernstgemeinte, intelligente Lob von einer Frau.

Frauen reden nicht sehr nett über andere Frauen, dafür aber gerne und viel. Über Frauen wird so automatisch und nebenbei hergezogen, daß sie noch nicht einmal in den Genuß kommen, wichtiger Mittelpunkt in einer Konversation zu sein. Sagt die eine zur anderen (Originalton): »Gott nein, Monika geht mit allem aus, was sich bewegt, muß ziemlich verzweifelt sein. Dein Haar gefällt mir sehr gut, was hast du damit gemacht?« Sagt die andere: »Ist nur 'ne Glanzspülung. Sieht ganz gut aus, nich? 'N ganz süßer Frisör war das, wenn der keine Freundin hätte... Ziemlich billig, mußt du mal hingehen. Hast du Karin im Minirock gesehen? Bei dem Hintern und den Wurstbeinen würde ich lieber knöchellang tragen, gut daß das wieder modern wird. Apropos Wurstbeine, was kochst du morgen, wenn Charly zu dir kommt?«

Es gibt einen köstlichen amerikanischen Film von 1939, der Frauen einen Spiegel vorhält, so daß sie eigentlich schamrot werden müßten. Doch sie lachen sich tot. Der Film heißt »The Women«, und der Regisseur George Cukor hat auf männliche Darsteller ganz verzichtet. Immer wenn ich an die »Ziegentees« meiner Mutter denke oder größere Ansammlungen von Frauen sehe, sehe ich den Vorspann des Films vor Augen. Der zeigt nämlich die Hauptdarstellerinnen erst als Tiere, dann als Filmstars. Da gibt es einen schwarzen Panther, eine Kuh, ein Lämmchen, ein Reh, ein Huhn, eine Füchsin, einen Hasen, eine Hyäne und eine Taube.

Der Film spielt nur in eleganten New Yorker Wohnungen, wo die »Ladies' Lunches« eingenommen werden, im Schönheitssalon, einem schicken Warenhaus und im Scheidungsparadies Reno und enthält alles, was ein traditionelles Frauenleben ausmacht: Klatsch, Intrigen, Mißgunst, Shopping, Heuchelei, Humor, Biestigkeit, Berechnung, Naivität, Gerissenheit, aber auch Wärme und Solidarität.

Doch nicht nur klatschende Weiber sind Frauenklassiker, auch die ewigen Nörglerinnen und Quasselstrippen, die Klage- und Fischweiber, die zänkischen Ehefrauen, die schimpfenden Mütter, die maulenden Angestellten sind es. Das tief eingravierte Frauenbild in sich abzuschütteln, ist wahrscheinlich eine Lebensaufgabe, die es wert wäre, in Angriff genommen zu werden. Auf Unterstützung von Frauen wird man dabei wohl wenig rechnen können.

Niemand kann alles für uns sein – keine Freundin und kein Mann, und von Freundinnen mehr zu verlangen als Verständnis,

Geduld und Großzügigkeit wäre zu anspruchsvoll. Eine gute Freundin ist die, der wir unsere und die uns ihre ganze Persönlichkeit mit all den Fehlern zumuten mag, die uns kritisiert, uns Mut zuspricht, wenn wir unser Bestes suchen, die uns ins Herz sehen kann, wenn wir selber es nicht können.

Trotz aller Kritik an Frauen und Freundinnen gibt es natürlich nichts und niemanden, der uns unsere wirklichen Freundinnen ersetzt, und ich sehe darin keinen Widerspruch. Ihre Wärme, ihre sprechenden Augen, ihre Berührungen, direkt und bestätigend, und ihre Anteilnahme lindern manchmal die Trostlosigkeit bestimmter Tage. Wenn wir weinen wollen, gehen wir zu ihnen. Wenn wir Trost suchen, suchen wir ihn in ihrem Verständnis. Wir lachen mit ihnen, vertrauen ihnen und wissen, daß sie uns in dem Moment, wo wir sie brauchen, selten fallenlassen.

Kein Mann ruft einen anderen abends an, nur um zu berichten, wie der Tag war, wie man sich fühlt, was es Neues gibt, was man Komisches, Trauriges oder Unmögliches erlebt hat. Männer haben kein Bedürfnis nach Ratschlägen (obwohl sie sie dringend brauchen), haben scheinbar kein Seelenleben, das genug Gesprächsstoff für mehr als drei Minuten abgeben würde. Wie bereichernd und tröstend, einige Freundinnen zu haben, die Klugheit, Humor und Ehrlichkeit besitzen und die keine Angst vor uns haben.

Was Frauen brauchen, ist ein Qualitätsumschwung in der Definition ihrer Beziehungen zueinander – und ein bißchen gegenseitige Erziehung. Keiner sollte zur ständigen Rolle einer Kosmetikberaterin, Weissagerin, Analytikerin, Lückenbüßerin oder eines Schwamms, der nur Seelennöte und Männerprobleme aufsaugt, reduziert werden. Was wäre, wenn manche Themen von Zeit zu Zeit einfach zu Tabus erklärt würden? Was ist noch übrig, wenn man die Themen Männer, Kleidung, Job, Haushalt, Kinder wegnehmen würde? Man selbst und sein Gegenüber. Das ist der versteckte Schatz, den es zu suchen lohnt – und das interessanteste Thema von allen. Wenn man z. B. zusammen anfinge, nach seinen verschütteten Träumen, Traumata und Talenten zu suchen anstatt nach der richtigen Creme gegen

Augenfalten, dem Volumen von Entwicklung mehr Aufmerksamkeit schenkte als dem Volumen des Haares, wenn man den Wunsch nach einem größeren Busen mit dem Wunsch nach größeren Ideen eintauschte, so könnte das zu überraschenden Resultaten führen.

Wir brauchen einander.

Von der Gebärmutter zum Gehirn

»She's got everything she needs, she's an artist – she don't look back.«
BOB DYLAN

»Am besten, du lernst was Praktisches«, ist die Empfehlung, die Väter und Mütter ihren Töchtern schon früh mit auf den vorgezeichneten Lebensweg geben. Von da an ist es nur ein kurzer, unglorreicher Schritt zur verläßlichen Angestellten, Teilzeitbeschäftigten oder Aushilfe. Sich eine Karriere als schöpferisch tätige Frau aufzubauen, als Malerin, Bildhauerin oder Schriftstellerin, Komponistin, Fotografin oder Regisseurin, um nur ein paar zu nennen, setzt ein Selbstbewußtsein und eine Identität voraus, die nur Menschen haben, die von ihren Fähigkeiten und Werten überzeugt sind. Dazu gehören Frauen gewöhnlich nicht.

Aber wie soll man sich selber entdecken, seine Sensibilitäten erspüren, seine Talente einkreisen und mobilisieren, wenn man damit beschäftigt ist, sich so unauffällig wie möglich in einen wirtschaftlich wichtigen Arbeitsprozeß einzugliedern, so flink wie möglich Geld zu verdienen, einen Ehemann zu suchen, einen Haushalt zu führen und Kinder zu gebären? Als alte, verbrauchte Frau wird man dann vielleicht die Zeit finden, um in sich verzweifelt nach überlebten, kreativen Impulsen zu suchen. Doch in der Welt der Frauen sind Talente und die Versuche, sie in schöpferische Werke umzuwandeln wie ein peinliches Geheimnis, das, fragil und zart, nur im Versteck existieren und seine Kraft entfalten darf, weil es vor herablassenden, kritischen und neidischen Augen geschützt werden muß. Wie oft hört man von Frauen: »Wenn ich später einmal Zeit habe, dann möchte ich malen oder schreiben.« Als Hobby einer alten Frau sind das angenehme, liebenswerte Beschäftigungen, genauso wie kunstvolle Handarbeiten und einfallsreiche Kochrezepte, die warmen Beifall finden. Als aggressiv verfolgte Karrieren erwecken sie keine Begeisterung.

Wer kennt nicht die verschämte Schüchternheit, mit der Frauen jeden Alters hervorragende, schöne, völlig überraschende Arbeiten verstecken – Bilder, Zeichnungen, Fotos, Gedichte, Geschichten, Musikstücke –, und nur schwer können sie dazu gebracht werden, sie selbst ihren Freunden oder der Familie zu zeigen.

Und wer kennt nicht das größte Kompliment, dessen Männer fähig sind, wenn sie einmal eine Frau hinter einem von ihnen geschätzten Kunstwerk entdecken, nämlich das unverschämte »Das merkt man aber gar nicht« oder das noch nicht einmal ironisch gemeinte »Das ist aber trotzdem gut«. Aber »Ach, ich bin nicht gut genug«, sagen sie, die bescheidenen Frauen, und zweifeln, verharren und ziehen sich zurück in ihre Existenz als Untergrund-Künstlerinnen.

Als Resultat dieser ständigen Antriebshemmung und Selbstverweigerung sind Frauen mutloser, angepaßter und auch fauler als Männer. Aber Angst produziert Mittelmäßigkeit. Frauen halten sich an der Oberfläche auf, ängstlich bemüht, eine gewisse äußerliche Harmonie zu erzeugen und das Dunkle, Chaotische, Störende, Verwirrende und Verwegene von ihren kreativen Arbeiten fernzuhalten. Sie nehmen die Seele, das Herz, die Sexualität, den Kampf, den Konflikt und den Willen aus ihrer Kunst und machen sie zu einer ambitionslosen, gefälligen und amateurhaften Wohnzimmerkultur. Frauen sind für das »Kunstgewerbe« zuständig, für nettes Basteln und dekoratives Verzieren. Der »weibliche touch« ist legendär. Nur wenn Frauen mit ihrer ganzen Kraft und dem Bewußtsein, nichts verlieren zu können, zuschlagen, sprengen sie das Konventionelle und machen ihre Kunst wahrhaftig und kühn.

Aber Frauen haben meist etwas zu verlieren: einen Mann. Weibliches Talent und das Bestreben, es in eine künstlerische Form umzusetzen, ist für Männer besonders bedrohlich, weil es außerhalb ihrer Kontrolle liegt. Es ist nicht wirklich beeinflußbar und ein Teil des Selbst der Frau, zu dem er sich keinen Zugang erzwingen kann. Talent gehört einem zunächst einmal allein. Zum Akt der Kreation wird niemand anderes benötigt, denn er ist nicht nur ein Zustand der Befreiung, sondern auch der Isolation. Kunst ist die Begegnung mit der Seele, ein Treffen mit den verborgenen Sinnen. Kunst ist Suche und Sehnsucht, ist Ausgrabung und Bloßstellung, Auseinandersetzung und Handwerk. Die unzensierte Umsetzung schöpferischer Kraft – das ist Kunst.

Doch der Weg dahin ist voller Fußangeln. Immerhin erfordert das, außer Mut, eine Ernsthaftigkeit, Hingabe und ständige harte Arbeit, der viele Frauen sich nur unwillig unterwerfen.

Menschen produzieren nicht freiwillig Kunst, sie müssen sich innerlich dazu gezwungen sehen. Die Frau ist von Natur aus eine Schöpferin, denn sie schafft Menschen, was ihr Gefühle von Zufriedenheit und Macht gibt. Sie muß dafür keine Grenzen durchbrechen, keine Gesetze provozieren, keine geistigen Herausforderungen annehmen und bezwingen. Sie ist autonom, in sich selber genug, körperlich perfekt ausgerüstet. Ihre Magie ist die Bauchhöhle. Deshalb ist ihr Bedürfnis, sich auszudrücken, indem sie Magie auf Leinwände, in Bücher und Musik bannt, längst nicht so stark ausgeprägt wie beim Mann.

Kunst ist für Männer Kompensation, Beweis, Ersatz. Sie müssen immerzu ein Gegengewicht zur »Bauch-Kunst« der Frauen erfinden und entwerfen daher außergewöhnliche Dinge. Ihre Bauwerke – Wolkenkratzer, Türme, alles, was in den Himmel ragt – sind nicht nur phallische Symbole, sondern dazu erbaut, um von der Erde, die die Frau und Mutter repräsentiert und mit Beschlag belegt hat, wegzukommen. Die Angst vor ihrer körperlichen Übermacht wird dadurch gemildert, daß sie immer wieder gemalt, bedichtet und besungen wird – man weiß, daß die Macht der bösen Geister und Ungeheuer gebrochen wird, wenn man sie beschwört.

Es ist interessant zu sehen, daß Frauen innerhalb der bildenden Künste keinen großen Raum einnehmen. Sie machen selten monumentale Konstruktionen aus Metall, Holz und anderen Materialien – es gibt wenig Bildhauerinnen –, und sie malen meist auf kleineren Leinwänden als Männer. Sie schreiben lieber oder fotografieren, das entspricht ihrer Genauigkeit und ihrem Sinn für das Maßvolle und die Realität.

Männer kennen diese Begrenzungen nicht und auch nicht die Herabwürdigung ihres Geschlechts. Von Natur aus edle Wesen, geistig beseelte Dichter und Denker, von Musen geküßte Musiker und Maler, stand ihnen immer das Universum zur Verfügung. Der Frau war erlaubt, im Bett und in der Küche ein paar ihrer Einfälle zu verwerten, wenn sie zur Erbauung des Mannes beitrugen. Ansonsten durfte sie beim Staubwischen dichten, beim Bügeln philosophieren, den Kochlöffel zu den Noten, die in ihrem Kopf wirbelten, schwingen und nachts, wenn alle schliefen, ihre ungeheuerlichen Gedanken einem Tagebuch anvertrauen oder mit dem Pinsel ihre Visionen auf die Leinwand malen, weil sie sich tagsüber nie getraut hatte, aus Angst für verrückt erklärt zu werden. Eine berechtigte Angst, denn das ist immerhin eine der ältesten Methoden, mit denen die Kunst von Frauen verunglimpft und unmöglich gemacht wurde. Das Schicksal Camille Claudels, der wiederentdeckten französischen Bildhauerin, bietet genug Anschauungsmaterial. Systematisch zerstört von ihrer Familie und der feindlichen Atmosphäre der männlichen Kunstwelt, wurde sie in eine Anstalt eingesperrt, eine beliebte Form der »Kunstkritik«.

Manchmal gereicht ihr angeblicher »Wahnsinn« (bei Männern heißt das »Genie«) den Frauen auch zum Vorteil, denn als Verrückte hat man die Freiheit, sich alles zu erlauben, und die Kunst der Frauen ist ja immer noch zum Teil die Ausdrucksform von Überlebenden und Gefangenen. Frauenkunst ist deshalb auch die Kunst des Moments, des Unmittelbaren und der Eile: hier und jetzt, solange es möglich ist (und solange sie die Geduld nicht verlieren). Wie ein entlassener Sträfling, der nach langen Jahren der Entbehrung plötzlich vom Reichtum des Lebens überwältigt ist und so schnell wie möglich den herrlichen Moment an sich reißen und ausnutzen möchte. Diese Spontaneität ist gut für die Kunst, aber schlecht fürs Geschäft, denn die Grundhaltung des Zweifels und schnell Vergänglichen macht Frauen zu unsicheren und sporadischen Schöpferinnen, die als Eintagskunstfliegen gelten.

Auf dem Kunstmarkt gilt dieselbe Diskriminierung wie in der freien Arbeitswelt, wenn es um die Einstellung von Frauen geht. Sie dürfen mitmachen, sind aber ein Risikofaktor, denn ihre Karriere könnte jede Minute unterbrochen oder gar beendet werden, indem sie heiraten und Mutter werden und damit erstmal aus dem Rennen ausscheiden. Kein Kunsthändler und keine Galerie wird daher das Risiko eingehen und eine junge Malerin oder Bildhauerin über Jahre aufbauen und unterstützen – immerhin eine erhebliche finanzielle Belastung –, wenn sie dafür einen jungen Künstler mit denselben Fähigkeiten und derselben Vermarktbarkeit groß herausbringen können. Manche schämen sich auch nicht, dies offen zuzugeben.

Ich kenne Galerien, die prinzipiell keine Frauen ausstellen, was damit zu tun hat, daß Sexismus auch auf einem so übergeordneten, »spirituellen« Feld wie Kunst die Preise diktiert. Eigentlich sollte man annehmen, daß die Mehrzahl der Käufer von Kunstobjekten Menschen sind, die sich spontan und leidenschaftlich in ein Bild verlieben, ohne nach dem Geschlecht des Künstlers oder der Künstlerin zu fragen. Doch reiche Sammler sind an nichts weiter interessiert als an einer Investition. Frauen als Ehefrauen, Haushaltsvorstand, Mütter und Geliebte haben einen gewissen praktischen Investitionswert, Frauen als Künstlerinnen schneiden schlecht ab.

Das Gefühl des Verlustes, der Zerrissenheit und Unvollkommenheit, das Frauen so prägt, wird dann am schmerzlichsten empfunden, wenn der schöpferische Geist sprechen soll, aber nur eine verzweifelte Stummheit beredt von einer Seelenverstümmelung zeugt. Da merkt man dann, daß die spirituelle Unfreiheit der Frau eigentlich die grausamste von allen ist. Auf keinem anderen Gebiet sind die Frauen so von Selbstzweifeln und Scheu befallen wie auf dem Gebiet der Selbstdarstellung (zu der auch Sexualität gehört), und an nichts anderem sind sie gewalttätiger gehindert worden. Doch wie stellt man ein Selbst dar, das man selber nie hat spüren und kennenlernen dürfen? Ein Selbst, das seit ewigen Zeiten entwürdigt, gefesselt, niedergemacht, betrogen, verbrannt, verkrüppelt, entmündigt, entseelt, verlacht und verteufelt wurde?

Männer hatten immer das Recht, ja die Pflicht, in philosophischen Schriften, Dichtungen, Romanen, Theaterstücken und Essays das »Rätsel Frau« zu ergründen und über ihre gefährliche, nicht zu greifende Weiblichkeit zu philosophieren, sich an ihrer Inferiorität zu ergötzen und über ihre schädliche, zerstörerische Kraft zu polemisieren. Die Frau wurde oft nur aus dem Grund zum Mittelpunkt gemacht, damit sie verdammt und zerstückelt werden konnte. Was dabei herauskam und immer noch herauskommt, sind auch oft Werke des Hasses, der Verachtung und der Angst vor der Frau.

Von den »minderbemittelten« Frauen wurde weder erwartet noch erwünscht, daß sie sich in der Literatur, Malerei oder gar Philosophie mit dem Mann messen oder sich mit ihm auseinandersetzen, mal ganz davon abgesehen, daß Frauen seltener das Bedürfnis haben, Männer an ihre Nichtigkeit zu erinnern und sie unbarmherzig zu zerfleischen.

Doch das Verbot war fast ein Segen. Denn was bis heute trotzdem aus den Köpfen, Kehlen, Händen, Federn und Pinseln vieler weiblicher Künstlerinnen herauskam, sind bewegende Werke, deren Thema oft der Schmerz der Unterdrückung und des Unrechts, aber auch die Erkenntnis nötiger Rebellion sind. Konnte sich ihr verschüttetes Selbst endlich mitteilen, dann waren (und sind) die Resultate oft furios.

Die Liste der herausragenden Künstlerinnen ist lang. Ich will nur ein paar von meinen Lieblingen nennen, die, bis auf wenige Ausnahmen, in den zwanziger bis vierziger Jahren dieser Jahrhunderte wirkten: die Malerinnen Frida Kahlo, Georgia O'Keeffe, Liubov Popova, Sonia Delaunay, Gabriele Münter und Paula Modersohn-Becker, die Sängerinnen Billie Holiday, Lotte Lenya, Joan Baez und Joni Mitchell, die Fotografinnen

Gisèle Freund, Lee Miller, Tina Modotti, Louise Dahl-Wolfe, Eve Arnold und Diane Arbus.

Es ist interessant zu sehen, daß die fünfziger Jahre, weltweit eine gemütliche Schürzen-Ära, die Frauen völlig mit Hüftgürteln, Haushalt und Hütchen in Bann hielten. Bis auf ein paar Werke von Schriftstellerinnen und Fotografinnen liegt wenig Bemerkenswertes aus diesen Jahren von Frauen vor.

Als ich Teenager war, schien alles schon wieder ganz anders zu sein. An der Oberfläche wirkte der Beginn der sechziger Jahre modern, neu und vielsprechend. Doch ich konnte die Lüge dahinter zuweilen intuitiv erahnen. Tatsächlich war das kulturelle Fundament verwest, vergiftet und bis zum Bröckeln porös. Die Nazis hatten entweder alles zerstört, alle verjagt oder ermordet und aufgrund der armseligen NS Zwangs-Kunstdiät nichts zurückgelassen, was als Inspiration mißverstanden werden konnte.

Das Image, das uns damals von Künstlern vorgegaukelt wurde, trug satirische Züge. Künstler waren ein verrücktes, lustiges Völkchen, das lange schlief, viel trank und wenig arbeitete. Künstlerinnen gab es kaum, und wenn einem einmal eine über den Weg lief, dann war es eine »ältere, exzentrische« Frau, die zu lange Haare hatte, einen irren Hut und die Farbe Lila trug. Sie wurde von den Leuten mit vieldeutigen und mitleidigen Blicken bedacht, weil sich oft herausstellte, daß sie entweder unverheiratet und kinderlos oder ihrem Mann weggerannt war. Für sie war nicht mehr da als heimliche Empörung über ihre Unverschämtheit, sich wichtig machen zu wollen und etwas anderem als ihrem Eheglück und Mutterinstinkt öffentlich Ausdruck zu geben.

Junge »Künstler«-Frauen waren meist nur die Freundinnen von Malern und Dichtern, die ihnen in den heiligen Stunden ganz plötzlich auftretender Kreativität zur Seite standen, für Sex zuständig waren und wenn es etwas zu kochen, fegen oder waschen gab. Die Frau als seelische Trösterin und Dienstleistende des Mannes, die ihr eigenes Talent versteckt und ihre eigenen Ideen und Pläne aufgibt.

Ich selber interessierte mich stark für den »Künstlertyp« beiderlei Geschlechts, der sich nicht unbedingt durch denkwürdige Kunstwerke, sondern hauptsächlich durch eindeutige Kleidung und moderne Manierismen hervortat und damals, wie es sich nun einmal nicht vermeiden ließ, durch und durch französisch war. Ich spreche hier von jener seltsamen Spezies der »Existenzialisten«, einer heute amüsant wirkenden, damals als rebellisch empfundenen, wichtigtuerisch agierenden Gruppe von jungen Männern und Mädchen, die sich der »freien« Liebe und den schwarzen Rollkragenpullovern hingaben, Gott und die Welt in Frage stellten und sich Jean-Paul Sartres Philosophie verschrieben hatten.

Entweder Studenten oder »experimentelle« Leinwandtäter, hockten sie tagsüber in Pariser Cafés und nachts in geschwärzten Jazzkellern, hörten mit verständnisvollem Kopfnicken Bebop, rauchten Gitanes oder Pfeife, tranken schlechten Rotwein und diskutierten, was das Zeug hielt und ohne auch nur einmal zu lachen. Die Mädchen, die wie Simone de Beauvoir denken aber wie Juliette Greco und Marina Vlady aussehen wollten, hatten lange Haare und Ponys, trugen schwarze, übergroße Pullover und dreiviertellange Hosen. Die jungen Männer trugen nach vorn gekämmte Haare, den scheußlich schmalen Kinnbart, Kordjacketts und eine Platte vom Modern Jazz Quartet unter dem Arm.

Was nun genau einen Existenzialisten innerlich ausmachte, wußte ich nicht. Ich war zu jung und zu deutsch, um diese scheinbar revolutionäre Philosophie in ihrer Tiefe und Konsequenz richtig zu begreifen. Ich legte die Sache wörtlich aus und beschloß, daß es hauptsächlich um meine Existenz ging – und die mußte vor den nervenden bürgerlichen Übergriffen meiner Umgebung geschützt werden. Wo immer langweilige Kleidercodes gebrochen, neue, die Erwachsenen empörende Töne, Ideen und Philosophien erdacht wurden, wollte ich ein Teil davon sein. Ich war für die Avantgarde wie geschaffen, und meine Gier, dem braven Leben rebellische Impulse zu geben (weil es nichts anderes Nachahmenswertes gab), machte aus mir praktisch über

Nacht eine deutsche Existenzialistin, bei uns kurz »Exi« geheißen.

Es ist rührend und für einen heutigen Jugendlichen kaum vorstellbar, daß es 1961 nicht mehr als Blue Jeans, schwarzer Rollkragenpullover und einer Vorliebe für Jazz bedurfte, um in den Verruf einer wahnsinnig unkonventionellen Person mit subversiver Veranlagung zu kommen. Mehr als einmal wurde ich mit Rufen von Rockerflegeln wie »Exi, go home« belohnt, und es war jedesmal der Höhepunkt des Tages. Ich war stolz, denn ich war zu einem Statement geworden. Hinter dieser Verkleidung stand außerdem der Wunsch, das Wohlerzogene, Hübsche, Mädchenhafte auszumerzen und mich so zu einer künstlerischen, intellektuellen Elite zu bekennen, die damals nur männlich war.

Es gab nun mal mit 15 für mich keine weiblichen Vorbilder, die rebellisch und intelligent waren und zu denen ich wirklich Zugang hatte. Stark schwankend zwischen Kunst und Kommerz, blieben nur Idole, deren Leben ich in der Presse verfolgte, die aber nicht unbedingt nachahmenswert erschienen.

Bei uns sorgten Conny Froboess und Caterina Valente für neckische Songs, Karin Baal, Sabine Sinjen und Vera Tschechowa (die nicht schlecht waren) spielten in dürftigen, angestrengten Filmen mit. Das war's schon. Ich sah mir nur französische und amerikanische Filme an und mir stand der Sinn mehr nach Jean Seberg, Audrey Hepburn und Anna Karina.

Wo sollte ich mich nun reinzwängen in Deutschland, in das ich meiner Meinung nach sowieso nicht paßte? Ich zwängte mich für ein paar Jahre als Reporterin und Redakteurin zwischen die Seiten von Tageszeitungen und Magazine, bis ich so platt war wie die meisten Geschichten darin, und kehrte ihnen gelangweilt den Rücken. Ich war immer etwas idealistisch und wollte einen Schritt weitergehen und nicht in der Mittelmäßigkeit steckenbleiben, denn ich hatte bei meinen Eltern gesehen, wohin Faulheit führen kann, wenn man sogenannte »künstlerische« Talente, die beide besaßen, da läßt, wo sie wenig anrichten können – nämlich im Unterbewußtsein.

Das Leben als Kunstwerk – das war mein Wunsch und meine Vorstellung von einer reichen, interessanten Existenz. Ich wollte keinen Job, in dem mir einer befehlen konnte, und auch kein unterbezahltes, geschlechtsloses Rädchen im gigantischen Triebwerk irgendeines kapitalistischen Betriebes sein. Es mußte doch eine schöpferische, glückspendende Lebensform geben, die für jeden Menschen erreichbar und in der das Sein wichtiger als das Haben war.

Ich hatte schreckliche Sehnsucht nach einer Art von Leben – und nach Künstlern –, die es nicht mehr gab. Ich hätte gern so gelebt wie die Maler und Schriftsteller im Paris der späten zwanziger, dreißiger und vierziger Jahre, wo es eine derartige Ansammlung von Brillianz, Talent, Originalität und Stil gab, daß einem die Luft wegblieb. Über die Jahre sah man in den Bars und Cafés die schillerndsten Expatriaten und Einheimischen wie Hemingway, Scott Fitzgerald, Djuna Barnes, Gertrude Stein, Henry Miller, Picasso und James Joyce – Leute ohne Geld, aber mit Vitalität, Phantasie und Mut. Man redete, man amüsierte sich und man schuf. Der Traum von einem Leben, in dem Kreativität und Gelderwerb eine Einheit bilden, in dem die Sehnsucht nach einer spirituellen und egalitären Lebensform stärker ist als die nie zu befriedigende Gier, die Löcher in der Seele mit Besitz und Gütern zu stopfen, ist sicherlich nicht nur ein Traum von Frauen. Aber die Erfüllung ist für sie noch schwerer als für Männer.

Daß Frausein sowieso einem Kerker gleichkommt, haben über die Jahrhunderte besonders begabte, starke, abenteuerlustige, kompromißlose Frauen immer wieder erfahren müssen. Was lag da näher als der Versuch, das Geschlecht zu verstecken, indem die verräterische weibliche Kleidung mit der eines Mannes vertauscht wurde. Es ist anzunehmen, daß es zahllose Frauen gegeben hat, die mit ihrer gefälschten Identität gewisse Freiheiten suchten und fanden. Der Griff nach der Hose war nicht nur ein symbolischer Akt und ein Trick, sondern zeigt auch, daß Frauenkleidung hauptsächlich dazu da war (und oftmals noch ist), um Frauen physisch zu behindern.

Jeanne d'Arc, das mutige Mädchen aus Orleans, sei erwähnt. Und George Sand, die, 1804 als Amantine-Aurore-Lucile Dupin in Paris geboren, eine der berühmtesten und umstrittensten Schriftstellerinnen Europas wurde. Sie ließ sich schon als junge Frau Männerkleidung schneidern, denn was sie sich unter einem abenteuerlichen und wirklichen Leben vorstellte, ließ sich nicht in Seidenstiefelchen, Korsetts und voluminösen Taftroben erkunden. (Auch Marlene Dietrich, eine bemerkenswerte Rebellin auf ihre eigene Art, ließ sich gern in schicken Fracks und tadellosen Tweed-Anzügen sehen.)

Eine andere außergewöhnliche, wenn auch tragischere Hosenfrau war die Schriftstellerin Isabelle Eberhardt, eine junge, leidenschaftliche Frau, die, 1877 als Tochter einer österreichischen Jüdin geboren, nur 27 Jahre alt wurde. Mit einer unter die Haut gehenden Intensität und glühender Sprache beschrieb sie ihre Einsamkeit, ihr exotisches und erotisches Nomadenleben in den Tagebüchern »Sandmeere«. Als 16jährige trat sie zum Islam über und machte sich auf die Reise in die Wüste Afrikas und Arabiens. Aus Protest – und aus praktischen Gründen – als Junge verkleidet und immer zu Pferd, trieb sie sich jede Nacht in den Kasbahs herum, ritt für Tage hinaus in die Wüste und beobachtete nachts den Mond und die Sterne.

Isabelle war eine extrem sensible Frau, die eine turbulente, von Tod und Verlust gezeichnete Kindheit hinter sich hatte. Was in ihren Schriften auffällt, ist ihre Trauer, ihre Depression und ihre Verzweiflung. Sie erwartete vom Leben nur Schmerz, dessen Schatten sie durchs Schreiben zu vertreiben versuchte. Sie hatte erkannt, daß Mittelmäßigkeit, Denkfaulheit, Indifferenz und abgestumpfte Sinne der Tod von allem sind, daß die radikale Entscheidung des Andersseins der einzige Ausweg ist. Sie wollte sich von heuchlerischen, dummen und langweiligen Menschen fernhalten und wählte die Natur, die weiche, helle, endlose Fläche der Wüste, um ihre Seele zu heilen. Doch die weibliche Zerrissenheit, Einsamkeit, das Nichtverstandenwerden und das Gefühl von Aussätzigkeit blieben Teil ihrer Existenz.

Ich weiß, daß sich an dieser seelischen Bedingung einer Künstlerin bis heute nichts geändert hat. Die gestaltende Frau hat immer mit ihrer Vergangenheit gebrochen und sich auf den einsamsten, risikoreichsten Weg begeben: den gewundenen, nicht klar vorgezeichneten. Mit diesem Abenteuer hat sie ihren traditionellen Platz in der Welt aufgegeben, denn sie gehört nirgendwo mehr dazu. Sie hat sich zwar stolz die Fesseln abgestreift, aber durch die Freiheit ist sie zur heimatlosen Fremden geworden. Sie ist Nomadin auf einer Seelenwanderung, und der Preis für diese Chance ist gleichzeitig eine Strafe, nämlich der Entzug des Vertrauten und des Schutzes, den eine bürgerliche Gemeinschaft zu geben versteht.

Deshalb leidet sie trotz ihrer Freiheit unter einer ganz bestimmten Sorte von Heimweh – dem Heimweh nach dem Gewohnten und Erlittenen. Sie hat Sehnsucht nach diesen verfluchten Grenzen und dem Unterdrücktsein. Freisein und Wachsein ist schmerzlich, reißt Wunden auf, hinterläßt ein großes Loch, ein Vakuum, das früher mit langweiligen Pflichten und Anpassung gefüllt war. Jetzt fehlt der angebliche Unterdrücker, und man steht da: nackt, neu, verletzlich, Auge in Auge mit dem Selbst.

Manche halten Genie für eine neurotische Seelenstörung, manche für ein Göttergeschenk. Die, die es besitzen, zerbrechen manchmal an seiner Unentrinnbarkeit. Ingeborg Bachmann schrieb in der Kurzgeschichte »Alles« von dem »Trauerbogen zwischen Mann und Frau« – an seinem Ende wartet ein Minenfeld, an ihrem ein Garten. Sie selber konnte an die Kraft des Blühens, an die Schönheit und die verläßliche Wiederkehr der Wunder der Natur letzendlich nicht glauben, das innere Minenfeld war ihr näher. Verzweifelt, vollgepumpt mit Pillen, verbrannte die 47jährige Kettenraucherin und freiwillige Emigrantin 1973 in Italien im Bett. Sie schrieb, wie viele Autorinnen, aus einer inneren Not heraus und um weiterzuleben. Ingeborg Bachmann konnte durch die Kraft ihrer Literatur nicht gerettet werden, etwas anderes war zu früh zu tief zerstört worden.

Auch Virginia Woolf, die berühmte englische Schriftstellerin und Autorin des Klassikers »A Room of one's own« konnte in diesem Raum, den sie sich auch symbolisch erkämpft hatte, nicht genügend Trost und Motivation finden, um weiterleben zu wollen. Im Jahre 1941 ertränkte sie sich während eines Spaziergangs in einem Fluß.

Die amerikanische Poetin und Schriftstellerin Sylvia Plath tötete sich, indem sie, erst 31jährig, den Kopf in den Gasofen steckte. Eine Eintragung in ihrem Tagebuch liest sich: »My tragedy is to have been born a woman.« Es gibt wenig Schriftstellerinnen, deren Werke nicht diese bedrückende Entdeckung in mehr oder weniger verschlüsselten Romanen, Berichten und Gedichten widerspiegeln.

Die Literatur und das geschriebene Wort sind eine der ältesten und geduldetsten Formen der Selbstbehauptung und des Selbstausdrucks für Frauen. Frauen schreiben, weil sie selber nach Aufklärung, Entdeckung und Entschleierung dürsten. Emotional, spontan und mitteilsam sind Frauen exzellente Wortschmiedinnen mit einer reichen Imagination, die durch ihren permanenten Unterdrückungsstatus noch verstärkt wird.

Schreibwerkzeuge und Papier sind traditionell immer die Vertrauten von Frauen gewesen, oft die einzigen, die sie hatten, und oft auch die Lebensretter. Geduldig und stumm, waren sie Zeugen und Hüter der heimlichen Paradiese und Höllen ihrer Gefangenen, die sich in die sichere Stummheit der Worte flüchteten. Jungen Mädchen gab man Tagebücher als Geschenk, versehen mit einem Schlüssel, dem Symbol für Geheimnis und Verbot. Geschriebenes konnte im dunkeln leben; versteckt in Schubladen, unter Matratzen, zwischen Unterwäsche und hinter Bücherreihen.

Kein Wunder also, daß bei den Frauen, die in ihrer Selbsterfahrung zurückgeblieben sind, gerade in den letzten Jahrzehnten zum größten Teil »Entdeckungsliteratur« (wie die Bücher von Marie Cardinal) oder Chroniken (besonders beliebt in Tagebuchform, siehe Anais Nin) eine große Rolle spielten. So verdanken wir Frauen bekannte Aufklärungswerke wie »Das andere Geschlecht« oder Betty Friedans »Der Weiblichkeitswahn«, Phyllis Cheslers »Frauen – das verrückte Geschlecht?«,

Nancy Fridays »My Mother – Myself«, und die einfach gehaltenen, populären Ratschlag-Bücher wie »Frauen, die zu sehr lieben« und »Der Cinderella Komplex«.

Doch Horizonte öffnen – eines der wichtigsten Ziele von Literatur – fällt Frauen oft schwerer als Männern. Gelungen ist es ihnen natürlich trotzdem allemal. Man wüßte gar nicht, bei wem man anfangen und bei wem man aufhören sollte, wollte man die Beiträge der schriftstellernden Frauen preisen. Annette von Droste-Hülshoff, Colette, Emily Dickinson, Dorothy Parker, Luise Rinser, Elfriede Jelinek, Elisabeth Langgässer, Edna O'Brian, Marguerite Duras, George Eliot, Willa Cather, Doris Lessing, Margaret Atwood, Christa Wolf und Hilde Domin sind wirklich nur einige davon.

Männer erleben Abenteuer, Frauen kämpfen sich durch Fußangeln, Vorurteile und Gleichgültigkeit. Für den Mann ist das Abenteuer das Leben und umgekehrt – für die Frauen ist Abenteuer nur ein glühender Traum und Schreiben oft ein Überleben. Sie müssen erst einmal harte Lehrjahre hinter sich bringen, bis sie am Anfangspunkt der Männer angelangt sind. Frauen fürchten sich vor dem reinen Intellekt, philosophische Betrachtungen sind ihnen fremd – sie haben keine Übung zum Risiko, haben Angst, nicht ernstgenommen zu werden. Sie besinnen sich deshalb auf ihre persönlichen Entdeckungen, konzentrieren sich auf ihre innere Welt, träumen, phantasieren und berichten lieber nur aus ihren Erfahrungsbereichen und binden sich so an die Erde, für die sie als Symbol stehen.

Männer können eher losschreiben; haben das Selbstverständnis ihrer eigenen Wichtigkeit und brauchen keinen Abstecher in die Welt der »Erfahrung des Mannseins« zu unternehmen (obwohl ihnen das sehr gut täte), denn sie leben in der Welt des Mannes, von ihnen für sie gestaltet. Frauen sind Fremde, Eindringlinge, Schmarotzer, stolpernde Schwachköpfe in dieser Welt, die ihnen verschlossen bleiben soll.

Auf einem bescheidenen Niveau angesiedelt, bleiben die persönlichen Entdeckungen der Frau allerdings oft flach und reportagehaft, denn da ist sie lediglich die Berichterstatterin an der

Front der geschundenen Seelen und durchbohrten Herzen, nicht die Siegerin über ihr Leid. Die Frau ist natürlich auch die Erfinderin (und größte Leserin) des Schundromans. Es ist daher kein Zufall, daß, wenn sich auf Bestsellerlisten Frauennamen finden, sie meist für die halbseidenen, schlechtgeschriebenen Schicksals- und Liebesromane zuständig sind; das war schon bei »Trotzköpfchen« und E. Marlitt so, bei Courts-Mahler und den berüchtigten »Lore«-Romanen der fünfziger Jahre.

Auch wenn Frauen bemerkenswerte Wahrheiten entdecken, manchmal mutiger als Männer im Aufspüren psychologischer Hintergründe (wie zum Beispiel Alice Miller) und radikaler in der Infragestellung sind, bleiben sie oft die Konsequenz aus ihren Entdeckungen schuldig. Sie begreifen intuitiv alles, was ihnen begegnet, aber die Summe ihrer Erfahrungen und ihres Wissens können sie nicht umsetzen, nicht in ihrem wirklichen, täglichen Leben und nicht auf dem Papier.

Daran scheitern sicherlich viele Schriftstellerinnen. Sie empfinden eine »Nutzlosigkeit« ihrer Kunst. Sie lassen die Kunst als solche nicht einfach bestehen, sondern suchen in ihr das Praktische, Verwendbare, das konsumiert werden kann, wie ein leckeres Gericht. Sie halten kaum für möglich, daß sie etwas von Bestand und Wichtigkeit schaffen können, weil alles, was sie je im Leben getan haben und was von ihnen verlangt wird, vergänglich (bis auf die Kinder) und wenig geschätzt ist.

Als ich wußte, daß ich nicht zur Angestellten und Befehlsempfängerin taugte, ahnte ich auch, daß ich einen sehr holperigen, risikoreichen Weg vor mir hatte – von Konflikten und Verzicht geprägt. Ich wußte, daß ich zu einer Minorität gehörte, daß ich mich sehr unbeliebt bei Männern machen und Ablehnung in ihnen wachrufen würde. Da ich eine Frau war, hieß es auch, daß ich kämpfen mußte und daß ich dem, was man als natürliche Karriere einer Frau ansieht, nämlich Ehemann und Babies zu haben, mit sehr ambivalenten Gefühlen gegenüberstehen würde.

Eigenwillige Frauen mit provozierenden Ideen mögen zwar

Aufmerksamkeit erregen, sind aber nur begrenzt wohlgelitten. Dadurch werden sie meistens automatisch in die Rolle des Ungehorsams gedrängt. Frauen, die nach den Sternen greifen wollen, bekommen die Kraft des Verbotes ob eines solchen unweiblichen, waghalsigen Unternehmens bald empfindlich zu spüren: sie werden einfach ignoriert, abgelehnt und angefeindet.

Die Frau ist immer eine Art Doppelvertreterin, deren Waage aus der Balance ist, denn ihr Menschsein wiegt weniger als ihr Frausein. Oft leidet sie unter der Einsamkeit und Ablehnung und bewegt sich widerstrebend, von Zweifeln und schlechtem Gewissen gequält, wieder auf einen traditionellen Weg zurück – innerlich zerbrochen, weil ohne Stolz. Sie hat ein schlechtes Gewissen, wenn sie sich ihren Sehnsüchten und Talenten hingibt, fühlt sich aber auch um ihre Wahrhaftigkeit betrogen, wenn sie diese verleugnet.

Vom ständigen Kampf zermürbt, kann es schon vorkommen, daß eine künstlerisch begabte Frau »hochfliegende« Pläne aufgibt und nun, bevor sie sich als Pleite empfindet, wenigstens ein Kind haben möchte. (Ich glaube allerdings nicht, daß Mutterschaft die Sehnsucht nach einer künstlerischen Entfaltung erfüllen kann.)

Daß sich die Rolle der Mutter und Ehefrau nur allzu schwer mit der einer sich ernstnehmenden Künstlerin verbindet und daß die innere Zerrissenheit zum totalen Breakdown führen kann, zeigt der schon erwähnte tragische Fall von Sylvia Plath. Sie wird 1932 in Boston geboren, und es ist früh klar, daß sie außerordentlich begabt ist. Als übereifrige Schülerin und ambitionierte Studentin ist sie überall die beste und erringt mit ihren Gedichten, die in vielen Publikationen abgedruckt werden, alle nur möglichen Stipendien, Titel und Preise. Aber ihr ist nicht wohl dabei.

Schon als Teenager spürt sie, daß Jungen keine intellektuellen Mädchen mögen, und sie fixiert sich langsam auf ein biederes Ehe- und Mutterglück, das sie bald um jeden Preis vorzeigen möchte. Aber sie befindet sich in einem Zwiespalt, dem sie nicht entrinnen kann. Hat sie nicht genügend »Dates« mit Jungen (sie führt eine Liste darüber), verfällt sie in Depressionen, leistet sie nicht außerordentliche Arbeit in ihren Gedichten und Essays, verfällt sie auch in Depressionen. Perfektion auf allen Gebieten ist das Ziel, dem sie atemlos hinterherhetzt.

Sie verliebt sich in einen erfolgreichen britischen Dichter, heiratet ihn und gebiert zwei Kinder. Sie vernachlässigt das Schreiben und konzentriert sich darauf, ein perfektes Heim für ihren Mann und die Kinder zu schaffen, in dem er ungestört arbeiten kann. Doch sie ist auf seine freien Stunden und seine eigene Welt neidisch. Die Kinder sind nur eine unbefriedigende Ablenkung. Permanent erschöpft, eifersüchtig, wütend und deprimiert, erkennt sie die Falle, in der sie sitzt. Die Ehe hält die Spannung und die Konkurrenz zwischen den beiden nicht aus. Er trinkt zuviel, hilft zuwenig, geht fremd. Sie wird langsam von der Erkenntnis stranguliert, daß sie dasselbe, wie sie sagt, »verachtungswürdige« Leben haben wird wie ihre Mutter, bestehend aus Aufopferung und Hingabe. Obwohl ihre Arbeiten immer reicher und reifer werden, ist das für sie nicht genug Lebensinhalt und Anerkennung. Sie hat als Frau versagt, und die dadurch entstandenc Leere und das Gefühl der Wertlosigkeit kann nicht durch ihre schöpferische Kraft kompensiert werden. Sie begeht Selbstmord.

Egal, welche Wahl man trifft, dem Gefühl des Versagens und des Konflikts kann man als Frau sowieso nie entfliehen. Über der Sehnsucht der Frau nach Ausdruck, Freiheit und Transzendenz hängt wie immer die biologische Bestimmung und die Erwartung der Gesellschaft wie ein Damoklesschwert. Auch weniger begabte und keineswegs unglückliche Künstlerinnen können den scharfen Beurteilungen kaum entrinnen. Wenn sie ohne Kinder sind und ihr Leben nach eigenem Dafürhalten sehr glücklich und harmonisch verläuft, aber in den Augen der kritischen Betrachter nichts »Großes« vorweisen können, wiegt ihr Versagen doppelt schwer. Nicht nur hat sie traditionelle familiäre Werte der Kunst geopfert, sie hat noch nicht einmal ein Kunstwerk von bleibendem Wert geschaffen.

Für Kinderlosigkeit müßte die Frau eigentlich einen überzeugenden, für alle sichtbaren Ersatz liefern, der den »Makel« ausgleicht oder zumindest verständlich macht. Sie muß großartig sein, blendend, atemberaubend, einmalig, originell, sensationell, um akzeptiert zu werden. Sie muß außerdem sehr schnell arbeiten. Bei einer Frau muß Genie sofort sichtbar sein und ohne irgendeine finanzielle sowie menschliche Investition zum Ziel führen, weil ihr keine Zeit zur Entwicklung und zur Ausreifung ihrer Ideen zugestanden wird. Verfehlt sie ihr Ziel, muß ihr »Mißerfolg« natürlich als Beweis dafür herhalten, daß der Schuster bei seinen Leisten bleiben soll.

Beim Mann ist das anders. Er hat eher die Gelassenheit und den unerschütterlichen Glauben an die Wichtigkeit und Richtigkeit seines Zieles. Für ihn gibt es keine weiteren Verpflichtungen als die, seinem Talent und der Berufung zu folgen. Er würde nie als Möglichkeit erwägen, daß seinem Streben durch irgendeine Lebensveränderung ein Ende gesetzt werden könnte. Es gibt auch nicht die Verführung in der Form von Mutterschaft, die ihn von seinen Zielen abbringen könnte. Er würde etwas für ihn Wichtiges nicht aufgeben, nur weil ihm die Gesellschaft ein Soll aufzwingt. Im Gegenteil, er verlangt, daß sie ihm Durststrecken und Pechsträhnen nachsieht und ihn obendrein noch unterstützt. Das ist der Hauptgrund, warum es Männer immer weiter gebracht haben als Frauen. Nicht etwa, weil sie intelligenter sind oder mehr Talente und Fähigkeiten besitzen. Es wäre nicht auszudenken, was für bedeutende Bücher und Kunstwerke aus den Frauen nur so herauspurzeln würden, erhielten sie Förderung und Achtung von allen Seiten.

Wenig Unterstützung dürften sie bei ihren Männern finden, denn die haben wenig Sinn für extravagante »Spielereien« ihrer Frauen und Gefährtinnen. Ehen halten eigentlich keine intensiven Beschäftigungen mit dem Selbst aus. Allerdings hatten einige der berühmten Künstlerinnen ein traditionelles, niederschmetterndes Leben mit meist unverständigen und unsensiblen, rücksichtslosen Männern, die ihnen schadeten. Manche hatten Kinder, Verpflichtungen, einen großen Haushalt, und schafften es trotzdem, ihre Bücher zu schreiben, ihre Bilder zu malen, ihre Visionen zu haben. Solche Frauen gibt es heute auch.

Das ist aber bei weitem kein Beweis dafür, wie es manchmal gerne von bestimmten Emanzipations-Theoretikerinnen hervorgekehrt wird, daß man als Frau sehr wohl »alles« machen kann. Das einzige, was diese Beispiele zeigen, ist, daß manche Frauen so irrsinnig stark sind, so motiviert, so draufgängerisch, so entschlossen, daß sie absolut nichts von ihrem Vorhaben abbringen kann. Das Ausleben eines Talents dürfte den Frauen nicht so schwer gemacht werden, daß sie daran fast zerbrechen.

Besonders eigenwillige Pionierinnen sind in der Regel entweder mit einem lieben, schwächlichen Anbeter liiert, haben einen Teilzeit-Geliebten oder sind allein. Eine gleichberechtigte Beziehung ohne Kämpfe zwischen Künstlerinnen und Männern ohne anschließende Niederlage der Frau ist selten, weil ihre eigenständige Arbeit von den Männern immer als Bedrohung und Überschreitung ihrer »natürlichen« Grenzen aufgefaßt wird. Das wird auch nicht dadurch anders, daß einige kreative Frauen beteuern, ihr Freund oder Mann lasse »sie machen, was sie wollen«, denn sie stimmen ihren Willen meistens auf seine unausgesprochenen Forderungen ab, für die sie eine besondere Antenne haben – und lassen ihm den Vortritt.

Ein besonders irritierendes Beispiel für die Kombination männliches Genie/künstlerische Sklavin bieten Picasso und seine Lebensgefährtin, Françoise Gilot, die ihr zwölf lange Jahre dauerndes, erschöpfendes Leben mit dem katalanischen Macho-Dynamo in einem Buch beschreibt. Schon die ersten Seiten fangen alarmierend an: sie begegnet Picasso 1943 als 21jährige, als sie bereits fühlt, »daß die Malerei mir alles im Leben bedeuten würde«. Daß sie ihre eigene damit meint, erscheint als bittere Ironie, denn in dem Moment, da sie mit dem launischen Patriarchen zusammenzieht, übernimmt sie, ohne besonderen Widerspruch, die Rolle seiner Organisatorin, Finanzverwalterin, Vorarbeiterin, Sekretärin, Haushaltsvorsteherin, Unterhalterin und die seines Sündenbocks.

Während ihre Pinsel eintrocknen, hält der Meister sie Jahr um

Jahr mit seinen extravaganten Wünschen (und den unverhofften Auftritten seiner Ex-Frauen und Freundinnen) in Trab. Als sie ihn verlassen will, tadelt er ihren Verstand, der angeblich ihre Entscheidungen beherrscht, und überredet sie zu einem Kind, das sie »zur Natur zurückbringen« werde (sagt er). Sie folgt seinem Rat, und der Sohn Claude wird geboren. Aber das Leben bleibt anstrengend und seltsam kalt und unerfüllt. Also wird sie wieder schwanger, weil sie sich daran erinnert, daß die einzige Zeit, in der sie fröhlich, entspannt und glücklich war, die Zeit der Schwangerschaft war. Mit Malerei und Selbstverwirklichung hat ihr Leben schon lange nichts mehr zu tun.

Aber bei der neuen Schwangerschaft will sich die besinnliche Heiterkeit nicht einstellen. Während sie an das Haus gebunden ist (und gehofft hatte, auch ihn wieder an sich zu binden), geht er unbekümmert auf Reisen, froh, endlich der Atmosphäre von Hormonen, schwellendem Leib und bettelnden Frauenaugen entflohen zu sein. Sie ist zwar böse und verletzt, aber was kann sie schon machen, die arme Françoise: sie liebte ihn eben, sagt sie! Außer der »Produktion« von Kindern hatte sie eben nichts Konkurrenzfähiges zu bieten. Françoise Gilot verließ zwar den Egomanen, heiratete einen Forscher und widmete sich später wieder ihrer Malerei als Hobby, aber sie bleibt das Beispiel einer Künstlerin, deren Kunst Teilzeitbeschäftigung ist.

Ganz anders ein anderes berühmtes Paar. Simone de Beauvoir und Jean-Paul Sartre. Was wir von ihr lernen können, nämlich Konsequenz, Hingabe und Selbstvertrauen, ist leider etwas in den Hintergrund gerückt, weil sie in typischer Frauenmanier von anderen Frauen mikroskopisch betrachtet und fachgerecht seziert wurde. Das ist der Nachteil, wenn man weiblich und berühmt ist.

Es ist ungerecht und lächerlich, wenn inzwischen eine Generation junger, von ihr enttäuschter Frauen an ihr zweifelt, nachdem immer klarer wurde, daß sie zusammen mit ihrem Lebensgefährten Sartre kaum das unabhängige, freie Leben lebte, das sie pries und predigte. Simone, die Betrügerin und Verräterin? Keineswegs. Ihre Freiheit ist real und für alle lesbar, denn sie schrieb genau das, was sie wollte. Nichts und niemand konnte sie von der Arbeit an ihren Büchern und Schriften abhalten oder deren Qualität einschränken und beeinflussen. *Das* war ihre Aufgabe als Künstlerin und ihr unvergänglicher Beitrag zur Literatur und zum Feminismus.

Man kann sich natürlich fragen: warum machte eine so brillante, erfolgreiche, unabhängige Frau einen so unsensiblen Egomanen zu ihrem Lebensgefährten? Die Sicherheit, die Seelenverwandtschaft erzeugt, wird scheinbar von den meisten unterschätzt und gerät in den Hintergrund, wenn verglichen mit sexueller Leidenschaft und romantischer Liebe. Sartre hatte eine wichtige Funktion – er war dieser Seelenkamerad. Dazu ein ergebener Freund und verläßlicher Lieferant von Unterstützung und Vertrauen. Er ermutigte sie immer zum Schreiben (nachdem sie seine Manuskripte korrigiert hatte) und war gleichzeitig ihr schärfster Kritiker und ergebenster Bewunderer. Außerdem war er ein Genie.

Obwohl sein Verhalten ihr gegenüber oft schändlich war – er war ein quengelndes, unsicheres, verzogenes Muttersöhnchen mit einem neurotischen Heißhunger auf sexuelle Abenteuer – und es oft den Eindruck machte, als ob er der Missetäter und sie das Opfer war, so kam sie doch keineswegs nur als Verliererin aus diesem kampflos wirkenden Kampf der Titanen heraus. Sie wirkte so lieb und bescheiden – von ihrer knochigen Art und spitzen Zunge einmal abgesehen –, daß die Schärfe und transparente Intelligenz ihrer Werke überraschte. Aber es ist gar nicht so verwunderlich, daß eine Frau, die so viktorianisch erzogen worden war, sich eine relativ harmlose, unprovozierende Oberfläche zulegte, um dahinter die verwegensten Gedanken zu verstecken und die radikalsten Theorien und Philosophien zu entwickeln. Die leicht unterdrückte, damals nicht ganz ernstgenommene Frau, die für ihren Lebensgefährten die tagtäglichen Kleinarbeiten machte und für einen reibungslosen Ablauf des Tages sorgte, war eine nicht unbrauchbare Rolle, aus der Simone de Beauvoir immer wieder schreibenderweise ausbrach.

Keineswegs befreit von der Zerrissenheit und Einsamkeit, die kreative Frauen periodisch befällt, brauchte sie diese Rolle auch als Gleichgewicht und um ihre Angst vor ihrer eigenen Brillanz etwas einzudämmen. Als Autorin schonungslos, präzise, gewagt und intelligent, konnte sie zumindest im Privatleben die traditionellen Werte erhalten, die ihr, der Tochter aus gutem Hause, doch eine gewisse Sicherheit bedeuteten.

Sie hat sich eines wirksamen Tricks bedient, um ihre Schreibkraft zu retten. Mit einer gewissen »männlichen« Arroganz hat sie ganz einfach zeitweise ihre eigene »weibliche« Sensibilität ignoriert, weil sie ihre Wichtigkeit als Schriftstellerin gut einschätzen konnte und wußte, daß traditionelle »Weiblichkeit« keine guten Schriftstellerinnen produziert. Ihre Werke wären nie so durchdringend geworden, hätte sie sich während des Schreibens mit dem traditionellen Frausein identifiziert.

Manche ihrer Leserinnen wären ihr sicher dankbar gewesen, wenn sie ihnen ein Rezept verraten hätte, wie man den männlichen Vorurteilen und Beleidigungen offensiv begegnet anstatt ihre Existenz zu leugnen. Dennoch schuldet uns Simone de Beauvoir kein »feministisches« Privatleben. Ihre kritischen, luminösen Werke sind ein Geschenk. Sie hat ihre Verpflichtung als Künstlerin erfüllt.

In Zeiten, in denen Ordnung herrscht, und in Systemen, in denen die sozialen Strukturen gut funktionieren, nimmt das Bedürfnis von Frauen, sich als Künstlerinnen zu betätigen, stark ab. Es steigt dann, wenn Rollen und Verbote fallen und wenn geistige und sexuelle Freizügigkeit die Oberhand über konservative Lebensformen gewinnt (siehe Weimarer Republik). Wenn Frauen angeregt oder gezwungen werden, geistig zu arbeiten, dann beginnt bei ihnen der Wunsch nach einer anderen Ausdrucksform als nur der des Gebärens, weil sie sich der Außenwelt und nicht ihrem kleinen Körperkosmos zugehörig fühlen. Nie gab es mehr Künstlerinnen als heute. Nicht nur weil Frauen »befreiter« sind, sondern weil sie einen neuen Zeitgeist-Druck spüren, der sich nicht mit Kinderkriegen verdrängen läßt.

Doch wie und wo findet man den Weg, der einem künstlerische Ausdrucksformen erlaubt? Wie können wir lernen, diese zu fördern? Die Zeiten sind längst vorbei, in denen man zu Recht hat sagen können, daß die Lebensumstände und die Männergesellschaft schuld an der Dürre der künstlerischen Werke von Frauen sind. Niemand wird mit Gewalt daran gehindert, sich selber zu ergründen, seine Kunst zu entdecken und zu vervollkommnen. Der Preis ist nur sehr hoch, und die Mehrzahl der Frauen ist nicht bereit, ihn zu zahlen. Wichtig ist, daß Frauen absolut egoistisch werden und die Ruhe und das Selbstverständnis erlernen, die es ihnen ermöglichen, allen Interessen, Ideen und Entdeckungen nachzugehen, die außerhalb der ihnen zugewiesenen Bereiche liegen. Es muß eine Freude, eine Lust und ein Komfort erlernt werden – und all das ist erlernbar –, geradezu in solchen »luxuriösen«, selbstbezogenen Tätigkeiten aufzugehen, ohne jede Rechenschaft und ohne den Druck, etwas Großartiges dafür vorweisen zu müssen.

Es geht ja gar nicht so sehr nur um »Kunst« als berufliche Ausdrucksform oder als Hobby, sondern um unser aller Suche nach der verlorenen Kreativität, dem erfinderischen Geist und der verschütteten Phantasie, die das Leben selbst zum »Gesamtkunstwerk« für jeden machen könnte. Als Kinder, spontan und unverbildet, besaßen wir all diese Talente einmal, die nicht etwa gefördert, sondern meist ignoriert oder uns über die Jahre ausgeredet wurden. Wie reich und überraschend so ein Leben sein könnte, in dem ein ganz bestimmter Kunstanspruch nicht nur eine Handvoll Ausersehener betreffen würde! Dann könnten nämlich alle ihre schöpferischen Energien freisetzen und müßten nicht nur in einzelnen Werken oder bestimmten künstlerischen Berufen ihren Ausdruck finden.

Das Ziel ist nicht, zu zeigen, daß die Talente von Frauen zahlenmäßig genauso hoch oder höher liegen als bei Männern, sondern daß man ihnen die Chance und den Boden geben muß, auf dem sie sich nähren können. Die Tragik liegt nicht nur darin, daß die Arbeit vieler Künstlerinnen über die Jahrhunderte und auch heute weder anerkannt noch veröffentlicht werden, sondern daß so viele mutige, spirituelle, originelle Talente auf Grund ihres Geschlechts bisher verkümmern müssen. Diese erstickten, ungemalten, ungeschriebenen, ungesungenen, ungespielten Arbeiten sind der große Verlust. Doch es gibt glücklicherweise heute eine ganze Reihe von Malerinnen, Filmemacherinnen, Autorinnen, alle hochtalentiert und ihrer Arbeit ergeben, die zeigen, daß es möglich ist, seine Visionen in Kunstwerke umzusetzen. Es sind lange nicht genug.

Abschied vom Mann

Wir müssen uns vom Mann trennen, Abschied nehmen von ihm und seiner Macht über uns. Wir müssen auf seine Zustimmung, Befehle, Urteile, Lobpreisungen, Wünsche, Herabsetzungen und vielleicht auch auf seine Liebe verzichten lernen und seinen Haß auf uns zerstören. Die Trennung wird so schwer sein wie die von jeder anderen suchterzeugenden Droge, und daraus ergibt sich die Frage: womit füllen wir das Vakuum? Die Antwort lautet: mit der Suche nach Freiheit und Individualität. Denn als Grundsatz gilt: man kann das Gemeinsame nicht finden, bevor man das Verschiedene erkannt hat. Abschied vom Mann heißt auch Abschied vom Vater, von Autoritäten, von Büro-Diktatoren und Wohnzimmer-Paschas, von falschen Idolen und einem männlichen Mythos, der allen genauso geschadet hat wie der weibliche. Abschied vom Mann heißt am Ende auch: Abschied von unserer Macht über ihn.

Lange sind Frauen das »andere Geschlecht« gewesen, haben sich dieser negativen Kategorisierung wie selbstverständlich gebeugt und sich als minderwertige, unvollendete Zweitwesen empfunden, die im Schatten der verbliebenen Freizeit zögernd nach Sinn und Wert ihrer Existenz suchten. Der Mann macht Sinn in sich selbst, die Frau muß den Sinn erst finden.

Wenn man als unvollständig gebrandmarkt ist und kein Selbst hat, dann kommen einem die anderen Wesen, die man für vollständig und daher »mehr« hält, absolut perfekt vor – selbst in ihrer Widersprüchlichkeit und Identitätslosigkeit. Männer waren das Sonnensystem, um das wir wie anonyme, geblendete Planeten kreisen durften. Es gab keine Verschnaufpause, um diejenigen aufmerksam zu betrachten, denen man zum Strahlen verhalf. So blieb ihre Herrlichkeit unantastbar, ihre Macht unwidersprochen, ihre Superiorität ein natürlicher Zustand.

Um so dankbarer waren wir dafür, daß uns ein großartiges Buch gewidmet wurde, das unserem »Anderssein« Würde verlieh, einen Sinn und eine Identität. Es sind über vierzig Jahre vergangen, seit Simone de Beauvoir den Klassiker »Das andere Geschlecht« schrieb, und es scheint manchmal, als ob sich nichts geändert habe. Doch es hat in den letzten Jahren eine interessante Umkehrung stattgefunden. Nach über zwei Dekaden Selbstexaminierung sind für Frauen die Männer das »andere Geschlecht« geworden – fremd, feindlich, mysteriös, schwach, behindernd und, ja, behindert. Wir hatten immer gefühlt, daß wir in den Augen der Männer diese Eigenschaften besaßen, doch wir wagten nie, das gleiche über sie zu denken und einzugestehen, daß sie uns genauso fremd waren.

Es ist sicherlich eine Entdeckung, die widersprüchliche Gefühle auslöst, daß auch Männer das »andere Geschlecht« sind, nicht das bessere, stärkere, sondern einfach eine separate Form von Leben, das durch andere Werte und eine andere Gefühlswelt definiert wird. Doch was für eine kostbare neue Freiheit kann es sein, wenn wir uns weder mit diesen anderen Lebewesen verschmelzen, noch ihre Zustimmung zu unseren Eigenschaften und unserer Lebensart erbetteln müssen.

Das symbiotische Aneinanderhängen von Männern und Frauen, das trotz demonstrativ vorgeführter »Nähe« oft so wirkt, als sei es insgeheim gegen den Willen der Partner zustande gekommen, ist ein Überbleibsel der falschen Trennung der Geschlechter, die die Mutter von früh auf für beide in die Wege leitet. Indem die Jungen den Mädchen vorenthalten werden und umgekehrt, aber gleichzeitig ihre Unverzichtbarkeit erlernen, entsteht eine übersteigerte Neugier und Sehnsucht nach der Gegenwart des »Anderen«, die viel Raum für Phantasien und Projektionen lassen. Männer und Frauen agieren ihr Leben lang aus einem komplizierten Seelenleiden heraus – der Angst, allein und frei zu sein, sowie der Angst, Autonomie und Abgrenzung zu verlieren. Deshalb treffen sich Frauen und Männer nicht wie Menschen, sondern wie Herrscherinnen ihre zukünftigen Sklaven und Sklavinnen ihre zukünftigen Herrscher.

Natürlich leben Männer und Frauen in zwei Welten – sprachlich, gefühlsmäßig, moralisch, und daher haben Frauen auch vollkommen andere Erfahrungen als Männer, andere Beobachtungen, Erwartungen, kurz, eine andere Sicht von der Welt und ihrem Platz darin. Das »Andere« der Frau, so oft gefürchtet, kritisiert, lächerlich gemacht, ist eben nicht einfach nur ihr Körper und ihre Seele, sondern ganz einfach das Resultat dieses bestimmten, anderen Lebens, zu dem Männer selten Zutritt haben, den sie im übrigen auch selten dringend erbitten.

Wenn sich Frauen und Männer treffen, dann ist das für jeden so wie ein Besuch auf einem anderen Kontinent. Beide besitzen einen Paß für eine Welt, die sich den Reisenden nie ganz erschließt. Jeder der beiden Kontinente ist aus Resignation, Pioniergeist, Einsamkeit, als Reaktion und Kompensation entstanden. Wobei man sagen muß, daß die Frauen mehr aus Resignation, die Männer mehr aus Kompensation ihre Welt gebaut haben. Jede Welt, die für die Erbauerin oder den Erbauer hauptsächlich Selbstschutz und Abgrenzung vom »Anderen« bedeutet, muß natürlich demjenigen, der Eintritt dazu begehrt, fremd und feindlich vorkommen.

Was weiß der Mann von den Augen, die andere Dinge sehen, den Ohren, die andere Dingen hören, den Lippen, die andere Worte sprechen, dem Körper, der anders empfindet als er. Eine Frau, ein Wesen aus weicherem Fleisch als seins, mit mehr Hormonen, weniger Muskeln, mit zarterem Knochenbau, mit mehr Rückgrat wahrscheinlich, aber der unstillbaren Sehnsucht, seine Härte zu besitzen, die ihn dahin bringt wo er hin möchte, während ihre Härte ein Hindernis in der wattigen, flaumigen, kopfnickenden Welt ist. Sie darf Körperschöpfungen kreieren, kleine quengelnde Kunstwerke, die saugen, greifen, zerren, fordern, sich wie spitzzahnige Vampire in die mühsam erhaltene Illusion von Freiheit bohren. Sie darf im Sitzen, Knien, Liegen schaffen, immer an ihrem Blut klebend, immer an die weichen, fruchtbaren Schleimhäute gebunden. Sie stülpt sie ihm über wie eine rote Maske, unter der er zu ersticken droht und die ihm seine Wichtigkeit gänzlich nimmt.

Kein Wunder, daß, wenn ich mit Männern zusammensitze und einfach rede, es mir meistens so vorkommt, als würde ich versuchen, mit grünen Männchen Morsezeichen von verschiedenen Planeten auszutauschen, wobei ich den Außerirdischen wegen ihres Unterhaltungswertes allerdings den Vorzug geben würde. Sie (die nichtgrünen Männer) gucken dich verwundert an, hören nicht zu, trommeln mit den Fingern auf den Tisch, haben nicht die leiseste Ahnung, wovon man redet. Kaum ein seriöses Thema stößt auf ein reges Interesse.

Das liegt daran, daß Frauen und Männer in anderen Kategorien denken und eine andere Begrifflichkeit haben, die der andere weder versteht noch fühlt. Verfügt man auch noch über gewisse intellektuelle Mittel und feste Überzeugungen, verläuft das Gespräch im Sande oder endet so, wie es mir mal passierte. Als ich in einer Unterhaltung, bei der mir ein offensichtlich aufgeregter Herr erst die Karaffe mit Eiswasser »versehentlich« in den Schoß goß, seine zwiespältige Haltung zu meinen Thesen über die Männer aufs Korn nahm, stürzte er tatsächlich empört mitten im Abendessen aus dem Lokal (ließ allerdings Geld für die Rechnung da). Jemand hatte ihm die Macht streitig gemacht, die Regeln aus den Händen genommen und die Richtung und den Ausgang der Unterhaltung bestimmt. Wenn so ein trotziges Betragen bei uns Frauen Schule machen würde, könnten wir an allen öffentlichen Plätzen eine hektische Betriebsamkeit beobachten.

Männer prallen vor »harten« Frauen zurück. Es gibt zuwenig Weichheit, zuwenig schmelzenden Charme, zuwenig Beipflichtung, zuwenig Zaudern, zuwenig Leere, zuwenig Leichtigkeit, zuwenig Fallstricke. Die Verführung findet – mit den Augen einer Frau gesehen – immer durch Unterwürfigkeit statt, durch das Eingeständnis, daß man seine Rolle zu spielen weiß und ein klein bißchen weniger wert ist.

Selbstverständlich sind intelligente, amüsante und stimulierende Unterhaltungen mit Männern möglich, denn es gibt natürlich auch eine andere Seite der Mann-Frau-Dynamik, bei der Frauen nicht die Trophäe für vorbildliches Verhalten gewinnen.

Wenn man sich Männern bei einer Begegnung nicht gleich als Nestbauerin, Schlingpflanze, Heirats-Hyäne, Sklavin, Bettmaus oder eine anders einengende, nicht ernstzunehmende Kreatur ins Bewußtsein drängt, hat man gleich ein anderes gegenseitiges Verhältnis – nachdem sich der Schock bei ihnen gelegt hat. Männer sind nicht gewohnt, Frauen als selbständige, intellektuelle Menschen zu sehen – und Frauen stellen sich nicht so häufig, wie man hoffen würde, als solche dar.

Wenn man so will, sind die Männer genauso ungeübt in der Begegnung mit dieser für sie fremdartigen Schöpfung einer kraftvollen, unabhängigen Frauenpersönlichkeit, wie wir es mit der Begegnung von wirklich unchauvinistischen, unverstellten Männerpersönlichkeiten sind. Jede Begegnung, die plötzlich Männer oder Frauen mit eigenständigen Menschen ohne jeweilige Muttertier- oder Herrscherphantasien konfrontiert, muß natürlich zu einer irgendwie verzerrten, unharmonischen Begegnung führen, die Verwirrung und Zwiespalt stiftet. Man hat doch nie gelernt, sich auch nur auszutauschen oder anzugucken: unbeschwert, unbelastet, ohne Motive.

Verrückterweise haben Männer vor unabhängigen Frauen, die durchblicken lassen, daß sie ihr Fanglasso nicht in Benutzung haben (oder ein solches noch nicht einmal besitzen), genausoviel Angst wie vor den verschlingenden Brüterinnen, die einen Versorger suchen. Es ist mehr die Angst vor dem Unbekannten, die sie nervös werden läßt, und diese Angst hat sogar weibliche Züge: wird sie mich trotzdem genug lieben, um mich nicht zu verlassen, selbst wenn sie mich nicht zum Überleben braucht? Mit anderen Worten: seiner Rolle enthoben, ist der Mann oft wie eine Frau – ein verwirrtes, unsicheres Wesen, das nach Bestätigung, Weisung und Erleuchtung dürstet.

Eine Unart, die der Entfremdung zwischen Männern und Frauen hilft, ist die üble Nachrede. Frauen reden meistens schlecht über Männer, Männer reden schlecht über Frauen. Worin besteht nun das große Staunen über das negative Bild, das wir voneinander haben (von den wirklich triftigen Gründen einmal abgesehen)? Wenn eine Gruppe permanent schlecht über eine andere redet, kann man doch nicht erwarten, daß wechselseitig ein entspannt realistisches Bild entsteht. Die unverändert empörende Porträtierung von Frauen in Literatur, Film und Fernsehen trägt, neben gewissen Bemerkungen, die man zu überhören versucht, dazu bei, eine gute Portion Wut bei den Frauen permanent wach zu halten. Und viele Männer haben es gewiß satt, immerzu als unsterbliche Machos über den Kamm geschoren zu werden.

Man muß aber trotzdem einfach davon ausgehen, daß praktisch alle Männer misogyn sind, selbst wenn sie Intelligenz und außergewöhnliche Talente besitzen. Und da hat sich seit den Zeiten unserer Urgroßväter wenig geändert. Nur um unser Wissen ein wenig aufzufrischen, nehmen wir kurz den bekannten Fall Sigmund Freud, der wohl der Vater der Psychoanalyse sein mag, aber dessen frauenfeindliche Fehlleistungen auf keine Couch gehen.

Wäre Freud eine Frau gewesen, hätten wir uns nicht so lange mit dem Penisneid herumschlagen müssen, einem albernen, nichtsdestoweniger langlebigen Mythos, demzufolge sich ein Mädchen nie wieder von dem Schlag, keinen Penis zu besitzen, erholen kann. Aber der Penisneid mußte als Gegengewicht zur allmächtigen Gebärmutter erfunden werden, die sich nicht als Kultobjekt eignet, weil sie von außen nicht sichtbar ist und mit zu grauenhaften, blutigen Dingen wie Geburt und Menstruation zu tun hat. Schon daß aus dem männlichen Geschlechtsteil eine eigenständige Philosophie und Lehre erschaffen wurde, zeigt den männlichen Größenwahn. (Der Penisneid macht nur Sinn, wenn man nach einem Konzert oder nach dem Kino in einer langen Schlange vor dem Frauenklo steht. Da wünscht man sich, einfach raus in die Büsche, oder an irgendeinen Baum gehen zu können.)

Doch nicht nur der Penis fehlt ihr. »Das Weib ist Weib durch das Fehlen gewisser Eigenschaften«, behauptete Aristoteles, auch so ein ehrwürdiger Patriarch männlicher Halbweisheiten. Dasselbe kann man vom Mann behaupten. Beim scharfen Hinsehen fehlt Entscheidendes. Wenn Eva nur aus einer Rippe oder anderen Überresten vom Manne entstanden, also ein Abspaltprodukt ist, dann hat sie daraus eine spektakuläre Erfolgsgeschichte gemacht. Und wenn man bedenkt, daß Adam als vollkommenes Geschöpf gedacht war, sind die Resultate seiner Entwicklung alles andere als überwältigend.

Der Mann hat zwar mit Hilfe seines Penisses alle Macht der Welt an sich gerissen, aber er wird nie in der Lage sein, einen Menschen in sich wachsen zu lassen. Dieses Defizit empfindet er als so monumental, daß er es immer kompensieren muß – durch Arbeit, Machtgelüste, Herrschergehabe, Größenwahn. In Ermangelung einer stark ausgebildeten inneren Welt schuf er die äußere Welt mit ihren imposanten Errungenschaften – technisch, zerstörerisch, unsinnlich und oft unbrauchbar. Der Mann (Künstler einmal ausgenommen) hat als Ausdrucksform lediglich dieses Bezwingen der Außenwelt, dort ist er der Herr, und dort scheint es keine Begrenzungen zu geben. Nach innen gibt es keinerlei Großartigkeit; der Raum für innere Eroberungen ist sehr klein und begrenzt.

Männer haben alles erfunden und sich auf allen Gebieten durch Exzellenz hervorgetan, sie haben Kunst, Krieg, Kreuzzüge und Kommerz kreiert, um sich zu betäuben und abzulenken. Der Mann spürt sehr stark seine »entsinnlichte« Welt, sein zerbrochenes Selbst, seine Machtlosigkeit der Naturgewalt der Frau gegenüber. Männer haben gefährliche Sehnsüchte, die sie dem Tod näherbringen und die sie in waghalsigen Abenteuern ausleben, um sich für die sinnliche Armut zu entschädigen. Frauen haben Kinderwünsche. Beide wollen einen Zustand erreichen, der sie aus sich selber und ihrer Isolation hinauskatapultiert.

Wir haben uns wohl alle über die Jahre gewundert, wieso die großen Mengen von sogenannten »Selbsthilfe«-Büchern immer von Frauen geschrieben wurden. Trotz aller Banalität und Ruck-Zuck-Rezepte waren doch auch Werke darunter, denen ein tiefes Bedürfnis nach Aufklärung und Veränderung zugrunde lag. Angeregt von dieser Lektüre gingen viele Frauen das Risiko ein, auf der Suche nach sich selbst mit oft wenig schmeichelhaften und sehr schmerzlichen Entdeckungen konfrontiert zu werden. Sie schienen Trost darin zu finden, daß sie endlich erkannten, wie verkrüppelnd die Regeln waren, nach denen sie lebten, und wie sehr es sie ihre weibliche Authentizität gekostet hatte. Der Wille, sich verändern zu wollen und damit Scheidung, Liebesentzug und soziale Schmähung zu riskieren, war stärker als die erduldete Stummheit der vielen Jahre.

Frauen haben ganz sicher in ihren ernsten Bemühungen zur Selbst-Entsklavung und Menschwerdung die Männer überrundet. Viele gehen weiter und weiter, während die Männer tatenlos am Rande stehen: verwirrt, verärgert, verängstigt. Sie können nicht mitmachen, weil sie ihre eigenen, sehr nötigen Schritte nicht tun wollen, und dabei wird die Kluft größer. Es ist bezeichnend, daß Frauen die Emanzipation und sich selbst gesucht und manches Interessante gefunden haben, aber die Männer nichts Gleichwertiges oder nur annähernd Neues entgegenzusetzen haben, obwohl doch auch die Rolle des Unterdrückers einen Leidensdruck schaffen müßte.

Männer haben genauso große Identitätsprobleme, zerstörte Träume und verkümmerte Seelen wie Frauen, und dazu meist noch die belastende Auflage, als Ernährer der Familie in allen Lebenslagen »männlich« und emotionslos zu handeln. Das einzige, was ich Männer habe riskieren sehen – übrigens in Amerika – war, daß sie zum Psychiater liefen: eine Art stilles Eingeständnis, daß es ein paar Dinge gab, mit denen sie nicht ganz klar kamen. Darüber hinaus bin ich noch nie einem mutigen, tief betroffenen Mann begegnet, der emotionale Risiken eingegangen ist und sich entschieden hat, den dornigen Weg der Suche nach sich selbst zu gehen. Vielleicht gibt es solche Sucher ja irgendwo. In unseren Breitengraden sind sie jedoch nicht in größerer Zahl gesichtet worden. Sie gehen zwar sinnbildlich auf »Abenteuer«, »bestehen« etwas, suchen dieser Tage auch in krampfhaften Männergrüppchen nach dem unverstellten »wilden Mann« in sich, aber die wichtigere Suche nach dem beschädigten, hartkrustigen »geschrumpften Mann« findet nicht statt. Statt dessen überlegen sie: wie und wo und mit wem kann ich meine bestehende Rolle festigen, und wie kann ich mich am besten hinter Großmannssucht verstecken, so daß keiner merkt, daß ich innen hohl bin?

In diesem Zusammenhang sei eine interessante amerikanische Studie von 1991 erwähnt, die herausfand, daß Männer wohl doch nicht so viel weniger Depressionen als Frauen haben. Sie tun diese lediglich als »unmännlich« ab und suchen deshalb seltener einen Arzt auf als Frauen. Emotionale Probleme sind traditionell Frauen zugeordnet, doch immer mehr Männer versuchen, ihre ungelebten Gefühle hinter Alkohol, Tabletten und Aggressionen zu verstecken.

In diesem Szenario spielen die Psychiater und Ärzte leider auch eine Rolle: die des Mittäters. Sie sind männlichen Patienten gegenüber sehr zurückhaltend in ihren Fragen, die »peinlich« und zu persönlich wirken könnten. Daß Depressionen weltweit seit dem Zweiten Weltkrieg zugenommen haben, besonders unter Männern, erklären die Soziologen auch damit, daß Männer die Welt nicht mehr mit klassischen »Macho«-Jobs dominieren können, sondern sich die Arbeitswelt mit Frauen mehr und mehr teilen und daher auch mit ihnen konkurrieren müssen.

Daß die Frauen in der Arbeitswelt derartig aufrücken würden, ahnte man in den späten sechziger und frühen siebziger Jahren nicht. Rückblickend kann man erkennen, daß die Unterstützung der Männer für die Frauenbewegung in den 70er Jahren am höchsten war. Noch schien wenig an dieser Bewegung besonders alarmierend oder bedrohlich für die Freiheit, Machtposition und Bequemlichkeit der Männer zu sein. Sie wurde mehr als eine willkommene Ablenkung, eine kleine, wenig ernstzunehmende Spielerei der frustrierten Hausfrauen angesehen.

Ja, sie kam den Männern nicht ungelegen, denn für einen Moment sahen sie den Fokus ihrer unruhig und unzufrieden gewordenen Freundinnen und Ehefrauen auf etwas anderes als auf die unerquicklichen Themen Haushalt und Beziehungen gerichtet. Und so sahen sie gönnerhaft über die ersten aufmüpfigen Reden und auf sie zielenden Seitenhiebe ihrer Frauen und Kolleginnen hinweg. Um diese Zeit wurde auch ein klassisches Denkmodell kreiert, das die männliche Gesinnung und ihre geistige Dimension entlarvte. Es fielen so verblüffende Sätze wie: »Ich habe nichts gegen Emanzipation, solange das Essen pünktlich auf dem Tisch steht, die Kinder versorgt und meine Hemden gebügelt sind«, oder: »Solange eine Frau weiblich bleibt, warum nicht?« Wir Frauen mußten herzlich lachen (wie so oft, wenn Empörung kaschiert werden soll) – aber nicht laut und nicht lange genug.

Für die Männer wurde es zusehends ungemütlicher zu Hause. Dieser »Emanzipationsblödsinn« war doch ernsthafter und zählebiger, als sie angenommen hatten. Ihre Frauen und Freundinnen bestanden doch tatsächlich darauf, daß sie jetzt einkaufen, noch öfter den Müll in den Container werfen, außer dem sonntäglichen Frühstück auch noch das Abendessen zweimal in der Woche machen und – die Dreistigkeit schlechthin – den Fußboden staubsaugen und wienern sollten. Als wüßte nicht die ganze Welt, daß echtes Putzen sich nicht mit der sensiblen Psyche des Mannes verträgt. Als nächstes würden Frauen noch von ihnen verlangen, ihre Blusen zu bügeln, Waschbecken zu scheuern, Kindern die Haare zu waschen und bürsten, staubzuwischen und Kuchen zu backen.

Aber die Büchse der Pandora war geöffnet und ließ sich selbst mit massiven Anstrengungen nicht wieder schließen. Die Unstimmigkeiten zwischen den Geschlechtern wurden störender und mehrten sich, eine Konfrontation schien unausweichlich. Die aber kam nie in einer offenen, ehrlichen und direkten Art zustande, sondern entwickelte sich zu einem schwelenden, dumpfen und bitteren, von Haß durchsetzten Kleinkampf. Und der geht unverändert weiter und wird immer härter.

Was Frauen, außer ihrer Handlungsunfähigkeit, den Sieg einer tatsächlichen Emanzipation kosten wird, ist eine falsche Einschätzung des »Feindes«. Eigentlich müßten Frauen nur zu gut wissen, daß es wahnsinnig ist, anzunehmen, die individuelle Entwicklung einer einzelnen Frau oder gar die kollektive Emanzipation könnte von Männern bejaht oder begeistert aufgenommen werden. Warum auch sollten die Personen, deren Position,

Identität und ganze Existenz durch Frauenfreiheit in Frage gestellt wird, ihren eigenen Untergang unterstützen? Mit liebenswürdigen Reden, vorsichtigen Andeutungen und stummer Wut ist daher absolut nichts zu erreichen. Männer werden ohne massiven Druck nichts aufgeben, was sie nicht freiwillig aufgeben wollen (und Frauen übrigens auch nicht).

Wenn wir wirklich Abschied vom Mann nehmen könnten und ihn nicht mit Forderungen und Abhängigkeiten immer wieder in unser Leben zerren und dadurch ablenken würden, hätte er mehr Zeit, sich selber zu spüren. Es wäre viel pressierender, daß Männer sich selber radikal ändern, denn die Fesseln, in denen sie stecken, sind ihnen genauswenig von einer angeblichen »Natur« diktiert worden wie den Frauen. Ihre Fessel ist die der Urheber, Erfinder und Ausführenden aller Verbrechen, Morde, Folterungen, Ausrottungen, aller Kriege, Unterdrückungen und Verfolgungen, die seit Menschengedenken die Menschenwürde zerstört und die Menschen vernichtet haben. Das kann doch ihre Natur nicht sein!

Sie sind das Mördergeschlecht – gefühlskalt, brutal, skrupellos, erloschen. Die gefährlichsten Kreaturen der Welt sind junge Männer zwischen 14 und 30 Jahren (von den gemeingefährlichen Diktatoren und Politikern von gestern und heute einmal abgesehen, die eher ab Ende Vierzig den Zenit ihrer Zerstörungswut erreichen).

Wie fühlt es sich eigentlich an und wie verarbeitet man das, zum Geschlecht derer zu gehören, die Sechsjährige vergewaltigen, 12jährige als Prostituierte auf die Straße schicken und 17 Menschen auf einen Schlag erschießen können; die ihre Frauen krankenhausreif schlagen, Kinder quälen und ermorden; die meinen, ein Recht dazu zu haben, Menschen für eine andere Gesinnung zu foltern, Bomben zu bauen und die »Endlösung« zu erfinden; die Waffen schieben und Korruption betreiben; die hinter weißen Westen ihre blutige Gesinnung verstecken? Sie sind das Geschlecht, das auch die ganz »ordinären« Verbrechen wie Totschlag, Einbruch, Raub, Überfall und Erpressung verübt. Sie sind die Soldaten, die Todesvollstrecker, die Banden, die Schänder und Plünderer. Wie wird man zu einem Menschen, der nur durch sein Geschlecht anderen Menschen Angst einflößt?

Daß der Mann als natürlicher Unterdrücker und potentieller Gewaltverbrecher aufwachsen darf, verdankt er zum Teil leider auch seiner Mutter, die ihn in seiner gesellschaftlich sanktionierten Männerrolle bestärkt. Es ist von Anfang an eine neurotische Disposition, die ihm anerzogen wird. Mit anderen Worten, der Mann wächst psychisch krank auf und verhält sich und lebt sein Leben lang als psychisch Kranker, wenn er nicht das Bedürfnis nach der unbedingten Veränderung verspürt, die in dem Versuch besteht, sich von dieser Krankheit, die gleichzeitig eine Falle ist, zu befreien, koste es was es wolle.

Natürlich fällt es dem Mann auf Grund seiner Fehleinschätzung und Arroganz schwer, sich selber als Mitglied und Mitgestalter einer Gefängniswelt zu erkennen, als Sklave seiner eigenen Regeln und Lebensformen, als hilfloser Kranker. Wir müssen ihm das klarmachen. Der Mann fühlt sich so potent, überheblich und stark, wie die Frauen ihn gemacht haben und ihn gewähren lassen. Ein Mann kann dumm, häßlich, ungehobelt, lieblos und grausam sein – er wird sich immer noch als Mann, d. h. als Mitglied des herrschenden Geschlechts fühlen und eine gewisse Sicherheit zur Schau tragen, und er wird immer eine Frau finden, die zu ihm aufschaut.

Die Frage, ob die Männer generell immer primitiver, gewalttätiger und haßerfüllter werden, kann vielleicht nicht wissenschaftlich genau belegt werden, jedenfalls ist die Gewalt gegen Frauen überall eindeutig angestiegen. Männer scheinen sich immer bedrängter zu fühlen, und sie wissen sich oft nicht besser zu wehren, als mit ihren alten gewohnten Mitteln der Vernichtung und Gewalt zuzuschlagen. Warum denken sie überhaupt, daß sie sich wehren müssen? Interessanterweise empfinden viele Männer, daß jede Freiheitsbestrebung der Frau gegen sie persönlich gerichtet ist und daher bekämpft und unterbunden werden muß.

1989 schoß ein 25jähriger Mann in einem Studentinnenheim in

Kanada 14 Frauen tot, während er brüllte: »Ihr verfluchten Feministinnen.« Dann erschoß er sich wenigstens selber.

Eine andere Gewaltorgie fand 1991 in Kenia statt, als 300 Schüler den Mädchentrakt einer katholischen Internatsschule überfielen und dabei 19 ihrer Mitschülerinnen mit Metallstäben und Schlagstöcken töteten. Der Grund? Wut darüber, daß die Mädchen sich nicht an einem Schulstreik beteiligen wollten, den die Jungen planten, weil sie von einem Sportwettbewerb ausgeschlossen worden waren.

Vergewaltigungen sind genauso an der Tagesordnung, sie werden brutaler und enden mehr denn je in sadistischen Blutschlachten. Es ist durchaus nicht mehr ungewöhnlich, daß ein Rudel von zwölf Jungen zwischen 15 und 19 eine Frau im New Yorker Central Park überfällt, vergewaltigt und dann mit Steinen und Eisenrohren fast erschlägt, weil sie »sich gelangweilt hatten« und ihnen »nach Action zumute war«.

Die Filmemacherin Helke Sander fand in ihrem erschütternden Dokumentarfilm »Befreier und Befreite« heraus, daß ungefähr zwei Millionen Frauen bis Ende 1945 von russischen Truppen vergewaltigt worden sind. Die Vergewaltigten schwiegen meist, »weil keiner fragte«, und meinten: »Was geschehen ist, ist geschehen.« Ein heroisches Schweigen, das Entsetzen und Trauer hervorruft und eine treffende Metapher für die beiden Kontinente der Geschlechter ist, die in diesem Falle ganz real nicht die gleiche Sprache verbindet. Die Wahrheit ist tatsächlich: wenn man nicht sprechen kann, dann fängt die Gewalt an.

Wir müssen Abschied vom Mann nehmen, solange er uns haßt. Der Haß ist flammend, muß so überwältigend, so unauslöschlich sein, daß man sich fragt, wer und was hat Jungen und Männer uns hassen gelehrt, und warum hassen wir Frauen sie nicht mit der gleichen Kraft zurück? Sind wir bessere Menschen, verständnisvoller oder nur unaggressiver?

Ich wünsche mir manchmal, daß jeder gebildeten, berufstätigen Frau mit einem guten Gehalt und einem interessanten Job, einer schicken Wohnung und der festen Überzeugung, daß Frauen doch eigentlich ziemlich emanzipiert sind, das Gourmetdinner verdorben wird, indem man sie mit der grausamen Realität der Frauen in anderen Erdteilen konfrontiert. Für jede Frau, die sich geliebt und geehrt fühlt, gibt es sicherlich Hunderttausende, die gehaßt werden. Darüber sollte man sich keine Illusionen machen, denn Frauen werden immer noch überall auf der Welt straflos ermordet, gequält, vergewaltigt, erniedrigt, verraten und verkauft.

Im Jahre 1991 allein las ich drei Studien über die alarmierende Situation vieler Frauen, von denen die deprimierendste die ca. 100 Millionen Menschen weiblichen Geschlechts festhielt, die nach Berechnungen von Demographen in Ländern wie China, Indien, Pakistan und Ägypten in der Bevölkerung einfach fehlen. Während Sexdiskriminierung in den westlichen Ländern meist sexuelle Belästigung und schlechtere Jobs für Frauen bedeutet, ist für viele Mädchen in der dritten Welt das Geschlecht an sich schon ein Todesurteil.

Männern sind Frauen zuviel. Im wahrsten Sinne des Wortes. Die traditionelle Bevorzugung von Jungen ist schuld daran, daß Millionen von Mädchen nach der Geburt getötet werden oder durch Unterernährung und Krankheit sterben, weil sie nicht wert erscheinen, gefüttert oder zum Doktor gebracht zu werden. In den Ländern mit Zugang zu Ultraschalluntersuchungen wird die mörderische Regulierung zur Erhaltung der Männergesellschaft sauberer durchgeführt – durch Abtreibungen, eine Methode, die besonders in China und Indien praktiziert wird, wenn der Fötus weiblich ist (in Indien kommt auf 8000 Abtreibungen von Mädchen die eines einzigen Jungen).

An ihrem Machtverlust sind die Frauen zum Teil selber schuld. Sie haben dem Mann die Macht über sie auf einem goldenen Teller und kniend überreicht, aus der uralten, ewig auf sie niederregnenden Suggestion heraus, daß sie wenig wert sind. Doch nicht etwa Liebe, sondern Haß haben sie sich dafür eingehandelt. Ich bin der Überzeugung, daß Männer und Frauen sich logischerweise hassen müssen, solange es keine Gleichheit unter den Menschen gibt.

Die Macht, die Mütter und andere Frauen ihnen gegeben haben, haben Männer immer gegen uns verwandt, und tun es auch noch heute. Macht bricht man entweder durch Gegenmacht oder durch den Rückzug in die eigene Identität, denn die größte Macht ist Identität und Selbstverantwortung. Alle Frauen müssen sich als mächtige, zur Veränderung fähige Wesen begreifen.

Früher habe ich immer danach gesucht, was an meinen Freunden falsch war. Heute konzentriere ich mich lieber auf mich und darauf, was ich richtig machen kann. Ich habe lange nicht gemerkt, daß mir Männer, bis auf eine Ausnahme, immer sehr wenig gegeben haben. Das lag daran, daß ich mir einredete, ohnehin so viel zu besitzen, daß es schwer sei, mir etwas zu geben.

Ich selber gab und gab – hauptsächlich Verbesserungsvorschläge, denn die Männer, in die ich verliebt war oder mit denen ich zusammenlebte, gefielen mir nicht genug, um sie in Ruhe zu lassen. Das war außer einer aussichtslosen auch eine sehr zwiespältige Position, denn einerseits wußte ich, daß ich völlig recht mit meiner Kritik hatte (an mir natürlich auch), andererseits sicherte ich mir mit meiner Änderungssucht permanente Enttäuschung. Meine Freundinnen sagten immer mitleidig, wenn ich mich über ein unmögliches Benehmen aufregte: »Den änderst du nicht, laß es.« »Wieso nicht?« dachte ich, »ich habe doch recht.«

Männer tun, was sie wollen, wann sie es wollen, keine Frau hat wirklich Einfluß auf ihre wichtigsten Entscheidungen. Männer ändern sich auch nicht, nur weil Frauen ihnen drohen, sie beschimpfen und kritisieren. Frauen sind ihnen nicht wichtig genug. Wichtig sind Beruf, Prestige, Anerkennung, Geld. Es ist ihnen außerdem nicht von besonderem Nutzen, sich ihrer Frau oder Freundin zuliebe zu ändern, denn all die Dienste, deretwegen sie diese schätzen, tun sie sowieso – wütend, beleidigt, enttäuscht oder nicht. Und da Männer nicht unter störender Sensibilität leiden, stecken sie den auf sie gerichteten Groll locker weg, solange sie bleibt und mitmacht und solange Socken und Unterhosen frisch und vorrätig sind.

Welche Lehren muß man daraus ziehen? Schlucken oder gehen. Für die ganz zähen Frauen lohnt es sich vielleicht, ein Ultimatum zu stellen, das seine Wirkung dadurch hat, daß es in der Tat zu Konsequenzen führen könnte, also etwas, an das Männer bei Frauen nicht gewöhnt sind. Die goldene Faustregel ist, daß uns Männer so egal sein müssen, wie wir ihnen sind.

Frauen müssen das Risiko eingehen, nicht gemocht zu werden. Die krampfhaften Bemühungen, einem Mann zu gefallen, ihn zu halten, zu verändern, zu besänftigen, zu erpressen, zu umsorgen, zu verbessern, zu becircen, sind uninteressant und werden immer fehlschlagen. Es ist ihre Aufgabe, sich zu verändern, und unsere, uns zu verändern. Sollte das zu einer verbesserten Freundschaft und Verständigung führen, so wäre das ein phantastischer Nebeneffekt, den wir alle sehr zu schätzen wüßten.

Wir Frauen müssen den Werten der Männer die unsrigen entgegensetzen, und in dem Bereich, in dem wir unsere Verwirklichung finden, radikal und kompromißlos dafür kämpfen, auch auf die Gefahr hin, einen Ehemann, Freund oder Geliebten dabei zu verlieren. Natürlich müssen wir uns erst durch gefährliches, verwachsenes Gestrüpp kämpfen, um herauszufinden, was genau unsere Werte und Wünsche sind. Wir Frauen genießen den Vorteil, daß wir so etwas wie eine Bewegung haben und einige Mitkämpferinnen. Wenn Frauen sich etwas historisches Wissen und aggressive Intelligenz aneignen und lernen würden, Männer zu durchschauen, dann könnten deren manipulative, herrschsüchtige Forderungen sehr wenig ausrichten, weil sie weder auf fruchtbaren Boden noch auf ein schlechtes Gewissen stoßen würden.

Was mit unabhängigen Frauen passiert, die sich mit sich selber als Menschen auseinandersetzen und dem »männlichen« Luxus hingeben, sich selbst genug zu sein ohne die quälenden Minderwertigkeitsgefühle, ist nur logisch. All die Energien, die sonst für exzessive Hausarbeit und das Wohlbefinden des Partners aufgebraucht werden, sind plötzlich freigesetzt und lassen in den Frauen ganz neue Gedankengänge entstehen, auf die sie sonst nie gekommen wären. Diese führen bei selbstbewußten Frauen meistens zu einem kreativen Lebensstil, der sie noch mehr der männlichen Herrschaftslust entzieht.

Die Geduld haben wir längst alle verloren, und ziemlich viele Frauen auch die Bereitschaft, sich mit den ebenso unerquicklichen wie auch uninteressanten Problemen, die Männer uns ins Haus und Herz tragen, auseinanderzusetzen.

Ich sehe ein Bild vor mir: Ein Mann und eine Frau treffen sich: keiner will heiraten, keiner will Kinder, keiner will abwaschen. Was übrig bliebe wären Sex, berufliche Interessen und geistreiche, intellektuelle, philosophische Themen. Das heißt, wenn die traditionellen Funktionen der Frauen weggelassen werden, dann wäre sehr wenig übrig, was Männer und Frauen zusammenbringen oder -halten würde. Und vielleicht wäre das gut, gesund und ehrlich – auf jeden Fall weniger anstrengend.

Es gibt viele starke Frauen. Und obwohl es genausoviele Männer gibt, die dreist behaupten »Ich liebe starke Frauen« – warum wohl sollten sie zugeben, daß sie schwache Frauen mögen? –, wissen wir starken Frauen, daß das eine Lüge ist. Männer haben Angst vor starken Frauen. Punkt. Das läßt uns mit einem Problem zurück, das auf den ersten Blick unlösbar erscheint. Es gäbe die Möglichkeit, sich selber zurückzunehmen, seine Talente und sein Ich zu verstecken und sich in eine ungefährliche, identitätslose Frau ohne Schatten zu verwandeln. Schlechte Lösung. Die andere Möglichkeit wäre – eine kühne, mehr theoretische Idee –, daß sich Männer dahingehend ändern, in starken unabhängigen Frauen nichts außer wunderbaren, inspirierenden Menschen und Freundinnen zu sehen, mit denen sie gern Aspekte ihres Lebens teilen möchten. Das kommt dem Wunsch gleich, daß der Papst bei seinen Reden Kondome in die Menge werfen möge.

Es ist sehr schwer für Frauen, ihre Sehnsucht nach Abenteuer, Glück und Selbsterkenntnis zu erfüllen. Es fühlt sich unerlaubt an, selbst wenn es ihnen gelingt, ihrem Leben wache und selbständige Züge zu geben. Das Glück ist für Frauen das Glück des Moments, ein Glück, dem sie nie trauen, wenn es außerhalb ihres Mutter- und Frauendaseins liegt. »Menschenglück«, losgelöst vom Geschlecht, ist für Frauen unverdientes Glück. Unglück erscheint ihnen natürlich, weil ihr Leben auf Enttäuschung und Verzicht aufgebaut ist.

So ist die Suche nach dem Glück eine gehetzte Reise mit vielen unnötigen Stops. Wo ist der, der mich nimmt, dem ich mich übergeben kann, der mein »Ich«, das ich nicht spüre oder finde, haben will und mich von der qualvollen Suche danach befreit? Wenn man als Mädchen früh lernt, daß das Selbst mit all seinen reichen Schattierungen scheinbar nicht wertvoll genug ist, um es offen zu achten und ihm zu vertrauen, ist es kein Wunder, daß die Aufmerksamkeit und der innere Blick schuldbewußt von sich selber abgewandt wird. Er ist vielmehr fragend auf andere, auf den Mann gerichtet. Das ist der Moment, in dem die Sehnsucht nach dem bestätigenden Nicken entsteht, nach dem Blick, der ins Herz geht, in den Blutstrom hineinschwimmt und dem winzigen, unterentwickelten, halbverhungerten Selbst Wert und Bedeutung geben, es formen und definieren soll.

Verliert man lieber sich selbst oder den Mann, das ist die Frage. Die letzte Möglichkeit, manchmal mehr eine nicht zu umgehende Notwendigkeit dieser Tage, ist: allein zu bleiben, dafür aber die Person zu sein, die man sein möchte.

Die Frau, die allein lebt (und hoffentlich einen ernstzunehmenden und freundlichen Liebhaber hat), hat die Chance, sich durch ihre eigenen Augen zu sehen. Etwas, was wir weder gelernt haben, noch je lernen werden, solange wir ein traditionelles Leben führen, das auf Anpassung und Projektion aufgebaut ist. Es ist ein sehr klarer, überraschender Blick auf eine Person, die man nicht kennt, weil man ihr nicht vorgestellt worden ist. Bereits die Eltern hatten verhindert, daß man ihr zu nahe kam, sich mit ihr anfreundete und vertrug.

Der beste Anlaß, sich mit sich selber anzufreunden und sein Leben neu zu definieren, ist meist der leidvollste: Tod oder Liebe. Beide lassen uns hilflos und verletzt zurück. Unsere tiefsten und unverstelltesten Emotionen sind unsere Stärke und unsere Schwäche, und nichts bringt sie besser heraus als der Konflikt mit dem »Anderen«, dem Mann. Ich brauchte eine sehr schmerzhaft endende Liebesgeschichte, um mich, vielleicht zum erstenmal im Leben, mir selbst zuzuwenden.

Gefangen in dem großen, schwarzen Loch, in das ich, überwältigt von Trauer und Panik, herabgestürzt war, kam es zu einem unerwarteten Treffen mit einer verschollenen Fremden, ich selber. Klar, ich wußte mir bisher in Lebenskrisen immer selber zu helfen, hatte immer genug feinfühlige Freunde. Diesmal war es das bodenlose Gefühl des Verlustes, daß in mir Sehnsucht nach mir selber auslöste, und ich war unendlich froh darüber.

Ich wollte mich mir selbst stellen, mir ins Herz sehen, Vertrauen zu mir fassen, mich auslachen, loben und kritisieren und mir zum erstenmal zur Freundin, Trösterin und Mitstreiterin für die eigenen Interessen werden. Anstatt mich nach einem verfügbaren Mann umzusehen, fing ich eine scheue Liebesaffäre mit mir selbst an. Warum soll man die Liebe – oder was man dafür hält – nur Männern entgegenbringen? Warum soll man sich nicht mindestens so lieben wie die beste Freundin, ein Kind, einen Hund, eine Idee, ein Bild, ein Buch, ein Haus? Warum kann man sich nicht selber ein Geschenk sein? Liebe heißt auch, sagen zu können: »Ich will mich«, anstatt »Ich will dich«.

Nachdem man so eine erfrischende Seelenwanderung hinter sich hat, ist nichts mehr so wie vorher. Die Suche nach Liebes- und Lebensverbindungen verliert ihren verzweifelten Charakter. Der Hunger nach Kontrolle und Aufmerksamkeit, dieser zähen und zehrenden Besessenheit im Leben einer Frau, ist nur noch ein bitterer Nachgeschmack. Zum erstenmal spürt man Gelassenheit und Zuvertrauen in seine Kraft, die hoffentlich spirituell und engagiert ist und sich nicht in kleinkarierten, materiellen Phantasien verzettelt. Man muß nichts mehr erzwingen, denn man will das Erzwungene, das Falsche, das Anstrengende nicht mehr.

Wer ein falsches Selbst hat, der sucht auch das falsche Selbst im anderen. Man sucht verzweifelt den Spiegel, der das Unglück wiedergeben und gleichzeitig auffangen und heilen kann. Aber das Gegenteil tritt meistens ein. Es ist ja gerade die Unfähigkeit, sich mit realen Gefühlen dem anderen zu nähern, weswegen man sich den Schein-Partner ausgesucht hat.

Es gibt im Verhalten der im falschen Selbst verankerten Menschen keine Brüche, auch wenn es manchmal so erscheint. Egal, auf welcher Ebene, immer wird die Angst vor dem Aufbrechen der verschlossenen Kapsel, die all die verbotenen, abgespaltenen Gefühle enthält, jede Begegnung und jede Lebensform bestimmen. Die Freunde werden nicht anders sein als der Partner. Wer so ist, bei dem wird der energiespendende Forschungsgeist und die Neugier nie Teil des Lebens sein, der aus uns engagierte und kämpferische Personen macht. Wer vor der Wahrheit Angst hat, lebt immer in einem Kerker mit Gleichgesinnten. Es wird nie passieren, daß so eine Person plötzlich ihre Ehe, ihre Umgebung, ihre Familie mit unverschleierten Augen sieht oder sich mit sinnbildlicher Spitzhacke auf den Weg macht, um dunkle, verdrängte Gedanken und schmerzliche Kindheitserinnerungen auszugraben.

Man sollte unbedingt versuchen, Männer zu verstehen. Nicht etwa als Lebensaufgabe, um sich ihnen dann entsprechend reibungsloser unterzuordnen, sondern um sich besser, weniger kriegerisch, mehr freundschaftlich von ihnen abzugrenzen. Es kann und darf keinen Kompromiß zwischen Männern und Frauen geben, wenn es um beider Identität und Unabhängigkeit geht. Fronten, Konflikte und Kampf sind natürlich und positiv. Das extreme Harmoniebedürfnis der Frauen, das ja nur die Umgehung unliebsamer Konfrontationen kaschieren soll, muß aufhören. Wir können nicht ineinander eintauchen und uns gegenseitig unser Selbst wegnehmen, es abfeilen, glätten, für jeden genießbar machen. Wir würden uns zu sehr gleichen.

Männer und Frauen sind Menschen, die zu verschiedenen Zeiten kurze oder auch lange Wanderungen zusammen machen können, wenn sich ihre Lebenswege auf interessante Weise kreuzen. Es gibt nicht die eine große gemeinsame Straße. Und die kleinen verästelten, unbeleuchteten, schlecht gepflasterten Seitenstraßen sind oft zu schmal für zwei. Einer rennt, der andere schlendert, biegt unvermittelt irgendwo ein – man verliert sich aus den Augen, aus den Herzen und trottet traurig davon.

Die Macht der Enttäuschung darüber, daß der andere nicht in dich reinschlüpfen, dein Ich, dein Selbst sein oder es dir wegnehmen kann, um dich davon zu erlösen, ist außerordentlich groß. Ich glaube schon, daß es uns manchmal danach dürstet, unser Ego loszuwerden, das Ego, das aus Wünschen und Forderungen besteht, die so gierig und grenzenlos sind wie die kleiner Tiere und Kinder. Wir alle haben Abschürfungen und Beulen von den Mauern, gegen die wir rennen – mit tränenüberströmten Gesichtern, geschundenen Herzen, halb irre vor Wut und sprachlos von der Erkenntnis, daß nichts hinter der Mauer ist als wir selber.

Das andere Geschlecht ist, vorsichtig ausgedrückt, wenig zufriedenstellend. Aber es gibt kein drittes. Können wir den Männern vergeben, daß sie so sind? Können wir sie tolerieren, sie mögen, sie aushalten? Ich glaube, daß wir das leichten Herzens könnten, nachdem ihre Überlegenheit und Herrschaft gebrochen ist. Doch auch Frauen werden sich nie befreien können, wenn sie nicht auch den Kampf der Männer um ihre Identität verstehen und unterstützen. Sind sie bereit, die Männer aus ihren Zwangsverpflichtungen zu entlassen? Oder werden sie weiterhin von ihnen fordern, daß sie für sie arbeiten, sie grenzenlos lieben und ihnen einen Lebensinhalt geben?

Wenn jeder nicht mehr alles für den anderen sein muß, wird es sehr viel weniger Enttäuschungen und Verletzungen geben. Es wird eine große Erleichterung sein, in dem Mann (oder in der Frau) nicht mehr und nicht weniger zu sehen, als einen Menschen, den man mag, den man verstehen und kennenlernen möchte, der einen interessiert, fasziniert und mit dem man sich gerne einläßt.

Das andere Geschlecht kennenzulernen, ist ein unumgängliches Abenteuer mit ungewissem Ausgang. Vielleicht ist es eine Bereicherung, eine Herausforderung, vielleicht ein unnützes und unerquickliches Unterfangen. »Starke Frauen können die Stärke der Männer zugeben. Es sind nur die schwachen Frauen, die sie leugnen«, sagt Camille Paglia. Egal, wie dumm, sexistisch, unsensibel, oberflächlich und arrogant Männer sind, sie sind Teil von etwas, dem auch wir angehören.

»Das Andere« oder den anderen werden wir nie total verschlingen, verändern, vereinnahmen, vergewaltigen, vernichten können. Wir können es nur ansehen, anfassen, erfassen – und lieben. Wenn wir die Männer erlösen, indem wir sie nicht als Meister, Götter, Vorbilder, Feinde, vielleicht nicht einmal automatisch als Freunde ansehen, können wir leben, ohne uns zu zerteilen. Mit ihnen oder ohne sie. Nur wenn man Abschied vom »falschen« Mann nimmt, kann man den neuen vielleicht in einer anderen Art Leben wieder mit offenen Armen empfangen.

Die ungehorsame Frau

»Imagine.« JOHN LENNON

Die Schonzeit für Frauen ist vorbei. Sie haben jetzt lange genug überlegt, geduldet, gedeutet, analysiert, interpretiert, in sich hineingehorcht, gewartet, gegrübelt, vergeben und gehofft. Was ab sofort und für die Zukunft gesucht wird, ist die ungehorsame, weil selbstbewußte Frau, die ohne Umschweife handelt. Die Regeln für ein weibliches, also selbstloses Leben sind unmenschlich und produzieren Feiglinge und Autoritätssuchende. Das paßte bisher gut, denn das Patriarchat ist eine autoritäre Struktur. Die größte Sünde wäre daher Ungehorsam, und genau der ist die wirksamste Waffe, mit der Strukturen zerschlagen und Veränderungen herbeigeführt werden. Was uns daher zur vollständigen Emanzipation fehlt, ist eine einfache, kleine, praktische Frauenrevolution, damit wir in die vorderen Reihen gelassen werden und uns die positive, ursprüngliche Macht zurückholen, die Frauen sich vor langer Zeit haben entreißen lassen. Und die Frauen wissen genau, was sie wissen müssen, um eine solche Revolution zu starten: die Angst, alleingelassen zu werden, wenn man stark und fordernd ist, aber auch die Angst, die Rolle des schwachen, abhängigen Opfers aufzugeben, muß in einem Radikalprogramm verlernt werden.

Die Angst vor Verlust ist eine der zentralen Ängste der Frauen. Was passiert mit mir, wenn ich den ausgetretenen Frauenpfad verlasse? Wer wird mich lieben und vervollkommnen? Es erscheint verrückt und ungesund, daß die Konsequenz für das Anheben der Lebensqualität und der eigenen Wertskala ein Abfallen in den Beziehungen zu Männern bedeutet, aber das ist die Wahrheit. Ich glaube, man muß es noch oft wiederholen: Mann und Frau ergänzen sich nur bedingt. Ständige Harmonie zwischen den Geschlechtern ist – wie die zwischen allen Menschen – eine Illusion. Eine Ergänzung setzt eine Unvollkommenheit voraus. Sollte uns etwas fehlen, dann können wir es uns nur selber »erleben«, erobern, erarbeiten.

Die Suche nach dem Mann muß mit der Suche nach dem Selbst eingetauscht werden. Und genau da liegt das große Problem, aber auch die Herausforderung. Frauen haben von sich die niedrigste Meinung und wissen zunächst gar nicht, wie sie an so etwas Kostbares wie Selbstbewußtsein herankommen können und wo es sich versteckt hält. Es muß daher eine intensive Suchaktion eingeleitet werden – nach dem Selbst und allem, was damit zusammenhängt: Selbstliebe, Selbstvertrauen, Selbstverständnis, Selbstwertgefühl, Selbstbehauptung, Selbstsicherheit. Jede Frau muß zur Detektivin werden und diesem wertvollen Fremdling auf die Spur kommen. Jeder Hinweis muß verfolgt, jede Fährte unter die Lupe genommen werden, denn das Selbst hat das Talent, sich die raffiniertesten Verstecke auszusuchen. Doch wir brauchen unser bestes Selbst, damit wir in Harmonie und Würde überleben können.

Ich vergesse nie den Tag, an dem ich als Zwölfjährige mit unruhigen Gefühlen mein Osterzeugnis nach Hause brachte. In der für meinen Vater überaus wichtigen, für mich jedoch besonders blöden Rubrik »Allgemeine Haltung« stand nämlich bei mir als erster Satz: »Sabine ist sehr selbstbewußt.« War das nun gut oder schlecht, ein Kompliment oder eine Rüge? Der Rest meiner Personenbeschreibung war eher kritisch, also wußte ich nicht so recht. Wie würde mein Vater, dem die Zeugnisse immer zur Unterschrift vorgelegt wurden, das aufnehmen? Er war von dem Satz begeistert, lachte laut und sagte stolz: »So ist's recht, mein Kind.« Vielen Dank, lieber Vater. Du hast deiner Tochter damit ein Stück Identität ermöglicht.

In unserer Gesellschaft hat leider der gesunde Narzißmus, also die »Eigenliebe«, einen durch und durch negativen Beiklang, weil er nicht mit dem christlichen Konzept der »Nächstenliebe« einherzugehen scheint und oft mit unangenehmem Egoismus gleichgesetzt wird. Und auch in unserem Sprachgebrauch ist fast alles, was mit dem das Wort »Selbst« zusammenhängt, negativ belegt – von selbstzufrieden bis selbständig. Nur Worte wie Selbstkritik, selbstlos, Selbstaufopferung und Selbstbeherrschung gelten als positiv und sogar nobel. Deshalb fallen selbstbewußte Menschen unangenehm auf – Frauen können sich schon gar nicht erlauben, sich selber zu mögen oder gar zu lieben. Natürlich wird in einer Umgebung voller krampfhaft lächelnder Frauenlippen und höflich angepaßter Gesichtsausdrücke jedes ungebrochene Selbstbewußtsein und jede mit Festigkeit vorgebrachte Meinung als unangenehm und dreist empfunden.

Wir müssen uns die Frage stellen: wie sehen wir uns selber, wieviel sind wir uns wert? Sind es liebende, sorgende, aufmerksame und bestätigende Augen, mit denen wir uns ansehen? Sind wir stolz auf uns und unsere Leistungen, Kämpfe und Positionen, und gehen wir kritisch mit unserer Feigheit und Anpassungsbereitschaft ins Gericht? Sind wir Amazonen oder Amateurinnen, Hausfrauen oder Hausbesitzerinnen? Haben wir einen Besen oder ein Schwert in der Hand?

Mich hatte schon als Teenager Brecht fasziniert – seine Gedichte genauso wie seine Stücke und Songs, besonders die von der Seeräuber-Jenny. Geradezu verwegen fand ich, wenn Lotte Lenya »Denn wie man sich bettet, so liegt man« sang und ganz brutal ihre Philosophie zum besten gab: »Und wenn einer tritt, dann bin ich es, und wird einer getreten, dann bist du's.« Auch wenn es sich für andere Ohren sadistisch angehört haben mochte, ich verstand, was sie meinte. »Zeig's ihnen, Lotte«, hätte ich ihr zurufen mögen, denn sie berührte in mir etwas noch nicht ganz Ausgereiftes, das ich noch nicht auszusprechen wagte. In ihrer Kampfansage war eine Radikalität, nach der ich suchte; die Entscheidung zur eigenen Wichtigkeit, der Sieg über die beschämende, konturlose, weibliche Scheinexistenz.

Alles, was mit Veränderung zu tun hat, braucht außer Mut eine stabile emotionale Grundlage – und ein Motiv. Oft ergibt sich das Motiv aus einer Grundlage und umgekehrt. Die Grundlage ist immer dieselbe: Selbstbewußtsein, Selbstrespekt und Identität, die alle wiederum zur Grundlage für die Liebe zum

Menschen gehören. Diese Liebe ist nötig, um ein soziales Gewissen und ein politisches Bewußtsein zu entwickeln. Besitzt man das, möchte man ganz automatisch Zustände, die die Menschen unglücklich machen, ändern. Jemand, der sich benutzt und wertlos fühlt, der in seinen beruflichen Möglichkeiten begrenzt und in seiner spirituellen und geistigen Entwicklung behindert ist, entwickelt Indifferenz, Stumpfheit und Depressionen. Er wird nicht glauben wollen, daß seine Person oder Meinung irgendeinen Unterschied machen oder eine Kraft darstellen, die etwas in Bewegung setzen. Deshalb sind die Herrschenden natürlich immer an unselbständigen, »toten«, deprimierten Menschen ohne eigenen Willen interessiert.

Solche Menschen haben vor Revolutionen Angst. Wir brauchen sie nicht zu haben. Wir müssen nur das radikale Element in uns suchen und zulassen. Es ist der sehr kurze Moment, in dem die Angst vor der Autorität wegfällt und sich die Erkenntnis, daß jeder einzelne der Kern aller Dinge ist, Bahn bricht. Revolution ist, wenn Theorie in die Praxis umgesetzt wird. Revolution ist, wenn Wut, Bewußtsein und Kraft plötzlich der Zunge diktieren und man nach hunderttausenden von »Jas« plötzlich »Nein« sagen kann.

Die Revolution, die ich meine, ist einfach, aber sehr effektiv: man lernt sich erst einmal selbst kennen, schätzen und vertrauen. Dann hört man auf, Dinge zu tun, zu sagen, zu denken und zu unterstützen, von denen man im tiefsten Innern nicht überzeugt ist. Gerade für Frauen kann in der Verweigerung eine umstürzlerische Kraft liegen. Wirkliche Revolution muß natürlich erst von innen kommen und dann nach außen getragen werden. Die heftige, kurze 68er Revolution bewegte mehr als sie wirklich veränderte, weil sie primär nach außen gerichtet war. Wir stürzten zwar entflammt und übermütig auf die Straße und waren entzückt von unserem kollektiven Geist und den scharfen politischen Ideen. Doch wir schoben einen Teil der Eigenverantwortung von uns, weil alles, was nicht mit der Geißelung des Kapitalismus und des Establishments zu tun hatte, »privat« war und daher als unpolitisch und bürgerlich galt.

Was uns »privat« dünkt, kann enorme politische Konsequenzen nach sich ziehen. Politisches Bewußtsein und politische Ideen werden in den eigenen vier Wänden genauso vorbereitet und ausgeführt wie sie kritisiert und verworfen werden. Dort, in den Küchen und Wohnzimmern, zwischen wütend putzenden Frauen und stummen, zeitunglesenden Männern, wo oft Kinder verprügelt und gedemütigt werden, und in den Schlafzimmern, wo der dumpfe Geschlechterkampf fortgeführt wird, ist der Keim für alles Weltgeschehen mit seinen Wundern und seiner grausamen Zerstörungswut.

Hitlers Vater hat politisch gehandelt, als er den kleinen Adolf immer wieder brutal geschlagen hat, Picassos Mutter hat politisch gehandelt, als sie ihren Sohn schon frühzeitig in seinen Malereien bestärkte, John Lennons Tante Mimi hat politisch gehandelt, als sie Klein-Johnny eine Gitarre kaufte. Ja, mein Vater hat politisch gehandelt, als er seiner Tochter einbleute: »Laß dir nichts gefallen!« Alice Miller hat das wahrhaft revolutionäre Buch »Am Anfang war Erziehung« geschrieben und eigentlich alles über das Thema private Erziehung und den Effekt, den es auf die Welt hat, gesagt. Gute Erzieherinnen können Frauen nur dann sein, wenn sie eine kämpferische Persönlichkeit anzubieten haben und die Idee von Gleichberechtigung und Unabhängigkeit glaubwürdig vermitteln können. Das ist erlernbar.

Seinen Standort kann und muß man selber bestimmen, am besten so früh wie möglich. Die zentralen Lebensfragen sind: wie weit möchte ich gehen und wohin will ich? Wer möchte ich sein? Bin ich gesichtslose Mitläuferin, passive Zuschauerin oder bin ich Aktivistin, bereit zum Handeln? Will ich ein Halbleben im Schatten der Bosse und Macher? Will ich ein gut funktionierendes Zweitwesen sein für Kinder und Mann, eine gesichtslose Geliebte für den Freund, eine manipulierbare Bürgerin für die Gesellschaft?

Wer man ist und wer man werden möchte, hat mehr mit Entscheidung als mit Entwicklung zu tun. Wie wir uns entwickeln, ist das Resultat unserer Entscheidung, nicht umgekehrt. Wenn unsere eigene Entscheidungskraft unsere Taten, unser Verhalten und unsere Werte beeinflußt, dann können wir nicht mehr Opfer spielen, weil wir die komplette Verantwortung für uns selber in die Hände genommen haben. Eigenverantwortung befreit auch immer andere. Das freie Handeln, dessen Grundlage eine persönliche Philosophie und keine herkömmliche Moral oder Politik ist, braucht keine Bestätigung durch eine Gesellschaft oder ein »Fachpersonal«. Die Wahrheit hat das Gesicht, das man ihr gibt, und nur Kühnheit gibt ihr den Druck, den sie braucht.

Eine andere wichtige Eigenschaft, die zu entwickeln unerläßlich ist und die zur seelischen Ausrüstung einer freien und glücklichen Frau wie eines jeden Menschen gehört, sind Zivilcourage und feste Überzeugungen. Auch hier zieht das eine ganz automatisch das andere nach sich. Wer Überzeugungen hat, wird auch dafür kämpfen. Wer Courage hat, kann sich Überzeugungen, selbst die unpopulärsten, erlauben. Und wer nach seinen Überzeugungen handelt, erwirbt sich dadurch das Gefühl von einem authentischen Selbst, das aus Angst vor der Wahrheit nicht mehr verleugnet und verbogen werden muß. Es gibt kaum etwas Zersetzenderes und Schamvolleres, als gegen seine Überzeugungen, Lebenserfahrungen und sein intuitives Wissen anzuleben. Man empfindet sich als Fälschung, als maskierte Betrügerin mit einem hohlen Kern.

Ich selber hatte Glück und eine günstige Voraussetzung, die meine Entwicklung stark beeinflußt hat: ich durfte zu Hause widersprechen (meist allerdings ohne die gewünschten Resultate). Mein Vater, der liberal war, hatte etwas gegen Autorität und vertrat seine Meinungen laut und deutlich. Obwohl er immer stöhnte und meinen Ungehorsam und seine Machtlosigkeit über mich beklagte, hatte er insgeheim Respekt für meinen Widerspruchsgeist und mußte oft innerlich darüber lachen. Beide Eltern zeigten öfter Zivilcourage und lebten uns Kindern häufig vor, daß man seinen Mund aufmachen sollte, wenn man Ungerechtigkeiten begegnet. Gerade für Frauen, die traditionell Mund- und Meinungsverbot haben, ist es besonders wichtig, sich in Zivilcourage, Solidarität und Ungehorsam zu üben, weil sie lernen müssen, auf sie gerichtete Blicke zu ertragen, Aufmerksamkeit zu erregen und unter Umständen zum Mittelpunkt von Empörung und Kritik zu werden. Also, runter mit dem Maulkorb!

Als Opfer wird man verachtet und bemitleidet, als selbstbewußte Frau gefürchtet und gehaßt. Also kann man sowieso aufhören, sich nach irgend jemandem zu richten. Ich habe genug von dem verdammten »Nettsein«. Frauen sind von Natur aus nicht netter als Männer. Permanentes Nettsein ist ein unnatürlicher Zustand – und außerdem langweilig. Wir müssen stark werden, mit markanten Konturen, eindeutig und unverwechselbar in unserer Individualität – aber auch störend, fordernd, schwierig, unbeliebt, irritierend, dazu leidenschaftlich, unverschämt, rebellisch, provokativ, aggressiv, mit Ecken und Kanten. Unangenehm aufzufallen ist kein Todesurteil, mit Intellekt und scharfer Urteilsfähigkeit zu überzeugen kein Ticket zur Einsamkeit.

Frauen und Intelligenz sind ja sowieso ein spezielles Thema. Dem Intellekt hängt seltsamerweise ein gewisser Makel an. Wieso eigentlich? Es ist fast so, als ob die geistige Auseinandersetzung mit den Dingen eine Notlösung wäre, die nur angewandt wird, wenn die konventionelle Begrifflichkeit nichts mehr erklären kann.

Nichts wäre wünschenswerter, als daß Frauen ihr Gefühl und ihre berüchtigte Irrationalität einmal in den Hintergrund treten lassen und sich mit ganzem Herzen (und vollständig arbeitendem Hirn) in die reiche Welt des Geistes vertiefen würden. Man muß sich mit seinen eigenen Gedanken anfreunden, sie respektieren, ihnen Platz und Zeit geben, denn sie sind die Grundlage für neue Ideen. Es gibt keine »dummen« oder »minderwertigen« Gedanken – es gibt nur eigene Gedanken, wertfrei und wichtig genug, um sie wahrzunehmen und zu prüfen und sie dann in Beziehung zueinander zu setzen. Es gilt für die Frauen, sich wenigstens partiell zu Philosophinnen zu machen.

Wer sich nicht auch als Intellektuelle empfindet, erlaubt sich kein Brüten, keine geistigen Abenteuer, Höhenflüge und Siege; keine Widersprüche und keine Risiken. Geistige Kreativität und Reflexionen sind keine Luxusdinge. Doch sie sind Frauen aberzogen worden, denn sie fordern Muße und Konzentration – und Eigeninteresse.

Von Frauen erwartet man, daß sie sich um Mann und Kind kümmern. Um Kinder muß man sich kümmern, aber wieso muß man sich um einen Mann kümmern? Was ist an ihm so interessant oder kümmernswert. Ist es nicht viel spannender, befriedigender und progressiver, sich um sich selber zu kümmern? Die Welt ist voll von wunderbarer Kunst, Literatur, atemberaubender Natur, Bauwerken von großer Schönheit, deren Entdeckung glückspendender ist als ein Abend mit Pizza, Peter und einer Wiederholung der »Schwarzwaldklinik« oder eine zähflüssige Eine-Frau-Unterhaltung mit einem gähnenden Mann ohne Ohren und Herz. Aber Frauen trauen ihren Glücksgefühlen nicht. Wenn sie alleine sind und sich eigentlich herrlich fühlen, kommt die kleine Stimme und sagt: »Da fehlt doch etwas.«

Es erscheint den meisten Frauen ungeheuerlich, das Glück der Freiheit für sich in Anspruch zu nehmen. Doch die Vorstellung, daß Frauen tatsächlich zu Einzelwesen werden können, d.h. sich selber genug sind und ein Leben haben, das sie dadurch glücklich macht, daß sie mit einer männlichen Freiheit leben können, ohne ein Mann sein zu müssen, scheint aus dem Grunde so ungeheuerlich, weil er sich immer wieder in ihr Leben drängt. Deshalb raus mit den Männern, die einem ein schlechtes Gewissen einimpfen, die kindisch nach Aufmerksamkeit verlangen und allen Ernstes glauben, daß ihr Wohlergehen und ihre Karriere wichtiger sind als unsere Interessen.

Frauen zwischen 35 und 50 Jahren gehören zur zahlenmäßig größten und einflußreichsten Generation und werden in der Zukunft noch mehr die Art, wie wir alle über Feminismus, Politik, Sex, Arbeit, Ehe, Mutterschaft usw. denken, bestimmen. Das heißt, daß wir Frauen in diesen Altersgruppen große Macht und große Verantwortung haben. Wie wollen wir diese Zukunft gestalten? Wer wollen wir sein? Wirklich freie, unabhängige, großzügige Frauen oder ängstliche, klammerige Opfer in einer »Beschwerde-Gesellschaft« mit konfliktscheuen Pseudo-Feministinnen?

Was für die Zukunft gesucht wird, ist nicht mehr so sehr die gebärende Frau, sondern vor allem der verantwortungsbewußte, wache, mutige Mensch. Die Welt muß verändert, nicht vermehrt werden. Keine Frau ist so eindimensional und so wenig wert, daß ihr einziger Beitrag zur Welt lediglich der einer Ehefrau und Mutter sein muß. Es gibt massenhaft wichtige Aufgaben in Politik, Umwelt und im sozialen Bereich zu erfüllen, die Engagement, Energie und Durchhaltevermögen verlangen, alles Eigenschaften, die Frauen im Überfluß besitzen.

Erst wenn die Welt in all ihren Möglichkeiten für Frauen wirklich interessant geworden ist, werden sich ganz natürlich neue Muster entwickeln. Nur die Frauen, die aus einer freien Wahl heraus Mutter sein möchten, werden es dann auch sein. Die anderen sind einfach nur Menschen. Dann ist es auch kein blindes Ziel mehr, Kinder in die Welt zu setzen, sondern das Resultat eines selbstbestimmten Lebens, eines glücklichen Zustandes, einer Reife, eines wirklichen Bedürfnisses. Es geht ja nicht darum, keine, sondern andere Mütter zu werden.

Das Bedürfnis, Liebe zu geben, beschützen zu wollen und jemanden aufzuziehen, kann auch ohne ein eigenes Kind gestillt werden. Man kann sich ganz allgemein mit Kindern zusammentun und sich für sie einsetzen. Dazu muß sich die Gesellschaft öffnen und die Familie mit ihr. Wir müssen uns öffnen. Kinder gehören uns allen. Sie sind Geschenke und Leihgaben, die wertvollsten, die wir haben. Nur wenn Mutterschaft aus der Privatsphäre ins öffentliche Bewußtsein gehoben wird, kann sie unter Umständen zu einem der befriedigendsten Berufe werden. Wir müssen aufhören, immer nur nach privatem Glück zu verlangen. Wir sind Teil einer Gesellschaft, eines Sozialgebildes, das uns immer wieder in seine Mitte zieht und uns konfrontiert – mit uns selber, unserer Gattung und damit, was wir aus der Welt machen. Das verrostete, verbogene Vier-Wände-Glücksmodell sollte schleunigst zum Schrottplatz gekarrt werden.

Die Zeit nach Mitte Vierzig ist eine besonders gute Zeit, um sich neu zu definieren, da man für die Neubesinnung eine Menge Erfahrung und Kenntnis mitbringt. Nichts muß mehr krampfhaft bewiesen werden, man ruht in sich selbst und hat hoffentlich bis dahin die eigene Wichtigkeit entdeckt. Glücklicherweise werden Frauen ab diesem Alter, und das scheint sich in und nach den Wechseljahren noch zu verstärken, oft rebellisch und radikal, weil sie nichts mehr zu verlieren haben. (Männer werden dagegen im Alter konservativer, angepaßter, langweiliger.) Die Furchtlosigkeit, Keckheit und Ehrlichkeit, die man als 15jährige verloren glaubte, kommt manchmal mit voller Kraft zurück, wenn man als erwachsene Frau zum zweiten Mal sehen kann, was einem alles weggenommen und verwehrt wurde. In einer Art später Heilung kann man dann mit 45, 50, 60 Jahren diesen Verlust wieder wettmachen.

Nichts wird dringender gebraucht als das weibliche, positive, kraftvolle, unabhängige Vorbild für junge Mädchen – und für erwachsene Frauen. Es ist trostlos, aber junge Mädchen klagen heute genauso darüber, daß ihnen Vorbilder fehlen, wie wir es vor 25 Jahren und unsere Mütter vor 50 Jahren getan haben. Die Aussage ist beschämend: offensichtlich leben und benehmen sich die meisten Frauen nicht so, daß sie der Nachahmung wert sind oder als Inspiration gelten können. Warum eigentlich nicht? Die alte, übliche Vorbildmischung gilt immer noch: Berühmtheiten aus dem Sport (jemand, der gewinnt), dem Showgeschäft (jemand, der reich ist), vielleicht eine Künstlerin, die längst tot ist (jemand, der denkt) und natürlich eine selbstlose, sozial engagierte Forscherin oder Leid-Linderin wie Mutter Theresa (jemand, der Gutes tut). Mütter und Großmütter erreichen so gut wie nie diesen Status; sie werden aus praktischen Gründen geschätzt und für ihren Fleiß anerkannt – zum Vorbild reicht's nicht.

Ironischerweise geben gerade die sehr pflichtbewußten, angepaßten Frauen oft an, daß sie besonders bemüht sind, vorbildlich zu handeln und zu leben. Das ist sicherlich eine Schutzbehauptung, um in ihrer starren Rolle zu verharren. Ihnen ist scheinbar entgangen, daß junge Mädchen, ja selbst Kinder, mehr an einer zupackenden und selbstbewußten Frau interessiert sind als an einer überarbeiteten, reizbaren Haus- und Ehefrau. Doch um ein Vorbild zu sein, muß man aus der Anonymität und dem Schatten heraustreten und die beflissene Anpassung hinter sich lassen.

Und warum uns nicht mit der Pionierrolle anfreunden, sie lieben lernen und in ihr einen Teil unserer Verwirklichung sehen? Vor uns liegt immer noch wenig betretenes Land. Warum nicht die ersten auf einem neuen Terrain, einem neuen Planeten sein? Einer muß es tun, warum nicht wir? Wir sind die Richtigen. Wir tun es für uns selber, unsere Töchter und Söhne und letztendlich auch für die Männer. Die Angst vor dem Neuen wird sich in Staunen und Begeisterung verwandeln. Jeder ist selber der Garten, der angelegt, bebaut, gepflegt und begossen werden muß. Die Öde ist man selber, genauso wie der Reichtum.

Ich weiß gar nicht, was Männerglück ist. Männer sprechen nicht darüber. Aber ich weiß, daß auch sie es erst noch erforschen müssen, weil sich Glück schwer erkämpfen läßt, wenn man die Schlinge des Männergeschlechts um den Hals hat. Doch für jeden Sklaven und jede Sklavin gibt es Sklavenhalter. Unser Unglück gehört zusammen, die Fessel ist die gleiche. Der wohl revolutionärste Akt einer gemeinsamen Emanzipation wäre, wenn Männer und Frauen von der Tatsache ausgingen, daß beider Situation einem Gefängnis gleicht, daß sie beide falsch liegen und daß jeder für sich erst einmal einzeln ausbrechen muß. Es geht nämlich nicht darum, das männliche oder weibliche Geschlecht als Feindbild aufgestellt zu lassen, sondern darum, zusammen mit Männern ein gewisses soziales Gefüge, eine gesellschaftliche Idee, ein politisches System zu entmachten, das uns alle umbringt. In der Zwischenzeit täte jeder gut daran, den anderen nicht in seiner Selbstfindung und -verwirklichung zu behindern.

Für jedes Joch hält das Leben auch die Möglichkeit der Gegenwehr und der Änderung bereit, und wir Frauen haben die Verantwortung für eine veränderte Welt in unseren Händen. Niemand nimmt uns diese Verantwortung ab. Alles, was auf dieser Welt an Ideen, Religionen, Philosophien erfunden und etabliert wurde, kann wieder umgewandelt, verlernt und auch entmachtet werden. Wir haben die Chance, so zu werden wie wir wollen, denn die Frau ist nicht das Opfer eines geheimnisvollen, unabwendbaren Schicksals.

Das Leben als Frau muß ganz von vorne aufgerollt werden. Ein Neuanfang ist unvermeidlich. Wir mögen vielleicht für eine Weile nackt sein, als Kaiserin ohne Kleider, aber wir sind selbst dann nicht unserer Kräfte beraubt. Es kann sogar sehr erfrischend sein, nach all den anstrengenden, verformenden Kostümierungen, Luft und Sonne an diese malträtierte Gefangene zu lassen.

In der Zukunft wird hoffentlich niemand mehr Gewalt und Unterdrückung ausüben müssen, um sich Stimme, Macht, Identität und ein Selbst zu geben. Auch eine »feministische« Bewegung wird dann als Versteck, Abgrenzung und Trost nicht mehr nötig sein, und eine »maskuline« müßte nicht erfunden werden. Als Freunde, Partner und gleichgestellte Menschen müssen wir nicht mehr separat leben, sondern können uns die Welt teilen.

Serie Piper

Sabine Reichel
Zwischen Trümmern und Träumen

Aufgewachsen im Schatten der Schuld
288 Seiten. SP 1621
(Erscheint im Juni 1993)

In einer Zeit, da deutsche Gewalttäter wieder auf Menschenjagd gehen, Tausende ihnen applaudieren und Abertausende schockiert, verwirrt oder beifällig schweigen, gewinnt dieses Buch neue Aktualität. –
Sabine Reichel, 1946 im zerbombten Hamburg geboren, wuchs auf im Schatten einer verdrängten Schuld. Sie wagte die Tabus zu brechen, mit denen die Mitläufer in ihrem Verwandten- und Bekanntenkreis sich vor der Konfrontation mit ihrem Versagen schützten.
»Die Gnade der späten Geburt – was für ein lächerlicher Gedanke! Noch immer, schließt Reichel ihr Buch, ist Deutschland ›das Land der kalten Blicke, harten Stimmen, ein tränenloses Land‹.«

Der Stern